イラストで見る 全単元・全時間の授業のすべて 体育

全単元・全時間の授業のすべて

全単元・全時間
の授業のすべて

小学校 **3**年

藤﨑 敬・菅原健次 編著

東洋館
出版社

はじめに

●体育の学習を楽しく、子供が達成感のもてる授業にする

　体育の授業研究会の指導案の「児童の実態」を見ると、クラスの多くの子供が体育を「好き」と答えているが、高学年になるにしたがい、体育が「嫌い」と答える子供が増える。この原因は学習する運動内容の技能の上でのつまずきや、子供同士の人間関係によるものではないかと思われる。このような現状を改善するために、授業において子供一人一人が能力に応じた課題をもって学び、「できた」という達成感をもつことが大切である。また、学習がより楽しくなるために協力し合えるペアやトリオ、チーム等、学ぶ組織を生かして、認め合い・励まし合い・協力し学び合う授業にしたい。

●学習指導要領の解説に示されている目標・内容

　今回の改訂において、体育科の目標・学年の目標・内容は「知識及び技能」「思考力、判断力、表現力等」「学びに向かう力、人間性等」の資質・能力で示されている。「学びに向かう力、人間性等」の解説の内容では、今までの「態度」と同じように示されている。目標・内容・例示から、子供自身が学習課題をもてる授業となるよう、本書では具体的に書かれている。

●年間計画から単元の展開までを具体化

　本書の年間指導計画は各学校に活用しやすいように示しているが、単元計画では学校・子供の実態に応じ、時数の増減に対応できるように考えた。例えば、第一段落で時数を増減したり、第二段落で増減してもよく、何よりも子供の学習課題が解決しやすいように二段階で示し、子供が学びの過程で課題を解決できるようにした。

●主体的・対話的で深い学びの実現に向けて

　これからの時代に求められる資質・能力を身に付け、生涯にわたって能動的に学び続けることができるようにするため、主体的・対話的で深い学びの実現に向けた授業改善が求められている。そこで、授業改善に役立つ具体策や事例を示し、主体的・対話的で深い学びの学習が展開することに役立つようにした。

●子供への配慮「運動の苦手な子供」「意欲的でない子供」への対応

　解説では知識及び技能に「運動の苦手な子供」、学びに向かう力、人間性等に「意欲的でない子供」の配慮が示されている。配慮を要する子供に教師が寄り添うヒントを提供した。その積み重ねが豊かなスポーツライフにつながることを期待した。

●体育指導の情報源としての活用を期待して

　週案の記入例、本時の目標やポイント、展開例、評価の具体化など指示上で欠かせない内容が、見やすく、簡潔に示してある。指導する子供の実態に合わせてご活用いただき、子供が進んで学び、子供が学習を通して自信をもち、子供一人一人が自己肯定感のもてる授業となることを願っている。

令和2年2月　　藤﨑　敬

本書活用のポイント

　各単元のはじめに新学習指導要領に基づく指導・学習の見通しを示し、それ以降の頁は、１時間
毎の授業の展開、学習活動の進め方、指導上の留意点がひと目で分かるように構成している。

単元・指導時間

　年間計画をベースに、単元の領域・単元・指導時間が示されている。

単元の目標

　単元の目標は学習指導要領に基づき、単元に合った「知識及び技能」「思考力、判断力、表現力等」「学びに向かう力、人間性等」の内容で示している。

単元の計画

　単元の指導時間・段階・段階の内容・具体的な学習内容や活動が書いてある。また、この単元の学習過程も示しているものであり、子供の学びの過程との関連もあるようにした。

子供への配慮の例

①運動が苦手な子供

　子供の個々の運動経験や技能の程度に応じた、指導を工夫する手立て等が示されている。運動学習の場合、子供一人一人の能力に応じた内容で取り組むことが、運動嫌いにならないと考えた。その子供に応じた取組の具体的な例等が紹介されている。

②意欲的でない子供

　運動を楽しむ経験が足りなかったり、運動での失敗を恐れての積極的な行動をとれない等、運動を楽しく行うことや友達と一体感がもてる経験ができるような工夫例が紹介されている。

主体的・対話的で深い学びの実現に向けて

　主体的な学びとは運動学習や保健学習で興味・関心を高め、学習課題の解決に自ら粘り強く取り組む、また、学習を振り返り課題の修正や新しい課題に取り組む学習とする。運動学習では、自己の能力に適した学習課題をもち、達成感がもてる学習の仕方のヒントが書かれている。対話的な学びでは、子供同士や他の資料からの情報で対話し、思考を深め、判断したりすることを、伝えることができる例などが書かれている。

本時案

タイトルと授業の実施時間

子供が目指す方向とタイトルを示している。単元の時数が分母、その何時間目を示すのが分子になっている。

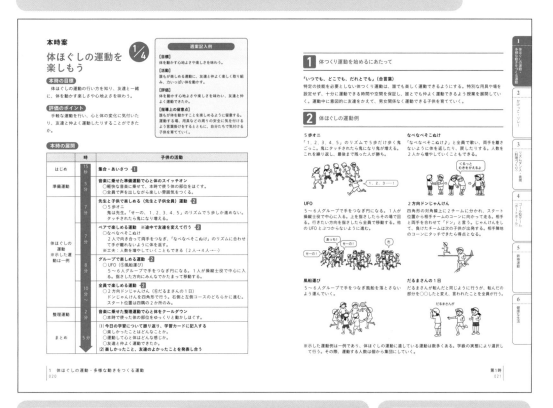

本時の目標・評価のポイント

本時の目標は単元の目標・内容からその時間内で、どの子供にも共通して学ぶ内容を示している。また、評価のポイントは、その授業で「本時の目標」を達成するための評価の視点が示されている。

週案記入例

実際の授業の展開をイメージして、その授業のねらいや学習活動・指導上の留意点などが書かれているが、週案簿のスペース等もあるので、この欄を参考にする場合は、授業の展開を想定し、安全への配慮等を記載してほしい。

本時の展開

授業の流れに沿って、本時の展開が、具体的に示されているので、本書を活用するとき具体的な授業のイメージができると考えている。

これを参考に子供の主体的・対話的な学びとなる展開にしてほしい。

展開に関わる資料・イラスト等の解説

参考となるイラストは、コピーして子供に提供してもよく、資料によっては拡大したりして添付したり、情報ツール（タブレット等）と併用することで、対話的な学びに役立てることができる。DVDには単元で使用する学習カード等も収録されている。

評価

評価の観点は3つで「知識・技能」は基本的な動きや技能が身に付いているか、「思考・判断・表現」は課題解決の工夫を他者に伝えることができるか。「主体的に学習に取り組む態度」は進んで学習に取り組んでいるかを把握する視点を示している。単元を通してこれらの観点を評価し、子供のよい点や可能性、進歩の状況等を評価できるようにしている。

1

第 3 学年における
指導のポイント

学習過程を明確に設定し、「子供の実態」 「子供の学び」を踏まえた単元づくりを！

1 内容について

中学年としての発達の段階を考慮した上での内容は、以下のように構成されている。

A　体つくり運動：「体ほぐしの運動」及び「多様な動きをつくる運動」
B　器械運動：「マット運動」「鉄棒運動」及び「跳び箱運動」
C　走・跳の運動：「かけっこ・リレー」「小型ハードル走」「幅跳び」「高跳び」
D　水泳運動：「浮いて進む」「もぐる・浮く運動」
E　ゲーム：「ゴール型ゲーム」「ネット型ゲーム」「ベースボール型ゲーム」
F　表現運動：「表現」及び「リズムダンス」
G　保健：「健康な生活」（第4学年は「体の発育・発達」）

---

2 単元づくり

　体つくり運動は、それぞれの学年で指導する。「体つくり運動」以外の領域は、いずれの学年かで指導することができる。

　「走・跳の運動」については、子供の実態に応じて投の運動を加えて指導することができる。「ゲーム」は、「ゴール型ゲーム」は、味方チームと相手チームが入り交じって得点を取り合うゲーム及び陣地を取り合うゲームを取り扱う。「表現運動」については、「フォークダンス」を学校や地域の実態に応じて加えて指導することができる。

　「保健」領域は、学習したことを、運動領域において関係付けて学習することによって、子供が運動と健康が密接に関連していることに考えがもてるよう指導する。

　単元づくりに当たっては、学習過程をまず設定する。学習過程は、子供がその領域で何ができる状態にあるかを考える。例えば、ゲームであれば「チームとしてめあてを立てる」「チームの時間には、ゲームの結果を考え次に何をするか決める」「安全への理解」「規則について考えを述べる」ということなどを行うことができる。

　この前提に立って、単元づくりを行う。また、学習の段階は、2段階とし、大きな学習の流れで構成する。細分化された流れは、子供の主体的な学習を阻害する。

　3年生の単元構成のポイントである、「①自己の課題をもって取り組む」「②対話から分かったことを友達に伝えられるようにする」を必ず押さえる。

育成する資質・能力と
授業づくりのポイント

体育科で目指す資質・能力を子供たちに育てる授業を目指して！

1 資質・能力の捉え方

①資質・能力の３つの柱は、生涯を通して、相互に絡み合い、循環しながら成長していく。３つの面のそれぞれを取り出して、それぞれの完成形を目指す必要はない。
②資質・能力の３つの柱は、相互に身につくまでには時間差が内容にも個人にも存在する。指導面から見れば、知識・技能は、スモールステップでの対応が可能であるが、一方、思考力・判断力・表現力等は、単元レベルでの指導と見とりが必要であろう。さらに、学びに向かう力等は、もっと緩やかな方向性をもつ必要がある。
③資質・能力は、毎回の授業に盛り込むことを求めているわけではない。単元のまとまりの中で考えているのである。
④カリキュラム・マネジメントともつながるが、資質・能力は、教科等を横断する柱である。つまり、『学びの地図』としての学習指導要領の要こそ、資質・能力の３つの柱である。

2 授業づくりのポイント

３年生の発達の段階を考えると低学年の学びを各領域の行い方として身に付けている。一方、人生で運動の最適な時期に入る。未分化の運動から分化した運動に挑戦できる時期でもある。したがって、３年生の運動の学び方は、場の設定と条件により、自ずとできるようになっていく過程を第一段階とし、第２段階として、自ら学習課題をもって運動に取り組み、課題解決していく授業を展開する。

以上を基盤とし、授業を行う際のポイントは、以下の通りである。

①学習課題のもたせ方は、自分、仲間、教師の助言による。何が、どうなったら達成できるか具体化しておく。また、どう取り組んだらできるようになるかも明確化する。
②話合いの方法を身に付け、学びの質を高めている話合いを逐一紹介する。話し合いは、絵図、タブレット端末などの映像で可視化した具体物を中心に行う。
③力一杯運動する中で「できる」「分かる」を双方向で体感させる。
④粘り強く取り組ませる。そのためには、単元全体の学習の見通しをもたせ、今ある自分の姿を把握させる。ここでの ICT 機器の活用は効果的である。客観的に自己の運動を把握できるからである。さらに、意欲的に取り組ませるためには、「何を」「どうすれば」「どうなる」との具体的な解決策の手がかりを教師や仲間から得られるように仕組む。また、肯定的に評価する。粘り強く取り組む力は、学びに向かう力の原動力でもある。

単元を見通して、主体的・対話的で深い学びの視点から授業を改善する！

　学習指導要領の改訂で主体的・対話的で深い学びの実現に向けた授業改善が示された。体育科における主体的な学びは、発達の段階に応じた内容から子供たちが自己に適した学習課題をもち、学習過程を通して解決していくことである。対話的な学びは学習する仲間と協力し合って課題解決のための学び合いをすることであり、その結果が深い学びとなり豊かなスポーツライフへとつながる活動と考える。

1　第3学年における主体的・対話的で深い学び

　○見通しをもって粘り強く取り組む。
　○自らの学習活動を振り返って、次につなげる。
　○友達との協働の学びを通して、自らの考えを広げ深める。

　以上の3つの学びを背景としつつ、深い学びとは、「知識を相互に関連づけてより深く理解したり、情報を基に考えを形成したり、問題を見いだして解決策を考えたり、思いや考えを基に創造したりする学習」を指す。具体的には、次の6点を押さえた指導をする。

①見通しについて
　○こんな順序で学ぶ
　○こうすればできるかもしれない
　○あの方法でやればできるかもしれない
　○今日はできるかもしれない、など
②場の設定を工夫する
　今もっている力で取り組め、力一杯運動しているうちにいつの間にかできるような場を用意する。3年生からはその上の学びのレベルを求める。それは、主体的な学習を成り立たせる要件でもある。「なぜ、できたか」「新しい動きを工夫できたか」を話し合うのである。この学習で得た知識及び技能を思考力・判断力を活用して、さらに深い学びとする。

　《場の条件》
　　○子供の学習課題に合っていること
　　○子供の欲求に応じて場の変更の可能性があること
　　○その判断の理由を添えて伝えられること
　　○工夫できる余地がある
　　○子供の安全が確保されていること

③話合いのポイント

　○オノマトペを用いた多様な表現

　○運動に関する知識を学習カードなどの資料として子供に対して段階的かつ効果的に提示する。

　○見合いや教え合いのポイントを提示したり、チームで相談し合う観点の提示

　○チームとしての意識を高める声のかけ合い。

④子供の成長を見取る指標をもつ

　例：作戦と子供の変容

　○それぞれが勝手にプレーをしている段階

　○作戦をつくる段階

　○作戦通りやっても上手くいかないことがあると分かった段階

　○ある程度自由にやってもパスの位置、有効なところ、どこにいればいいか、どこが一番出しやすいかなどもお互いに分かっている段階

⑤学習カードの工夫

　学習カードは、自己理解を図り自己の学習評価を行うために使用する。主体的な学習や対話的な学習を支える取組である。なお、「学びに向かう力、人間性等」を把握するためには、自由記述欄を活用する。制約のない中での記述には、子供の素顔を見取ることができる。

⑥深い学び

　広げたい、高めたい学習内容を紹介した際、伝えるだけに留めない。今一度全員に返し、イメージが鮮やかなうちに試させることが、深い学びに通じる。

2　ICTを活用した体育授業の在り方

　主体的な学びのゴールは、自己評価能力の育成にある。従来、自己評価能力は、相互評価による友達の助言を、自らの学習評価の客観性と精度を高める手立てとして取り組んできた。これからも、その点に変化はないが、ICTを活用して一層、自己評価能力の高めることを目的とする。その前提は、体育科に限らず各教科において操作に習熟しておく。活用のポイントは以下の通りである。

①鏡方式：今行った運動を見て、自らの運動の出来映えを確認する。より精度を高めるために運動を試行する前に、自分の課題解決への取組を友達に伝える。例えば「第一ハードルを踏み越した後のスピードが落ちていないか見て」と伝え、友達の見た感じを伝えてもらう。タブレット端末の映像と比較し、出来映えを確かめる。ここで、何よりも重要なことは、映像を見た第一印象を、まず最初に運動を行った子供に述べさせることである。例え間違った捉え方であっても、自分の思いを述べさせることこそ、主体性の基盤を築くこととなる。最初に、見えている子供に発言させると、その強い発言に縛られ、以後、仲間を頼り、言葉が出なくなる。

②缶詰方式：これは、前時を含めて自分の運動の記録を映像として蓄えておき、本時における自分の運動と比較して、成長を確かめる。時に、元に戻っていることなどもある。その際の気付きを重視する。以前の課題をどう達成したかを思い出すことも自己評価能力の精度を高め、ひいてはメタ認知能力を高める。自己評価のポイントは、「モニタリング」と「自己コントロール」である。「モニタリング」とは、自分の運動や考えを客観的に見取ることである。そして、単元の各時間における自分の映像から分かることを記録し続け、単元を通した成長は、何であったかをまとめる。その各時間の映像を見て、自分の今すべきことを決定していく活動が「自己コントロール」である。この活動が、メタ認知的知識として次の学習への力となる。

子供たち一人一人に適切な支援を行い「楽しい」体育を実現する！

　新学習指導要領の大きなねらいの一つは、「共生」である。指導者が、運動が苦手な子供や意欲的でない子供への配慮をし、誰もが運動の楽しさや喜びを味わい、一人一人の個性に応じた「する」「みる」「支える」「知る」スポーツライフを送れるようにする使命を帯びている。そのためには、変容できるか科学的な根拠をもった指導を心がける必要がある。また、教材研究は、子供の実態と重ねながら行う。子供の今持っている力に学習内容を照らして、一人一人の学びにすることが教材研究である。教材研究は、一人一人に応じた「言葉かけ」「場の設定」「補助」「示範」等を明確にしていくことでもある。さらに、「粘り強く」子供と向き合う。その場でできるようにしたいという思いが強いと指導側の目線が高く、伸びないのは子供の努力不足に責任を転嫁することとなる。あくまで一人一人の伸びるスピードには、個人差がある。2年間を1単位として、向き合うことである。

1　運動が苦手な子供への指導

①子供が苦手意識をもった原因を把握しておく

　○怖さやけがを経験した児童の場合：事例、跳び箱運動

　　安心して運動できる根拠を見せる。指導者が補助できるように跳び箱の側に待ち構えている。さらに、跳び箱の左右にマットを敷く。学習の順序は、今もっている力でできる学習課題をもたせる。できることに自信をもたせる。「よし！」「それだ！」など認め励ましの言葉をおくる

②何につまずいているか、最大の課題を見抜く目を養う

　子供の運動をよく観察する。跳び箱の途中にまたがりそこから下りる子供ならば、跳び下りることにつまずきがあると考えられるから手ジャンプをしながら跳び箱の先端からまたぎ下りを繰り返し練習させる。その上で、補助をして跳び越す感覚を体感させる。易しい類似の運動の感覚を身に付けさせる。片足跳び、両足跳び、動物歩き、ウサギ跳び、カニ歩きを準備運動として毎時間実施する。

2　意欲的でない子供への指導

　意欲がでない原因を診断的な評価と個別の話合いの中で把握する。学習内容が自分の技能より低い場合は、学習課題を広げて、幅広い取組を可能にする。「多様な動きをつくる運動」であれば、『バランス』『移動』『用具の操作』『力試し』の個別の運動への取組ならば、より質の高いめあてをもたせる。両足ジャンプならば、1回転以上。背中合わせ立ちならば苦手な子供と組ませる。さらに、個別の運動の際『基本的な運動を組み合わせる』ことをめあてとして取り組ませる。

第3学年における年間指導計画

月	時	領域・内容	時間
4月（9時間）	1	**体つくり運動** ○体ほぐしの運動 ○多様な動きをつくる運動	4時間
	2		
	3		
	4		
	5	**走・跳の運動** ○かけっこ・リレー	5時間
	6		
	7		
	8		
	9		
5月（9時間）	10	**表現運動** ○リズムダンス・表現 （料理づくり）	5時間
	11		
	12		
	13		
	14		
	15	**ゲーム** ○ゴール型ゲーム（ポートボール）	5時間
	16		
	17		
	18		
6月（12時間）	19		
	20	**器械運動** ○鉄棒運動	5時間
	21		
	22		
	23		
	24		
	25	**保健** ○健康な生活	4時間
	26		
	27		
	28		
7月（7時間）	29	**水泳運動** ○浮く・泳ぐ運動	9時間
	30		
	31		
	32		
	33		
	34		
	35		
	36		
	37		
9月（12時間）	38	**体つくり運動** ○体ほぐしの運動 ○多様な動きをつくる運動	4時間
	39		
	40		
	41		
	42	**走・跳の運動** ○小型ハードル走	5時間
	43		
	44		
	45		
	46		
	47	**表現運動** ○表現（粘土づくり）	5時間
	48		
	49		
10月（12時間）	50		
	51		
	52	**ゲーム** ○ネット型ゲーム （ソフトバレーボール）	6時間
	53		
	54		
	55		
	56		
	57		

月	時	領域・内容	時間
11月（11時間）	58	**器械運動** ○跳び箱運動	5時間
	59		
	60		
	61		
	62		
	63	**走・跳の運動** ○幅跳び・高跳び	6時間
	64		
	65		
	66		
	67		
	68		
12月（7時間）	69	**ゲーム** ○ゴール型ゲーム （ハンドボール）	5時間
	70		
	71		
	72		
	73		
	74	**ゲーム** ○ベースボール型ゲーム （ラケットベースボール）	5時間
	75		
	76		
	77		
	78		
1月（8時間）	79	**体つくり運動** ○多様な動きをつくる運動	4時間
	80		
	81		
	82		
	83	**ゲーム** ○ゴール型ゲーム （ラインサッカー）	6時間
	84		
	85		
	86		
	87		
	88		
2月（11時間）	89	**表現運動** ○表現（1日の生活）	5時間
	90		
	91		
	92		
	93		
	94	**器械運動** ○マット運動	6時間
	95		
	96		
	97		
	98		
3月（7時間）	99		
	100	**ゲーム** ○ゴール型ゲーム（タグラグビー）	6時間
	101		
	102		
	103		
	104		
	105		

2

イラストで見る
全単元・全時間の授業のすべて
小学校体育 3 年

1 体ほぐしの運動・多様な動きをつくる運動

（4 時間）

【単元計画】

1 時	2 時
[第一段階] 楽しく体を動かそう	[第二 いろいろやってみよう、
体ほぐしの運動の行い方を知り、友達と一緒に、体を動かす楽しさや心地よさをいっぱい味わう。	多様な動きをつくる運動の行い方を知り、バランス、移動、ボールを使った動きを楽しむ。
1　体ほぐしの運動をみんなで楽しもう POINT：一緒に運動する仲間を少しずつ増やして、最後は学級全員で楽しめる運動へと広げていく。 **【主な学習活動】** ○音楽に乗せた準備運動で心と体のスイッチオン ○先生と子供で楽しめる運動（例：5歩オニ） ○ペアで楽しめる運動（例：なべなべそこぬけ） ○グループで楽しめる運動（例：UFO、風船運び） ○全員で楽しめる運動（例：2方向ドンじゃんけん） ○音楽に乗せた整理運動で心と体をクールダウン ○まとめ 　・楽しかったことはどんなことか。 　・運動して心と体はどんな感じか。	**2　体をたくさん動かして、運動を楽しもう** POINT：できる、できないに関係なく、今もっている力で運動している姿を大切にする。 **【主な学習活動】** ○音楽に乗せた準備運動で心と体のスイッチオン ○体のバランスをとる運動（例：歌遊びに乗せて） 　・回る、寝転ぶ、起きる、座る、立つ、など ○体を移動する運動（例：陣取りじゃんけん） 　・這う、歩く、走る、跳ぶ、跳ねる、など ○用具（ボール）を使った運動 　・持つ、投げる、捕る、運ぶ、転がす、など ○音楽に乗せた整理運動で心と体をクールダウン ○まとめ 　・楽しかった動きや上手な友達を見付けたか。

授業改善のポイント

主体的・対話的で深い学びの実践に向けて

　誰もが楽しく運動できるような授業を展開するポイントは、以下のとおり。

①自己の学習課題をもって取り組めるように、学習内容を理解できる工夫をする。示範、絵図、タブレットによる友達との見合いを手がかりとして、自分で決めたり、友達や先生のアドバイスで選べるようにする。

②子供の「やってみたい」という運動欲求を大切に、全員が楽しく体を動かす。

③まずやってみることで、子供はできるように

なりたい動きに気付く。説明の指示は短く。

④運動を工夫している、上手に動いているなど、価値のある学び方をしている子供を全体に紹介する。

⑤友達を見て、さらに課題解決できるように、もう一度取り組める時間を設定する。

⑥「こうやったらうまくできるよ」など、子供同士で気付いたことを伝え合う姿を引き出す。

⑦授業を通してブレずに一貫して指導することを心掛ける。

1

体ほぐしの運動・多様な動きをつくる運動

2

かけっこ・リレー

3

リズムダンス・表現（料理づくり）

4

ゴール型ゲーム（ポートボール）

5

鉄棒運動

6

健康な生活

単元の目標

○知識及び運動
・運動の行い方を知るとともに、体を動かす心地よさを味わったり、基本的な動きを身に付けたりすることができる。

○思考力、判断力、表現力等
・自己の課題を見付け、その解決のための活動を工夫するとともに、考えたことを友達に伝えることができる。

○学びに向かう力、人間性等
・運動に進んで取り組み、きまりを守り誰とでも仲よく運動したり、友達の考えを認めたり、場や用具の安全に気を付けたりすることができる。

3 時	4 時
段階] 工夫して動こう	
運動のポイントを見付けながら、バランス、移動、ボールを使った動きを楽しむ。	友達と気付いたことを伝え合いながら、バランス、移動、ボールを使った動きを楽しむ。
3　真似したり、選んだり工夫して楽しもう POINT：できるようになりたい動きに、繰り返し取り組んだり、工夫したりしている姿を大切にする。 【主な学習活動】 ○音楽に乗せた準備運動で心と体のスイッチオン ○体のバランスをとる運動（例：歌遊びに乗せて） ・回る、寝転ぶ、起きる、座る、立つ、など ○体を移動する運動（例：陣取りじゃんけん） ・這う、歩く、走る、跳ぶ、跳ねる、など ○用具（ボール）を使った運動 ・持つ、投げる、捕る、運ぶ、転がす、など ○音楽に乗せた整理運動で心と体をクールダウン ○まとめ ・どうやったらできるようになったか。	4　友達と力を合わせて、できる動きを増やそう POINT：友達と運動のポイントを伝え合ったり、一緒に運動したりしている姿を大切にする。 【主な学習活動】 ○音楽に乗せた準備運動で心と体のスイッチオン ○体のバランスをとる運動（例：歌遊びに乗せて） ・回る、寝転ぶ、起きる、座る、立つ、など ○体を移動する運動（例：陣取りじゃんけん） ・這う、歩く、走る、跳ぶ、跳ねる、など ○用具（ボール）を操作しながら移動する運動 ・投げ上げたボールを移動して捕る、など ○音楽に乗せた整理運動で心と体をクールダウン ○まとめ（単元の振り返りを行う） ・どんなことを教え合ってできたか。

子供への配慮の例

①運動が苦手な子供

　難しい動きではなく、やさしい動きからやってみるように言葉掛けをする。１人で行うことが難しい場合には、教師や友達と一緒にやってみるように促す。

　用具に対する抵抗感がある子供には、柔らかい素材を使ったり、新聞紙などで代用したりする。多様な動きを経験するためにも、用具は数種類を用意して、選択できるようにすることも大切である。

　（フープの大小、ボールの大小、硬さなど）

②運動に意欲的ではない子供

　友達の真似や、できそうなことから取り組むように伝える。どんな運動や言葉にも理由をつけて称賛し、自信がもてるよう支援する。

　あたたかく分けへだてのない子供がいるペアやグループに入れ、友達の力を借りながらできるようにする。

　遊び感覚で取り組めるよう、学習環境や認め合える雰囲気づくりを大切にする。

　無理に学習活動に参加させようとせず、個別に話すなど、本人の思いを尊重する。

本時案

体ほぐしの運動を楽しもう

本時の目標

　体ほぐしの運動の行い方を知り、友達と一緒に、体を動かす楽しさや心地よさを味わう。

評価のポイント

　手軽な運動を行い、心と体の変化に気付いたり、友達と仲よく運動したりすることができたか。

<table>
<tr><td colspan="2">週案記入例</td></tr>
</table>

[目標]
体を動かす心地よさや楽しさを味わう。

[活動]
誰もが楽しめる運動に、友達と仲よく楽しく取り組み、力いっぱい体を動かす。

[評価]
体を動かす心地よさや楽しさを味わい、友達と仲よく運動できたか。

[指導上の留意点]
誰もが体を動かすことを楽しめるように留意する。運動する場、用具などの周りの安全に気を付けるよう言葉掛けをするとともに、自分たちで気付ける子供を育てていく。

本時の展開

	時	子供の活動
はじめ	15秒	**集合・あいさつ** ◀1
準備運動	5分	**音楽に乗せた準備運動で心と体のスイッチオン** ○軽快な音楽に乗せて、本時で使う体の部位をほぐす。 ○全員で声を出しながら楽しい雰囲気をつくる。
体ほぐしの運動 ※示した運動は一例	7分	**先生と子供で楽しめる（先生と子供全員）運動** ◀2 ○5歩オニ 　鬼は先生。「せーの、1.2.3.4.5」のリズムで5歩しか進めない。タッチされたら鬼になり増える。
	7分	**ペアで楽しめる運動　※途中で友達を変えて行う** ◀2 ○なべなべそこぬけ 　2人で向き合って両手をつなぎ、「なべなべそこぬけ」のリズムに合わせて手が離れないように体を返す。 ※工夫：人数を増やしていくこともできる（2人→4人→…）
	8分	**グループで楽しめる運動** ◀2 ○UFO（⑤風船運び） 　5～6人グループで手をつなぎ円になる。1人が操縦士役で中心に入る。指さした方向にみんなでかたまって移動する。
	10分〜	**全員で楽しめる運動** ◀2 ○2方向ドンじゃんけん（⑥だるまさんの1日） 　ドンじゃんけんを四角形で行う。右側と左側コースのどちらかに進む。スタート位置は四隅の2か所のみ。
整理運動	2分	**音楽に乗せた整理運動で心と体をクールダウン** ○本時で使った体の部位をゆっくりと動かしほぐす。
まとめ	5分	⑴今日の学習について振り返り、学習カードに記入する 　○楽しかったことはどんなことか。 　○運動して心と体はどんな感じか。 　○友達と仲よく運動できたか。 ⑵楽しかったこと、友達のよかったことを発表し合う

1	体ほぐしの運動・多様な動きをつくる運動
2	かけっこ・リレー
3	リズムダンス・表現（料理づくり）
4	ゴール型ゲーム（ポートボール）
5	鉄棒運動
6	健康な生活

1 体つくり運動を始めるにあたって

「いつでも、どこでも、だれとでも」（合言葉）

特定の技能を必要としない体つくり運動は、誰でも楽しく運動できるようにする。特別な用具や場を設定せず、十分に運動できる時間や空間を保証し、誰とでも仲よく運動できるよう授業を展開していく。運動中に意図的に友達をかえて、男女関係なく運動できる子供を育てていく。

2 体ほぐしの運動例

5歩オニ

「1．2．3．4．5」のリズムで5歩だけ歩く鬼ごっこ。鬼にタッチされたら鬼になり鬼が増える。これを繰り返し、最後まで残った人が勝ち。

UFO

5〜6人グループで手をつなぎ円になる。1人が操縦士役で中心に入る。上を指さしたらその場で回る。行きたい方向を指さしたら全員で移動する。他のUFOとぶつからないように進む。

風船運び

5〜6人グループで手をつなぎ風船を落とさないよう運んでいく。

なべなべそこぬけ

「なべなべそこぬけ♪」と全員で歌い、両手を離さないように体を返したり、戻したりする。人数を2人から増やしていくこともできる。

2方向ドンじゃんけん

四角形の対角線上に2チームに分かれ、スタート位置から相手チームのコーンに向かって走る。相手と両手を合わせて「ドン」と言う。じゃんけんをして、負けたチームは次の子供が出発する。相手陣地のコーンにタッチできたら得点となる。

だるまさんの1日

だるまさんが転んだと同じように行うが、転んだ部分を○○したと変え、言われたことを全員が行う。

※示した運動例は一例であり、体ほぐしの運動に適している運動は数多くある。学級の実態により選択して行う。その際、運動する人数は個から集団にしていく。

本時案

バランス、移動、ボールを使った運動を楽しもう①

本時の目標

　多様な動きをつくる行い方を知り、バランス、移動、ボールを使った運動をすることができる。

評価のポイント

　体のバランスをとったり、体を移動したり、ボールを操作したりする運動ができたか。

週案記入例

[目標]
基本的な動きができたか。

[活動]
多様な動きをつくる運動に友達と仲よく楽しく取り組み、いっぱい体を動かす。

[評価]
基本的な動きに力いっぱい取り組み、友達と仲よく運動できたか。

[指導上の留意点]
誰もが体を動かすことを楽しめるように留意する。運動の行い方を知り、きまりを守って運動するよう言葉掛けをするとともに、自分たちで気付ける子供を育てていく。

本時の展開

	時	子供の活動
はじめ	1分	**集合・あいさつ、前時の振り返り（三観点）** 1
準備運動	5分	**音楽に乗せた準備運動で心と体のスイッチオン** ○軽快な音楽に乗せて、本時で使う体の部位をほぐす。 ○体じゃんけん、ジャンプなど徐々に大きな動きにしていく。
体のバランスをとる運動	6分	**体のバランスをとる運動** 2 ○くるっとじゃんけん（回る） 　2人で向き合い、片足を軸にして回ってじゃんけんする。 ○背中磁石（座る・立つ） 　背中をつけて座ったり、立ったりする。
体を移動する運動	6分	**体を移動する運動** 2 ○陣取りじゃんけん（歩く、跳ぶ、はねる） 　10mほど離れて2人で正面を向いて立ち、体じゃんけんをしてグーで勝ったら1歩、チョキは2歩、パーは3歩、相手に向かって進む。早く相手陣地に到着した方が勝ち。
ボールを使った運動	20分	**ボールを使った運動** ○ボールを転がす動き 　ボールをコーンの間などにねらって転がす。 ○ボールを投げて捕る動き 　ボールを持って自由に投げたり捕ったりする。 2
整理運動	2分	**音楽に乗せた整理運動で心と体をクールダウン** ○本時で使った体の部位をゆっくりと動かしほぐす。
まとめ	5分	(1) **今日の学習について振り返り、学習カードに記入する** ○楽しかった動きはどんなことか。 ○上手な動きをしている友達を見付けたか。 ○きまりを守って、友達と仲よく運動できたか。 (2) **楽しかったこと、友達のよかったことを発表し合う**

1 体ほぐしの運動・多様な動きをつくる運動

2 かけっこ・リレー

3 リズムダンス・表現（料理づくり）

4 ゴール型ゲーム（ポートボール）

5 鉄棒運動

6 健康な生活

1 体つくり運動を始めるにあたって

単元を進める上で学習の積み重ねが大切である。前時の子供の学び方や、学習カードの記述から学習のねらいに合う事柄を紹介し、本時の学習につなげていく。教師が答えを言うのではなく、子供の学習の姿から紹介することで、より子供の主体的な学びを促すことになる。

2 体ほぐしの運動例

くるっとじゃんけん（回る）

2人で向き合い、「くるっとじゃんけん、じゃんけんぽん！」の掛け声で、片足を軸にして回ってじゃんけんする。友達を変えて、何度もチャレンジする。

陣取りじゃんけん

進み方は両足ジャンプ、かけ足、ケンケンなど子供が選択できるようにする。

ボールを投げて捕る動き

投げ上げたボールを落とさず捕る。また、相手に向かってボールを投げ、投げられたボールを捕る。捕る位置を変える、投げて手をたたいて捕るなど動きに変化をつける。

背中磁石（座る・立つ）

肩甲骨の間を互いに押し付け合うようにするとうまくいくことに気付かせたい。腕を組んでできたら、腕を組まないで挑戦する。

ボールを転がす動き

ボールをねらったところに真っ直ぐに転がす。友達に向かって転がし合ったり、コーンの間を通したりする。コーンの幅や距離は自分たちで決められるようにする。

※よい動きを共有する時間

数回、よい動きを共有する時間を設定する。動きのこつを子供から聞いたり、上手な子供の動きを見せたりする。その後、もう一度取り組む時間とすることで、動きのこつを意識したり、友達の真似をしたりする子供が増えていく。

※やさしい運動（動き）から始めるとよい。（例：ボールを上に投げて両手で捕る、手を叩いて捕る）。
また、用具は数種類用意（大きさや素材の異なるボール）し、子供が自分で選択できるようにする。

本時案

バランス、移動、ボールを使った運動を楽しもう②

3/4

週案記入例

[目標]
基本的な動きができたか。

[活動]
運動のポイントを見付け、友達と関わりながら、動きを工夫して運動する。

[評価]
運動のポイントを見付け、友達と気付いたことを伝えながら、工夫して運動できたか。

[指導上の留意点]
誰もが体を動かすことを楽しめるように留意する。どうやったらできたのか子供に聞き、運動のポイントを全体に広げながら、工夫して運動に取り組む子供の姿を引き出す。

本時の目標

多様な動きをつくる行い方を知り、バランス、移動、ボールを使った運動をすることができる。

評価のポイント

体のバランスをとったり、体を移動したり、ボールを操作したりする運動ができたか。

本時の展開

	時	子供の活動
はじめ	1分	**集合・あいさつ、前時の振り返り（三観点）**
準備運動	5分	**音楽に乗せた準備運動で心と体のスイッチオン** 1 ○軽快な音楽に乗せて、本時で使う体の部位をほぐす。 ○流行りの曲を活用し、楽しい雰囲気を作っていく。
体のバランスをとる運動	6分	**体のバランスをとる運動** 2 ○手足クルン（回る） 　手チーム、足チームに分かれて、手と足を回していく。 ○みんなでゴロンタッチ（寝転ぶ・起きる） 　座った姿勢で足を抱え込んで一周回ってタッチする。
体を移動する運動	6分	**体を移動する運動** 2 ○シグナルラン（かけ足） 　4人1列になり、先頭の人の真似をして走る。先頭の人は時々後列の人に向かってビームを放つ。後列の人はその場に倒れる。先頭の人が走り出したら起き上がって走り出す。
ボールを使った運動	20分	**ボールを使った運動** ○ボールを投げて捕る動き 　ボールを持って自由に投げたり捕ったりする。 2 ○ボールを運ぶ動き 2 　ボールを足の間や友達と体で挟んで運ぶ。
整理運動	2分	**音楽に乗せた整理運動で心と体をクールダウン** ○本時で使った体の部位をゆっくりと動かしほぐす。
まとめ	5分	(1) 今日の学習について振り返り、学習カードに記入する (2) 楽しかったこと、友達のよかったことを発表し合う

1 体ほぐしの運動・多様な動きをつくる運動

2 かけっこ・リレー

3 リズムダンス・表現（料理づくり）

4 ゴール型ゲーム（ポートボール）

5 鉄棒運動

6 健康な生活

1 準備運動で心と体のスイッチオン！

準備運動では、本時で使う体の部位を十分にほぐすとともに、これから始まる学習に期待感をもたせたい。子供が好きな曲や、テンポのよい曲を流しながら、手をたたいたり、ジャンプしたり、掛け声を出したりする場面をつくり、心と体が開放できるようにする。

2 多様な動きをつくる運動例

手足クルン（回る）

1か2を選択する。「1！」と言われたら1の人は手や足を伸ばしたポーズで凍る。「2！」と言われたら交代。伸ばした部位を持って1周回されたら解凍され、凍っている仲間を助けに行く。

みんなでゴロンタッチ（寝転ぶ・起きる）

友達と向き合って座り、足を体に引き付けて抱え、その姿勢のまま左右に体を倒し、起き上がって友達とタッチする。

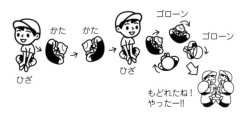

シグナルラン

先頭の子は、後列の子に向かって「ビーム！」とポーズを決めて大きな声で言うと楽しい雰囲気が生まれる。一定の速さで走ることを取り入れてもよい。

ボールを運ぶ動き

ボールを両膝や両足首に挟んだり、友達と体で挟んだりして、落とさないように運ぶ。ボールの素材を変えて行う。

※ボールを使った運動例

ボールを使った運動の中で、ゲーム性を取り入れて行うこともできる。

※多様な動きを経験させる

①動きに変化をつけて取り組む例。ボールを投げて姿勢を変えて捕る、友達と一緒に捕り合う、反対の手で投げて捕る。

②友達の動きにも注目させ、どうやってやるのかを真似る、こつを共有したりしながら運動。

③中学年は動きの組み合わせにつなげていくため、前後左右にボール投げて移動して捕るなど。

本時案

動きを組み合わせて楽しもう

本時の目標

　バランス、移動、ボールを使った運動やそれらを組み合わせた動きをすることができる。

評価のポイント

　体のバランスをとったり、体を移動したり、ボールを操作したりする運動やそれらを組み合わせた動きができたか。

本時の展開

	時	子供の活動
はじめ	1分	**集合・あいさつ、前時の振り返り（三観点）**
準備運動	5分	**音楽に乗せた準備運動で心と体のスイッチオン** ○軽快な音楽に乗せて、本時で使う体の部位をほぐす。 ○号令ではなく屈伸など正しい動きになるよう言葉掛けする
体のバランスをとる運動	6分	**体のバランスをとる運動** 1 ○バランスくずし（バランスを保つ） 　２人で向き合い、両手を合わせて押し合う。押されて動かないようにバランスを保つ。
体を移動する運動	6分	**体を移動する運動** 1 ○忍者手裏剣（跳ぶ、はねる） 　頭手裏剣はしゃがみ、足手裏剣はジャンプして避ける。 ○リバーシ（這う） 　赤と白のパネルを動物歩きでめくっていく。
ボールを使った運動	20分	**ボールを操作しながら移動する運動** 1 ○ボールを投げて移動して捕る動き 　ボールを持って投げて移動して（走る、ケンケン）捕る。 ※よい動きを共有する時間（その後、もう一度取り組む） 　様々な移動の仕方を組み合わせている子供を紹介する。 ○ボールを投げて捕ったり、運んだり、転がしたりする動き 　これまでやってきた動きにもう一度取り組む。 　ペアやグループで一緒に運動したり、友達と伝え合いながら動きを工夫したりして運動する姿を引き出す。
整理運動	2分	**音楽に乗せた整理運動で心と体をクールダウン** ○本時で使った体の部位をゆっくりと動かしほぐす。
まとめ	5分	**⑴今日の学習について振り返り、学習カードに記入する** 2 ○どうやったらできるようになったか。 ○友達とどんなことを教え合ってできたか。 ○工夫して運動できたことはどんなことか。 **⑵楽しかったこと、友達のよかったことを発表し合う**

1 体ほぐしの運動・多様な動きをつくる運動

2 かけっこ・リレー

3 リズムダンス・表現（料理づくり）

4 ゴール型ゲーム（ポートボール）

5 鉄棒運動

6 健康な生活

1 多様な動きをつくる運動例

バランスくずし（バランスを保つ）

2人で両手を合わせて動かされないように押し合う。姿勢を変えて行う。人数を増やして行うこともできる。

忍者手裏剣（跳ぶ・はねる）

先生が頭手裏剣と言ったらしゃがんで、足手裏剣と言ったらジャンプして避ける。テンポを変えて繰り返し行う。

リバーシ（はう）

2チームに分かれて2色の厚紙をめくる。自分のチームの色を増やした方が勝ち。移動の姿勢を変えて行う。

ボールを投げて移動して捕る動き

ボール操作に慣れたら、ボールを投げて移動して捕る組み合わせの動きへ広げていく。どんな移動の仕方ができるか考えさせ、全体で共有していく。

○基本的な動きを組み合わせる運動

中学年では基本的な動きを組み合わせる運動が中心となる。ボールを投げ上げ、その場で回ったり、移動したりして捕る動きである。ケンケン、スキップなど移動の仕方を変えて行う。基本的な動きを十分に経験していないと、組み合わせの動きにつながりにくい。
「こうやって投げたらいいかな」「この辺に投げよう」など、十分な動きの経験により、自分の体を思い通りに動かす感覚の獲得につながる。

2 「まとめ」で学習の積み重ねを作る（まとめの時間を確保）

ねらいを明確に授業展開し、言葉掛けや支援もねらいに沿ったものにする。本時で大切にしていることを常に意識し、学習のまとめでは、ねらいがどうだったのかを振り返る。「主体的に取り組む態度」「思考力、判断力、表現力」「知識及び技能」の三観点において、価値のある学びの姿をおさえ、次時へとつなげていく。
子供の学びの姿から引き出すことを中心に、足りないことは教え、単元を通して学習の質が高まるようにする。

「体ほぐしの運動・多様な動きをつくる運動」学習カード＆資料

使用時 第1〜4時

本カードは第1時から第4時まで、1単位ごとに使用する。体つくり運動を通して、子供の学習状況を把握したり、変容を見取ったりできるようにする。学習のねらいとなる三観点で示し、子供の学習の積み重ねとなるようにする。カードの中で学習の価値が高いものは、学級全体に紹介し、全員で共有して学習の質を高めていきたい。

収録資料活用のポイント

①使い方

授業のはじめに本カードを子供に配布する。書きやすくするためボードに挟んだり板目紙に貼り付けたりすると使いやすい。記述部分は、子供が何をめあてに学習するのか、また何を振り返ればよいのか分かりやすいように、学習のねらいに沿った文言に整理する。授業後に目を通してコメントを記入し、足りない部分は次時の指導改善へとつなげていく。

②資料

体つくり運動第1期の本単元では、体つくり運動の学習を進める上で大切にしてほしいポイントを資料として掲載する。

🖸 学習カード 3-1-1

🖸 学習カード 3-1-2

体つくり運動

3年　　　組　　　番　名前（　　　　　　　　　　　　）

1
体ほぐしの運動・多様な動きをつくる運動

2
かけっこ・リレー

3
リズムダンス・表現（料理づくり）

4
ゴール型ゲーム（ポートボール）

5
鉄棒運動

6
健康な生活

歌遊び

歌遊びは歌やリズムに合わせて手や足や体を使って楽しむことができます。

「幸せなら手をたたこう」（座る・立つ）
♪幸せなら手をたたこう
♪幸せなら手をたたこう
♪幸せなら　背中をつけようよ〜
♪ほらみんなでたってみよう　せーの！
※2人組で行う。※背中をくっつけたまま立つ。

「糸まきまき」（押す・引く）
♪い〜と〜まきまきい〜と〜まきまき
♪ひ〜てひ〜てトントントン
♪い〜と〜まきまきい〜と〜まきまき
♪ひ〜てひ〜てトントントン
♪で〜き〜た　で〜き〜た！
♪がんばるじゅんびができた！
※手首をにぎって引っぱり合う。※2人組で行う。

「むすんでひらいて」（バランスを保つ）
♪むすんでひらいて　手をうってむすんで
♪またひらいて手をうって　♪その手で〜勝負！
※2人組で行う。※立ってケンケンでもできる。

「じんこうえいせい」
♪じんこうえいせいじんこうえいせいと〜ま〜れ
※4〜5人で手をつなぎ、
　引っぱり合って相手を動かす。

合言葉

動きを発表した友達や、友達のよい所を見付けた友達に向かってみんなで
すてきな合言葉を言おう。

みんなで楽しむための合言葉　「いつでも　どこでも　だれとでも！」

●活動にいきおいをつける
・○○へ
　レッツゴー！
・やってみよう！

●楽しい雰囲気のまま指示を伝える
・トントトン　トントトン
　聞いて
・「お友達を変えてお友達
　を変えて」　○○組み

●みんなで友達をほめる
・せ〜のパンパン
　ナーイス！
・せ〜のキラーン！

2 かけっこ・リレー

5 時間

【単元計画】

1 〜 2 時	
[第一段階]	
かけっこやリレーの仕方を知って、競争を楽しむ	
かけっこやバトンパスによるリレーの仕方を知り、楽しむ。	素早いスタートによるかけっこやバトンパスによるリレーで競走を楽しむ。
1　腕を大きく振って走ろう POINT：腕を大きく振る走り方やバトンを使ったリレーの仕方を知り、折り返しリレーをする。	**2　合図で素早くスタートしよう** POINT：素早くスタートしたり、40〜60m を調子よく走ったり、折り返しリレーをする。
【主な学習活動】 ○集合・整列・あいさつ・学習の見通しをもつ ○本時の運動につながる準備運動をする ○かけっこ 　・いろいろな姿勢からスタートする 　・腕を前後に大きく振って走る 　・スピードを落とさずゴールを駆け抜ける ○折り返しリレー 　・折り返しリレーの仕方を知る 　・チームでバトンの受け渡しの練習をする ○運動で使った部位をほぐす ○まとめ 　・クラス全体で今日の学習を振り返る 　・次時の学習内容を知る	**【主な学習活動】** ○集合・整列・あいさつ ○本時の運動につながる準備運動をする ○かけっこ 　・いろいろな姿勢から素早くスタートする 　・40〜60m を調子よくかけ抜ける 　・相手を決めて競走する ○直線路での折り返しリレー 　・チームでバトンの受け渡しの競争をする 　・走る順序や相手を決めて競走する ○運動で使った部位をほぐす ○まとめ 　・グループごとに学習を振り返る 　・次時の学習内容を確認する

授業改善のポイント

主体的・対話的で深い学びの実践に向けて

①かけっこのポイントは次の 4 点である。

・すばやいスタートをしているか。

・前を見てまっすぐ走っているか。

・腕を大きく振って走っているか。

・ゴールを走り抜けているか。

②リレーのポイントは次の 3 点である。

・スピードを落とさないでバトンパスができているか。

・テークオーバーゾーンを生かしたバトンパスができているか。

・体を内側に傾けたコーナー走ができているか。

③リレーにおけるポイントができているか、チームの友達ともお互いに見合ったり、励まし合ったりしながら、自己の学習課題に気付かせる場面を用意しておく。またその学習課題を達成するために競争の仕方や場を工夫するように仕向けていく。その際、学習カードやタブレット端末を活用したりして対話的な学習と自分自身で気付いたことを簡潔に記入し、主体的な学びになるようにする。学習を通して子供自身が学びのプロセスを振り返り、技能の向上が見えるようにしていく。

1 体ほぐしの運動・多様な動きをつくる運動

2 かけっこ・リレー

3 リズムダンス・表現（料理づくり）

4 ゴール型ゲーム（ポートボール）

5 鉄棒運動

6 健康な生活

単元の目標

○知識及び技能

・調子よく最後まで走ったり、走りながらバトンを受け渡したりすることができる。

○思考力、判断力、表現力等

・自己の能力に適した課題を見付け、動きを身に付けるための活動や競争の仕方を工夫するとともに、考えたことを友達に伝えることができる。

○学びに向かう力、人間性等

・運動に進んで取り組み、きまりを守り誰とでも仲よく運動をしたり、勝敗を受け入れたり、友達の考えを認めたり、場や用具の安全に気を付けたりすることができる。

3～5時		
[第二段階] リレーのバトンパスやコーナー走を工夫し、競走を楽しむ		
走りながらのバトンパスによる周回リレーを楽しむ。	走りながらのバトンパスによる周回リレーの仕方を知り、リレーを楽しむ。	コーナーの走り方や走りながらのバトンパスを生かしたリレーを楽しむ。
3　走りながらバトンパスしよう POINT：チームをつくり、スピードを落とさずにバトンパスで周回リレーをする。	4　ゾーン内でバトンパスをしよう POINT：テークオーバーゾーン内でバトンパスをして周回リレーをする。	5　リレー大会をしよう POINT：調子よい走り方やバトンパスを生かした周回リレーをする。
【主な学習活動】 ○集合・整列・あいさつ ○本時の運動につながる準備運動をする ○かけっこ ○周回リレー ○運動で使った部位をほぐす ○まとめ 　・グループごとに学習を振り返る 　・次時の学習内容を確認する	【主な学習活動】 ○集合・整列・あいさつ ○本時の運動につながる準備運動をする ○かけっこ ○周回リレー ○運動で使った部位をほぐす ○まとめ 　・グループごとに学習を振り返る 　・次時の学習内容を知る	【主な学習活動】 ○集合・整列・あいさつ ○本時の運動につながる準備運動をする ○かけっこ ○まとめのリレー大会 ○運動で使った部位をほぐす ○まとめ 　・グループごとに単元の学習を振り返る

子供への配慮の例

①運動が苦手な子供

かけっこにおいて、スタートの苦手な子供には、立った姿勢からだけでなくいろいろな姿勢から素早く走ったり、スタート位置を変えたりして競走するなどの配慮をする。

また、周回リレーにおいて、タイミングよくバトンを受け渡すことが苦手な子供には、追いかけ走やコーナー走で受渡しをするなどの配慮をする。

走る距離を変えたリレー、追いかけ走など優位な位置から先頭に立って風を切る楽しさを味わわせる。

②意欲的でない子供

いろいろな走り方で活動する場を設定したり、勝敗のルールを工夫したりするなどの配慮をする。

また、リレーのバトンの受け渡しの練習の場面などで、友達同士でうまく関わり合うことができない子供には、互いに見合い、教え合いをする学習の仕組みや、振り返りの場面などで、友達同士で学習の成果を認め合うようにするなどの配慮をする。

本時案

腕を大きく振って 走ろう

本時の目標

かけっこ・リレーの学習内容と進め方を知り、大きく腕を振って走ったり、バトンパスをするリレーができるようにする。

評価のポイント

腕を大きく振って走ったり、バトンを使ったリレーの仕方を理解し、友達と協力して楽しくリレーができたか。

週案記入例

【目標】
かけっことリレーの学習内容を知り、大きく腕を振って走る。

【活動】
腕を大きく振って走り、走りながら行うバトンパスの競争をする。

【評価】
かけっことリレーの学習内容を知り、大きく腕を振って走ることができたか。

【指導上の留意点】
大きく腕を振って走るようにすることを指導の重点とする。

本時の展開

	時	子供の活動
はじめ	10分	**集合・整列をし、服装の点検をする・学習の見通しをもつ** かけっこ・リレーの学習内容と進め方を知る ○かけっこ・リレーの基本的な動きをつかむ。
準備運動	5分	**(1)体の各部位の運動をする** ○リズム太鼓に合わせてリズミカルにできるようにする。 **(2)主に、走る、跳ぶなどの全身運動をする** ○ランニング、スキップなどの運動を取り入れる。**1**
かけっこ	10分	**直線路を調子よく走る** ①いろいろな姿勢から素早くスタートする。 ②前後に大きく腕を振って走れるようにする。**2** ③ゴールまでスピードを落とさずにかけ抜ける。
リレー	10分	**直線路での折り返しリレーをする** ①折り返しリレーの仕方やバトンの受け渡しの仕方を知る。 ②チーム（4〜6人）をつくり、バトンの受け渡しの練習をする。**3** ③走る順序を決めて直線コースで練習レースをする。**4**
整理運動	5分	**かけっこやリレーで使った部位をほぐし、クールダウンをする** ○特に手と足の運動は丁寧にする。
まとめ	5分	**(1)学習を振り返り、学習カードに記入する** ①前後に大きく腕を振って走れたか。腕を大きく振ることのよさを理解できたか。 ②きまりを守って運動できたか。 ③かけっことリレーのポイントを知り、課題がつかめたか。 **(2)次時の学習内容を確認する**

1 走る、跳ぶなどの全身運動の例

小またで
ランニング

大またで
ランニング

ピタッ

リズム太鼓や音楽に
合わせてスキップ

1人ずつ

グループで

2人で

2 腕を大きく振って力いっぱい走る

軽く前傾　腕は大きく振る　まっすぐ前を見る

3 1列に並び、その場で練習

バトンパスの練習の例

手のひらを見てわたす　バトンを持ちかえる

ハイ

大きく開く

●バトンの工夫

輪なげ用
のリング

玉入れ

新聞紙を丸め、ビ
ニールテープをま
いてつないだもの

たすき

4 直線コースで走りながらの練習レース

ハイ

ハイ

1 体ほぐしの運動・多様な動きをつくる運動

2 かけっこ・リレー

3 リズムダンス・表現（料理づくり）

4 ゴール型ゲーム（ポートボール）

5 鉄棒運動

6 健康な生活

本時案

合図で素早く スタートしよう

本時の目標

　合図で素早くスタートして、大きく腕を振って走ったり、バトンを使って折り返しリレーをしたりすることができるようにする。

評価のポイント

　素早くスタートし、調子よく走り、折り返しリレーで走りながらのバトンパスができたか。

週案記入例

【目標】
いろいろな姿勢から素早くスタートして調子よく走る。

【活動】
素早くスタートして、走りながらバトンパスしてリレーをする。

【評価】
合図で素早くスタートして、走りながらバトンパスできたか。

【指導上の留意点】
素早いスタートの仕方、スピードを落とさないバトンパスを指導の重点とする。

本時の展開

	時	子供の活動
はじめ	5分	**集合・整列をし、服装の点検をする** ○本時の学習内容（スタートの仕方を中心に）や進め方を説明する。
準備運動	5分	**体の各部位の運動や走る、跳ぶなどの全身運動をする** ○リズム太鼓に合わせてリズミカルにできるようにする。 ○ランニング、スキップなどの運動を取り入れる。
かけっこ	15分	**直線路を調子よく走る** 　①いろいろな走り出し姿勢から、素早くスタートする。 **1** 　②前後に大きく腕を振って走れるようにする。 　③40〜60mを調子よくかけ抜ける。 　④相手を決めて競走する。 **2**
リレー	10分	**直線路での折り返しリレーをする** 　①チーム（4〜6人）でバトンの受け渡しの練習をする。 **3** 　②走る順序を決めたり、相手を決めたりして競走する。 **4**
整理運動	5分	**かけっこやリレーで使った部位をほぐし、クールダウンをする** ○特に、手と足の運動は丁寧にする。
まとめ	5分	(1)グループごとに学習を振り返り、学習カードに記入する 　①合図で素早くスタートできたか。 　②きまりを守って運動できたか。 　③バトンパスを身に付けるための練習の場を選べたか。 (2)次時の学習内容を確認する

1 いろいろな走りだしの姿勢の例

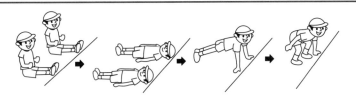

「すばやいスタート姿勢」のポイント
①前傾（前足を曲げる、後ろ前のかかとを浮かせる）、②目線を3〜4m前へ、③腕のかまえ

2 相手を決めて競走する例

並んでスタート　　　　　　　　　　向かい合って競争

3 バトンパスの例

もらったら
自転車のハンドルを
にぎるように持ちかえる

もらったら
すばやく持ちかえる

4 直線コースで走りながらバトンパスリレー

直線でリレー

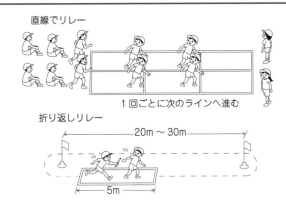

1回ごとに次のラインへ進む

折り返しリレー

20m〜30m

5m

1 体ほぐしの運動・多様な動きをつくる運動

2 かけっこ・リレー

3 リズムダンス・表現（料理づくり）

4 ゴール型ゲーム（ポートボール）

5 鉄棒運動

6 健康な生活

本時案

走りながら
バトンパスをしよう

本時の目標

　合図で素早くスタートして、大きく腕を振って走ったり、バトンを落とさずに受け渡しをして、周回リレーをできるようにする。

評価のポイント

　スピードを落とさないで走りながらパスができるようなバトンパスができたか。

週案記入例

【目標】
走りながらバトンパスをして周回リレーをする。

【活動】
調子よく走ったり、走りながらバトンパスして周回リレーをする。

【評価】
走りながらスピードを落とさずにバトンパスができたか。

【指導上の留意点】
スピードを落とさないでパスできるようにすることを指導の重点とする。

本時の展開

	時	子供の活動
はじめ	5分	**集合・整列をし、服装の点検をする** ○本時の学習内容（走りながらのパス中心に）や進め方を説明する。
準備運動	5分	**体の各部位の運動や走る、跳ぶなどの全身運動をする** ○リズム太鼓に合わせてリズミカルにできるようにする。 ○スキップや追いかけっこ（走）を取り入れる。
かけっこ	10分	**直線路を調子よく走る** ①合図で素早くスタートする。◀**1** ②前後に大きく腕を振って走れるようにする。
リレー	15分	**走りながらバトンパスをして周回リレーをする** ①走りながらのバトンパスの仕方を知る。 ②チーム（4〜6人）でバトンの受け渡しの練習をする。◀**2** ③走りながらスピードを落とさないでバトンパスする。◀**3** ④走る順序を決めたり、相手を決めたりして競走する。◀**4**
整理運動	5分	**かけっこやリレーで使った部位をほぐし、クールダウンをする** ○特に、手と足の運動は丁寧にする。
まとめ	5分	**(1)グループごとに学習を振り返り、学習カードに記入する** ①走りながらスピードを落とさないでバトンパスできたか。 ②友達と励まし合って運動できたか。 ③バトンパスを身に付けるための練習の場を選べたか。 **(2)次時の学習内容を確認する**

1 合図で素早くスタートする（スタートの仕方）

●「位置について」から走り出しまで

走り出しの　　　腕を　　　　　　体を低くする
姿勢へ　　　　　振りかえる

2 素早いバトンパス競走の例

立ったまま、1分間で渡すバトンの数を競う

3 走りながらスピードを落とさないバトンパスの練習

●助走をつける

3〜4m 手前に印をつけ　　　前走者は次走者を　　　　声をかけて
きたらスタート　　　　　　追い抜くつもりで　　　　バトンパス

4 相手を決めて周回リレーで競走

●最初は2チーム対抗で行う
●スピードを落とさずにバトンパスできるように
　かけっこでの走り方を生かす
●バトンを落とさないバトンパス
●走りながらのバトンパス

1 体ほぐしの運動・多様な動きをつくる運動

2 かけっこ・リレー

3 リズムダンス・表現（料理づくり）

4 ゴール型ゲーム（ポートボール）

5 鉄棒運動

6 健康な生活

本時案

テークオーバーゾーン内でバトンパスをしよう

本時の目標

テークオーバーゾーン内で走りながら、スピードを落とさないでバトンパスをして周回リレーができるようにする。

評価のポイント

テークオーバーゾーンを生かし、スピードを落とさないでパスするバトンパスができたか。

週案記入例

[目標]
調子よく走り、テークオーバーゾーンを生かしたバトンパスをしてリレーする。

[活動]
走りながらテークオーバーゾーンを落とさずにバトンパスができるようにする。

[評価]
テークオーバーゾーンを生かしてバトンパスができたか。

[指導上の留意点]
次走者の走り出しのタイミングを指導の重点とする。

本時の展開

	時	子供の活動
はじめ	5分	**集合・整列をし、服装の点検をする** ○本時の学習内容（ゾーン内でのバトンパス中心に）を説明する。
準備運動	5分	**体の各部位の運動や走る、跳ぶなどの全身運動をする** ○リズム太鼓に合わせてリズミカルにできるようにする。 ○ランニングやスキップなどの運動を取り入れる。
かけっこ	10分	**直線路を調子よく走る** ①合図で素早くスタートし、前後に大きく腕を振って走る。 **1** ②相手を決めて40～60mを競走する。
リレー	15分	**周回リレーをする。** ①バトンパスの練習をする。 **2** ②テークオーバーゾーンをスピードを落とさずにパスをする。 **3** ③コーナーの内側に体を軽く傾けて走れるようにする。 **4** ④走る順序を決めたり、相手チームを決めて競走する。
整理運動	5分	**かけっこやリレーで使った部位をほぐし、クールダウンをする** ○特に、手と足の運動は丁寧にする。
まとめ	5分	**(1)グループごとに学習を振り返り、学習カードに記入する** ①テークオーバーゾーン内でスピードを落とさずにパスできたか。 ②きまりを守り、友達と励まし合って運動できたか。 ③バトンパスを身に付けるための練習の仕方を選べたか。 **(2)次時の学習内容を確認する**

1 合図で素早くスタートして走り出す

位置について

両足をそろえて
制止して待つ

よーい

片足を後ろに引き、
ひざを曲げて
前足に体重を
かける

ドン

腕を前後に
素早く振り、
後ろ足で地面を
強くける

腕を前後に
大きくふり、
目線を前へ

2 バトンパスの練習の例

●バトンの受け渡し

止まったまま
てのひらを見て渡す

ゆっくり走りながら
「ハイ！」と声を
かけて渡す

全力で走りながら
渡す相手のスピードに
合わせて走る

●走りながらバトンパス

相手を
追い抜くつもりで
走る

近くに来たら
走り出す

左手で押しつける
ようにパス

左手に持ちかえる

3 テークオーバーゾーンの中で バトンパス

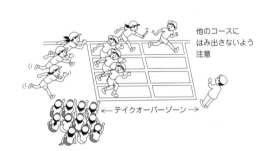

他のコースに
はみ出さないよう
注意

←テイクオーバーゾーン→

4 コーナーの走り方の練習の例

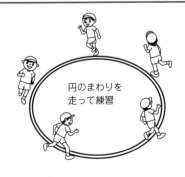

円のまわりを
走って練習

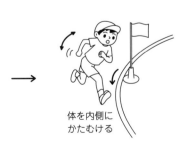

体を内側に
かたむける

1 体ほぐしの運動・多様な動きをつくる運動

2 かけっこ・リレー

3 リズムダンス・表現（料理づくり）

4 ゴール型ゲーム（ポートボール）

5 鉄棒運動

6 健康な生活

本時案

リレー大会を
しよう

本時の目標

コーナーの内側に体を軽く傾けて走り、テークオーバーゾーンでスピードを落とさずにバトンパスをして周回リレーができるようにする。

評価のポイント

コーナーでも調子よく走り、テークオーバーゾーン内でスピードを落とさずにバトンパスができたか。

本時の展開

	時	子供の活動
はじめ	5分	**集合・整列をし、服装の点検をする** ○本時の学習内容（リレー大会を中心に）や進め方を説明する。
準備運動	5分	**体の各部位の運動や走る、跳ぶなどの全身運動をする** ○リズム太鼓に合わせてリズミカルにできるようにする。 ○ランニング、スキップなどの運動を取り入れる。
かけっこ	10分	**直線路を調子よく走る** ①合図で素早くスタートし、前後に大きく腕を振って走る。 **1** ②スピードを落とさないでゴールまで走り抜ける。 **2**
リレー	15分	**まとめのリレー大会をする。** ①走る順序や作戦を話し合う。 **3** ②コーナーの走り方やバトンパスの様子を見合う。 **4** ③ルールを決めて競走する。 **5** ④対戦の仕方を考えて競走する。 **6**
整理運動	5分	**かけっこやリレーで使った部位をほぐし、クールダウンをする** ○特に、手と足の運動は丁寧にする。
まとめ	5分	**(1)グループごとに学習を振り返り、学習カードに記入する** ①コーナーの走り方やバトンパスを生かして競走できたか。 ②コーナーの走り方やバトンパスの様子を互いに見合い教え合えたか。 ③対戦の仕方を工夫して競走できたか。 **(2)単元全体を振り返り、自分の成長などを学習カードに記入する**

1 合図で素早くスタートする

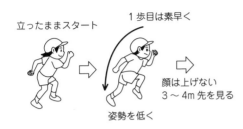

立ったままスタート　　　　1歩目は素早く

顔は上げない
3〜4m先を見る

姿勢を低く

2 スピードを落とさないでゴールを走り抜ける

ゴールラインの
先の旗まで
走るようにする

3 走る順序や友達の様子を話し合う

チームの特徴を生かせる
ように話し合う

4 コーナーの走り方やバトンパスの様子を見合う

体は内側に
かたむける

走っている友達のよさを
見つけよう

5 リレーのルールの例

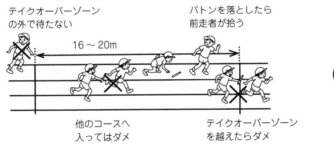

テイクオーバーゾーン
の外で待たない

バトンを落としたら
前走者が拾う

16〜20m

他のコースへ
入ってはダメ

テイクオーバーゾーン
を越えたらダメ

外側から
追い抜く

6 大会の進め方

● 2チーム対抗戦の場合は、リーグ戦やトーナメント（敗者復活戦）で行う。

● 6〜8チームなら、2ブロックに分けて一斉スタートで行う。

1 体ほぐしの運動・多様な動きをつくる運動

2 かけっこ・リレー

3 リズムダンス・表現（料理づくり）

4 ゴール型ゲーム（ポートボール）

5 鉄棒運動

6 健康な生活

「かけっこ・リレー」学習カード & 資料

使用時 **第1〜5時**

本カードは第1時から第5時まで、単元全体を通して使用する。かけっこ・リレーの学習を通して、かけっこやリレーの仕方を知り、競走の楽しみ方を見取るカードである。自己の課題を見付けたり、動きを身に付けるための活動や競走の仕方を工夫できるように、友達と協力して考え、伝えることができるように配慮する。

収録資料活用のポイント

①使い方

かけっこ・リレー1時間目の学習時、本カードを全児童に板目紙とセットで配布する。カードの裏面にはかけっこやリレーの運動のポイントを印刷しておく。毎時間、はじめのめあてをもとにして、まとめで振り返りを行うようにする。

②資料

かけっこ・リレーの学習を通して、勝敗の結果が学習の振り返りや、感想に大きく影響することが考えられる。そこで、友達との競走の仕方を工夫したり、勝敗を素直に認める態度を身に付けたさせたりすることが大切である。

🔘 学習カード 3-2-1

「かけっこ」カード

3年　　組　　番　名前（　　　　　　　）

（かけっこ）

こうもく	月 日	月 日	月 日	月 日	月 日
すばやくスタートする					
前を見てまっすぐ走る					
うでを大きくふって走る					
ゴールを走りぬける					
はげまし合って運動する					
練習の仕方や場を工ふうする					
話し合いの中でわかったことを友だちにつたえる					

🔘 学習カード 3-2-2

「リレー」カード

3年　　組　　番　名前（　　　　　　　）

（リレー）

こうもく	月 日	月 日	月 日	月 日	月 日
リレーを楽しみ、進んで運動できた					
友だちとはげまし合いながら運動できた					
めあてを意しきして運動することができた					
話し合いの中でわかったことを友だちにつたえることができた					

月／日	対せんチーム	じゅんい・勝はい	チームのめあて・作せん	ふり返り

〈かけっこ・リレーのポイント〉

3年　　　組　　　番　名前（　　　　　　　　　　）

○かけっこのスタート

「用意」
・前足に体重を
　かける

・体をすぐには
　おこさない

・強くキックして走る。
・こしを曲げないようにする

> 合図ですばやくスタートしよう

○調子よく走るためのポイント

腕を大きくふる　　まっすぐ前を見て走る　　体を前にかたむける　　ゴールをかけ抜ける

> しっかり地面をキックして調子よく走ろう

○コーナーの走り方のポイント

> 体のかたむき方がいいね！

> コーナーでもスピードが落ちないね！

> コーナーでは、体を内側にかたむけて走ろう

○リレーのバトン渡し

止まったままで　　「ハイ」と呼びかけて　　助走をつけて
　　　　　　　　　バトンを前の人に渡す

前走者が
3〜4m手前に来たら
スタートする

渡す相手を
追いこすような
つもりで全力で走る

> 決められたゾーンの中でバトンパスをしよう

○リレーの例

追っかけリレー

走りながらの
バトンパス（チーム）

テークオーバー
ゾーン

テークオーバー
ゾーン

> よし、もう少しで追いつくぞ！

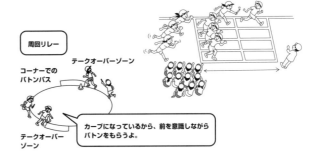

周回リレー

コーナーでの
バトンパス

テークオーバーゾーン

テークオーバー
ゾーン

> カーブになっているから、前を意識しながらバトンをもらうよ。

1 体ほぐしの運動・多様な動きをつくる運動

2 かけっこ・リレー

3 リズムダンス・表現（料理づくり）

4 ゴール型ゲーム（ポートボール）

5 鉄棒運動

6 健康な生活

3 リズムダンス・表現（料理づくり）

[5 時間]

【単元計画】

1時	2時
[第一段階] リズムを選んで踊ろう	
リズムに乗って、全身で踊る	リズムを選び、友達とくふうして踊る
1　ロックやサンバのリズムに乗って踊ろう POINT：リズムの特徴を捉える 【主な学習活動】 ○あいさつ・単元の見通しをもつ・ウオーミングアップ（心をほぐす運動） ○円になり、ロックやサンバのリズムに乗って踊る ○ペアになってロックやサンバのリズムで踊る ○クーリングダウン ○まとめ	**2　すきなリズムを選んで、踊ろう** POINT：ペアやグループで、互いに動きを真似しながら踊る 【主な学習活動】 ○あいさつ・ウオーミングアップ（心をほぐす運動） ○ペアになって、ロックやサンバのリズムに乗って踊る ○4人でロックやサンバのリズムに乗って踊る ○見せ合う ○クーリングダウン ○まとめ

授業改善のポイント ·············

主体的・対話的で深い学びの実践に向けて

　中学年の表現運動は、自己の心身を解き放して、イメージやリズムの世界に没入してなりきって踊ることが楽しい運動であり、互いのよさを生かして友達と交流して踊る楽しさや喜びに触れることができる運動である。

　達成感の感じられる学習課題を自らもてるようにするために、「身近な生活」などの題材やそれと対比する「空想の世界からの題材」など、ダイナミックで変化に富んだ多様な表現に取り組みやすい題材を取り上げるようにする。

　児童の関心や能力にふさわしい題材を取り上げることにより、主体的に課題解決に向かうと考える。「ひと流れ」の動きにするためには、グループで協力したり、動きを見合ったり、動きを考えたり、よかったところを伝え合ったりする。自然と対話が生まれ、自己の考えも広げ、深めることができる。また、全体でよい考えや行いを価値付けることで、さらに深い学びに発展していく。

　学習の最後には学習カードを用いて振り返りを行い、一人一人に学習の価値付けとなるような言葉がけをする。

1

体ほぐしの運動・多様な動きをつくる運動

2

かけっこ・リレー

3

リズムダンス・表現（料理づくり）

4

ゴール型ゲーム（ポートボール）

5

鉄棒運動

6

健康な生活

単元の目標

○知識及び技能

・リズムに乗って、全身で踊ることができる。

・題材の特徴を捉えて踊ることができる。

○思考力、判断力、表現力等

・リズムの特徴を捉え、踊り方を工夫することができる。

・題材の特徴を捉えた踊り方を工夫することができる。

○学びに向かう力、人間性等

・よかったことを友達に伝えたり、誰とでも仲よく踊ったり、友達の動きや考えを認めることができる。

3時	4時	5時
[第二段階] **特徴を捉えて、工夫して踊ろう**		
題材（○○作り）の特徴を捉えて動く	「はじめ」と「おわり」を付けて踊る	グループの踊りを見せ合う
1 題材（○○作り）の特徴を捉えて動こう POINT：題材のイメージをしっかりと捉える	**2 「はじめ」と「おわり」を付けてグループで踊ろう** POINT：ひと流れの動きにする	**3 「はじめ」と「おわり」を付けてグループで動こう** POINT：グループで協力してひと流れの動きをつくる
【主な学習活動】 ○あいさつ・ウオーミングアップ（心をほぐす運動） ○みんなで題材（○○作り）のイメージで動いてみる ○ペアになって題材（○○作り）のイメージで動く ○4人になって題材（○○作り）のイメージで動く ○クーリングダウン ○まとめ	**【主な学習活動】** ○あいさつ・ウオーミングアップ（心をほぐす運動） ○みんなで題材（○○作り）のイメージで動く ○「はじめ」と「おわり」を付けて動く ○グループになり題材（○○作り）のイメージで動く ○クーリングダウン ○まとめ	**【主な学習活動】** ○あいさつ・ウオーミングアップ（心をほぐす運動） ○グループになり選んだ題材（○○作り）の特徴のある動きに、メリハリを付けて踊る ○選んだ題材（○○作り）に「はじめ」と「おわり」を付けて動く ○見合い ○クーリングダウン ○単元を振り返る

子供への配慮の例

運動が苦手な子供

リズムの特徴を捉えて踊ることが苦手な児童には、リズムに合わせて手拍子をしたり、リズムを表す言葉かけをしながら踊ったり、教師の真似がしやすいような配慮をする。

動きに変化を付けて踊ることが苦手な児童には、曲のリズムに同調するだけでなく、動きやリズムに変化を付けて踊っている友達の動きを見て、真似てもいいことを助言する。

友達と関わって踊ることが苦手な児童には、2人組になってスキップで弾んだり、回ったり、動きの真似をしたりするよう助言する。

題材の特徴を捉えることが苦手な児童には、題材の多様な場面を絵や文字で描いたカードを見たりめくったりしながら動けるような場の配慮をする。

動きの誇張や変化の付け方が苦手な児童には、動きに差を付けて誇張したり、急変する動きで変化を付けたりして踊っている友達のよい動きを真似をするよう助言する。

ひと流れの動きにすることが苦手な児童には、気に入った様子を中心に、動きが急変する場面を複数例示し真似てみるよう助言する。

本時案

リズムに乗って、全身で踊ろう

本時の目標

○全身を使ってロックやサンバのリズムに合わせて踊る。

評価のポイント

○リズムダンスに進んで取り組んでいたか。
○リズムの特徴を捉え、全身で踊ることができたか。

週案記入例

[目標]
リズムの特徴を捉え、全身を使って踊る。

[活動]
教師や友達の動きを真似したり、自分で考えた動きをしたりして楽しく踊る。

[評価]
リズムの特徴を捉え、全身で踊ることができたか。

[指導上の留意点]
リズムの特徴が分かりやすい音楽を選ぶ。

本時の展開

	時	子供の活動
はじめ	5分	○**単元全体の学習内容を知り、見通しを持つ** ・本時の学習内容を知る。 ・本時の学習課題をもって行うようにする。
準備運動	5分	○**へそを動かすダンスや教師の動きを真似る動きをして心をほぐす**
活動①	15分	○**ロックやサンバのリズムを動きにしてみる** **1** ・ロックとサンバの音楽を聞く。 ・円になり、ロックやサンバのリズムを聞いて教師の真似をする。 ・反対の動きや、くり返しを入れて変化を付ける。
活動②	15分	○**ペアになって、ロックやサンバのリズムを次々と動きにしてみる** **2** ・よかったところを伝え合う。
クーリングダウン	2分	○**音楽を聞きながら、心と体を落ち着かせる**
振り返り	3分	○**学習カードに記録する** **3** ・全身を使って踊っていたこや友達と楽しく踊っていたことなどを称賛する。

1 体ほぐしの運動・多様な動きをつくる運動

2 かけっこ・リレー

3 リズムダンス・表現（料理づくり）

4 ゴール型ゲーム（ポートボール）

5 鉄棒運動

6 健康な生活

1 円になり、教師の動きを真似る

ロックやサンバのリズムに乗って踊る

┌─────────────┐   ┌─────────────┐   ┌─────────────┐
│ ロックの速い   │ ⇒ │ サンバとロックの   │ ⇒ │ 両方を続けて流し   │
│ リズムで動く   │   │ リズムの違いを感じる │   │ リズムの違いを知る。 │
└─────────────┘   └─────────────┘   └─────────────┘

2 ペアになって、リズムに合わせて踊る

反対の動き

同じ動き

楽しいリズムだね

列になって

おもしろいね

3 学習の振り返り

全身を使って、リズムに乗り楽しく踊ることができた。	よくできた	できた	もう少し
誰とでも仲良く踊ることができた。	よくできた	できた	もう少し
リズムの特徴を感じることができた。	よくできた	できた	もう少し
よかったところを、友達につたえることができた。	よくできた	できた	もう少し

本時案

すきなリズムを
選んで踊ろう

本時の目標
○全身を使いロックやサンバのリズムに合わせて工夫して踊る。

評価のポイント
○リズムの特徴を捉えた踊り方ができたか。
○自己に適した課題を見付け、解決することができたか。

本時の展開

	時	子供の活動
はじめ	5分	○**本時の学習内容を知る** ・反対の動きや誇張した動き、繰り返しの動きなど、よい動きを確認する。
準備運動	5分	○**教師やリーダーと反対の動き、同じ動きなどをする**
表現運動	15分	○**ロックやサンバのリズムで踊る** **1** ・円やペア、4人組になって、ロックやサンバのリズムで踊る。 ・4人組で曲を選び、踊る。
表現運動	15分	○**見合う** ○**交代で発表する** **2** ・よかったところを伝え合う。
整理運動	2分	○**音楽を聞きながら、ゆっくりと心と体をほぐす**
まとめ	3分	○**振り返り** ○**学習カードに記録する** ・リズムの特徴を捉え、工夫して動いていたことなどを称賛する。

1 体ほぐしの運動・多様な動きをつくる運動

2 かけっこ・リレー

3 リズムダンス・表現（料理づくり）

4 ゴール型ゲーム（ポートボール）

5 鉄棒運動

6 健康な生活

1 円やペア、4人組になって続けて踊る

ロックやサンバのリズムに乗って踊る

円	ペア	4人組
教師やその日のリーダーを中心に真似をする。	次々ペアを変え、真似したり反対の踊りをしたりする。	ペアから4人組を作り、踊りたい曲を選び踊る。

2 4人組になって、交代で見合う

こんな風に考えたよ

なるほどいいね

まねしてみよう

本時案

題材（○○づくり）の特徴を捉えて動こう ③/⑤

本時の目標

○題材の特徴を捉え、全身で動く。

評価のポイント

○題材（○○作り）の特徴を捉え全身で踊ることがることができたか。
○自己に適した課題を見付けることができたか。

週案記入例
[目標] 題材（○○作り）の特徴を捉え、全身を使って踊る。 **[活動]** 題材のイメージで次々と動く。 **[評価]** 題材の特徴を捉え、全身を使って動くことができたか。 **[指導上の留意点]** イメージしやすい題材を用意する。

本時の展開

	時	子供の活動
はじめ	5分	○へそを動かすダンス、かがみの世界（先生と同じ動きや反対の動き）
準備運動	5分	○**本時の学習内容を知る** ・題材（○○作り）のイメージをふくらませる。
表現運動	15分	○**いろいろな題材（○○作り）で動く** **1** ○**クラスみんなやペア、4人組になって題材（○○作り）のイメージで動く** **2** ・題材「○○作り」のいろいろなカードを選び、動きを繰り返したり、誇張してみたりする。
整理運動	15分	○**クーリングダウン** ・音楽を聞きながら、心と体を落ち着かせる。
まとめ	5分	○**振り返り** ・学習カードに記録する。 ・題材の特徴を捉え、全身を使って踊っていたことなどを称賛する。

1 体ほぐしの運動・多様な動きをつくる運動

2 かけっこ・リレー

3 リズムダンス・表現（料理づくり）

4 ゴール型ゲーム（ポートボール）

5 鉄棒運動

6 健康な生活

1 いろいろな題材（○○作り）で動く

題材例　カレー作り

| 野菜や肉になって、細かくなっていく。 | → | フライパンの上でころころ炒められる | → | 鍋でぐつぐつ煮込まれる。 |

切られて小さくなったよ

コロコロ
コロンコロン

ぐつぐつ…
コトコト…

2 選んだ題材でペアや4人組で動く

題材例　かき氷

| 固い氷の固まり | → | 削られて小さくなっていく。 | → | ふわふわのかき氷になり、最後はシロップで上が少しとける。 |

集まって固くなろう

けずられて小さくなるよ

上はトローリ
下はふんわり

本時案

「はじめ」と「おわり」をつけてグループで踊ろう

本時の目標

○グループで選んだ題材に「はじめ」と「おわり」をつけてひとながれのうごきにする。

評価のポイント

○題材の特徴を捉えた踊り方の工夫ができたか。
○自己に適した課題を見付け解決することができたか。

<table>
<tr><td colspan="4" align="center">週案記入例</td></tr>
</table>

［目標］
題材に「はじめ」と「おわり」をつけてひとながれの動きにする。

［活動］
題材の動きに「はじめ」と「おわり」を付ける。

［評価］
特徴を捉えたおどり方の工夫や課題解決ができたか。

［指導上の留意点］
題材で一番特徴のあるところを次々と動きにさせる。

本時の展開

	時	子供の活動
はじめ	5分	○**本時の学習内容を知る** ・題材に「はじめ」と「おわり」を付けることを知る。
準備運動	5分	○**ウォーミングアップ** ・かがみの世界（先生と同じ動き）やリーダーと反対の動きをする。
表現運動	15分	○**特徴のあるところを次々と動きにしてみる** **1** ・変化を付けたり、くり返したりして動きをくふうする。
表現運動	15分	○**「○○作り」で選んだ題材に「はじめ」と「おわり」を付ける** **2** ・よかったところを伝え合う。
整理運動	2分	○**クーリングダウン** ・音楽を聞きながら、心と体を落ち着かせる。
まとめ	3分	○**振り返り** ・学習カードに記録する。 ・題材の特徴を捉え、全身を使って踊っていたことや、誇張して動いていたことなどを称賛する。

1 体ほぐしの運動・多様な動きをつくる運動

2 かけっこ・リレー

3 リズムダンス・表現（料理づくり）

4 ゴール型ゲーム（ポートボール）

5 鉄棒運動

6 健康な生活

1 題材で特徴のあるところを次々と動きにする

> **題材例　ハンバーグ　なっとう　ミートソーススパゲティー**

ずっしりとした
大きなハンバーグだよ

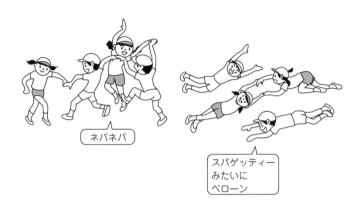

ネバネバ

スパゲッティー
みたいに
ベローン

2 選んだ動きに「はじめ」と「おわり」をつける

> **題材例　パン作り**

はじめ

こねられ、のばされて、いろいろな形になる。	→	少しずつ膨らんで、大きくなっていく。	→	**おわり** ふわふわパンの出来上がり。

小麦粉を
こねて…

コロコロのばすよ

ふくらんで
いくよ

ふんわりした
パンだよ

本時案

みんなで
料理パーティーを
しよう

本時の目標

○グループで選んだ題材に「はじめ」と「おわり」をつけてひとながれのうごきにして発表し、見合う。

評価のポイント

○題材の特徴を捉えた踊り方の工夫ができたか。
○よかったところを友達に伝えることができたか。

[目標]
題材の特徴を捉えたおどり方の工夫をし、全身を使って踊る。

[活動]
グループで考えたひと流れの動きを発表する。

[評価]
題材の特徴を捉えたおどり方の工夫ができたか。

[指導上の留意点]
仲間との対話を通して思考を深め、課題を解決できるように、方向付ける。

本時の展開

	時	子供の活動
はじめ	5分	○**本時の学習内容を知る** ・グループで踊る題材を選ぶ。
準備運動	5分	○**ウォーミングアップ** ・かがみの世界（教師と同じ動き）やリーダーと反対の動きをする。
表現運動	15分	○**特徴のあるところを次々と動きにしてみる** 1 ・「○○作り」で選んだ題材に「はじめ」と「おわり」を付ける。 ・変化を付けたり、くり返したりして動きをくふうする。
表現運動	15分	○**交代で発表する** 2 ・よかったところを伝え合う。
整理運動	2分	○**クーリングダウン** ・音楽を聞きながら、心と体を落ち着かせる。
まとめ	3分	○**単元の振り返り** ・学習カードに記録する。 ・題材の特徴を捉え、全身を使って踊っていたことや、誇張して動いていたことなどを称賛する。

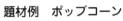

1 選んだ動きに「はじめ」と「おわり」を付ける

題材例　ポップコーン

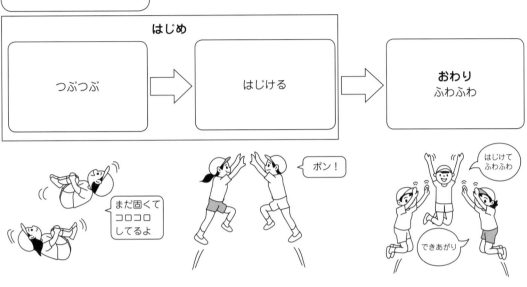

はじめ

| つぶつぶ | → | はじける | → | **おわり** ふわふわ |

まだ固くて
コロコロ
してるよ

ポン！

はじけて
ふわふわ

できあがり

2 ステージを作り、交代で発表する

交代で発表したり、互いにまねしたりして、よかったところを伝え合う。

その動き
いいね

まねして
みよう

1 体ほぐしの運動・多様な動きをつくる運動

2 かけっこ・リレー

3 リズムダンス・表現（料理づくり）

4 ゴール型ゲーム（ポートボール）

5 鉄棒運動

6 健康な生活

「リズムダンス・表現（料理づくり）」学習カード

使用時 **第1〜5時**

本カードは第1時から第5時まで、各時間で使用する。リズムダンスの学習を通して、学習の振り返りと次時のめあてを決めるものである。自己の課題を見付け、活動の仕方を工夫できるように、友達と協力して考えたり、伝えたりすることができるように配慮する。

収録資料活用のポイント

①使い方

　各時間にこのカードを配布する。授業のおわりに、めあてをもとにしてまとめで振り返りを行うようにする。

②留意点

　教師はカードの内容を見取り、子供たち一人一人に声掛けを行うなどして、学習の価値付けを行うことも重要である。

学習カード 3-3-1

学習カード 3-3-2

学習カード 3-3-3

学習カード 3-3-4

学習カード 3-3-5

題材のとくちょうをとらえた動きの例

3年　　　組　　　番　名前（　　　　　　　　　　　）

カレー作り

**野菜や肉が細かく
なっていく**
→
**フライパンの上で
ころころ**
→
**なべで
ぐつぐつ**

切られて小さく
なったよ

コロ
コロ
　コロン
　コロン

コトコト
ぐつぐつ
ぐつ
ぐつ

かき氷

固い氷のかたまり
→
けずられていく
→
**ふわふわのかき氷に
シロップをかけて**

集まって固く
なろう

けずられ
て小さく
なるよ

上は
トローリ
下は
ふんわり

パン作り

こねられ、のばされる
→
少しずつふくらむ
→
ふわふわのパン

小麦粉を
こねて…
コロコロ
のばすよ

ふくらん
でいくよ

ふんわりした
パンだよ

ポップコーン作り

つぶつぶ
→
はじける
→
**はじけて
ふわふわ**
ふわふわ

まだ固くてコロ
コロしてるよ

ポン！

でき
あがり

1 体ほぐしの運動・多様な動きをつくる運動

2 かけっこ・リレー

3 リズムダンス・表現（料理づくり）

4 ゴール型ゲーム（ポートボール）

5 鉄棒運動

6 健康な生活

4 ゴール型ゲーム（ポートボール）

ゲーム

5 時間

【単元計画】

1 時	2・3 時
［第一段階］今もっている力で楽しむ **学習の進め方を知るとともに、みんなが楽しめる規則を工夫する**	
ゴール型ゲームの型の特徴に合った攻め方を知り、今もっている力でゲームを楽しむことができるようにする。（ゲームの内容を知る、規則の工夫、動き方や攻め方を知る）	
1　ポートボールをやってみよう POINT：学習の進め方を知るとともに、みんながより楽しめるよう規則を工夫する。	**2　いろいろなチームとゲームをしよう** POINT：総当たり戦で全部のチームと対戦し、自分のチームや相手のチームの特長を知る。
【主な学習活動】 ○集合・あいさつ ○ゲームの確認・規則の確認・単元の見通し ○準備運動・ゲームにつながる運動 ○試しのゲーム① ○振り返り ○試しのゲーム② ○整理運動 ○振り返り 　・本時の学習を振り返る 　・規則の工夫について話し合う 　・次時の学習内容を知る	**【主な学習活動】** ○集合・あいさつ ○学習課題の確認 ○準備運動・ゲームにつながる運動 ○ゲーム①　【総当たり戦】 ○振り返り・チームの時間 ○ゲーム②　【総当たり戦】 ○整理運動 ○振り返り 　・本時の学習を振り返る 　・規則の工夫について話し合う 　・次時の学習内容を知る

授業改善のポイント

主体的・対話的で深い学びの実践に向けて

　ゲームの学習における楽しさは、「集団対団で勝敗を競い合うこと」「仲間と力を合わせて競争すること」「学級全員が楽しめるゲームを創り上げること」などである。

　子供が、「ゲームをもっと楽しくしたい」「チームで協力して勝ちたい」という思いをもって取り組むことで、「規則の工夫」や「簡単な作戦」をより主体的に考えることができる。さらに、それらを友達と伝え合い、学び合うことで、協働的に学習に取り組むことができる。そのためには、子供が今もっている力で楽しめるゲームをどう提示するかが重要である。また、「みんなが活躍できる」「力いっぱい活動できる場面がある」「規則の工夫や作戦の工夫などの発展性がある」などの視点から自己の学習課題をもって取り組めるようなゲームの提示をすることが大切である。

　ゲームの学習を通して、自分や自分のチームの課題を見付ける姿、よりよくしたいという思いで試行錯誤する姿、自分の変容を振り返り言葉で伝えるなど思考を深めている姿などが、深い学びにつながる。

1 体ほぐしの運動・多様な動きをつくる運動

2 かけっこ・リレー

3 リズムダンス・表現（料理づくり）

4 ゴール型ゲーム（ポートボール）

5 鉄棒運動

6 健康な生活

単元の目標

○**知識及び技能**

・ポートボールの行い方を知るとともに、基本的なボール操作とボールを持たないときの動きによって、ゲームをすることができる。

○**思考力、判断力、表現力等**

・ポートボールの規則を工夫したり、型に応じた簡単な作戦を選んだりするとともに、考えたことを友達に伝えることができる。

○**学びに向かう力、人間性等**

・運動に進んで取り組み、規則を守り誰とでも仲よく運動をしたり、勝敗を受け入れたり、友達の考えを認めたり、場や用具の安全に気を付けたりすることができる。

4・5時
[第二段階] 工夫して楽しむ 作戦を考えて、動きを工夫しながらゲームをする

ゲームの型の特徴に合った作戦を考えて、動きを工夫しながらゲームを楽しむことができるようにする。（作戦を考えゲームする）

3 自分のチームのよさや相手のチームに応じた作戦を考えてゲームをしよう

POINT：対抗戦で、同じチームと2回ゲームをし、相手に応じた作戦を考え、動きを工夫しながらゲームをする。

【主な学習活動】
　○集合・あいさつ
　○学習課題の確認
　○準備運動
　○チームの時間・ゲームにつながる運動
　○ゲーム①　【対抗戦】
　○チームの時間
　○ゲーム②　【対抗戦】
　○整理運動
　○本時の学習の振り返り
　○単元の振り返り②
　　・楽しかったこと、成長したこと、友達のよかったことなどを話し合う。

・話し合った内容を次のゲームの単元に生かせるように確認し合う。

子供への配慮の例

友達のがんばりやよさを認めることが苦手な子供に対しての言葉かけの例

①勝敗にこだわり、友達と仲よくゲームに取り組めない子供

児「負けるはずなかった。本当は勝てたのに」

教「悔しかったんだね。その気持ちを次のゲームに向けていこうね」

児「負けたからおもしろくない。このチームじゃどうせ勝てないよ」

教「まだ始めだから勝てないだけだよ。どうして負けてしまったかを一緒に考えよう」

②友達の考えを認めたり、受け入れたりできない子供

児「そんな作戦じゃうまくいかない」

教「どうしてそう思うかをしっかり伝えよう」
　「友達と同じ考えのところはないかな。自分と同じところや違うところがどこかを考えると話し合いがうまく進められるよ」

児「他の人の考えなんて聞かなくて大丈夫」

教「いろいろな友達の考えを聞いてみよう」

本時案

ポートボールの
やり方を知ろう

本時の目標

　ポートボールの行い方を知り、単元の見通しをもつことができるようにする。

評価のポイント

　規則や約束を守って、意欲的に学習することができたか。

週案記入例

【目標】
ポートボールの行い方を知り単元の見通しをもつ。

【活動】
チームの友達と協力して、ポートボールに取り組むために試しのゲームを行い、進め方を理解する。

【評価】
規則や約束を守って、意欲的に学習することができていたか。

【指導上の留意点】
安全に運動するためのきまりや約束をしっかりと確認させる。

本時の展開

	時	子供の活動
はじめ	5分	**集合・あいさつをし、単元の見通しをもつ** ○単元のねらい・学習の進め方を知る。**1** ○ゲームの進め方・規則の確認をする。 ○チームの確認をする。**2** 　・1チーム5〜6人で、6チーム編成する。 　・チームごとに、ゼッケンを着用する。
準備運動	10分	**ゲームにつながる運動をする** ○運動で使う部位、特に手首、足首を中心に動かす。 ○ボールを使いキャッチやパスなどの運動をする。
ポートボール　ゲーム①	8分	**試しのゲームをする 3** ○3分×2　前後半で役割を交代する。 ○ゲームの進め方を確かめながら、ゲームを楽しむ。
ポートボール　振り返り①	6分	**規則の変更や追加について振り返る** ○学級全員がより楽しめるゲームにするための規則の工夫やゲームで困ったことについて考える。
ポートボール　ゲーム②	8分	**規則の変更や追加に合わせ第2ゲームをする** ○3分×2　前後半で役割を交代する。 ○規則の変更や追加を確かめながら、ゲームを楽しむ。
整理運動	3分	**運動で使った部位をゆったりとほぐす** ○体を伸ばしたり、使った部位をほぐしたりする。 ○体をほぐすとともに、ゲームの勝敗の結果などによる気持ちの高揚も鎮めるように心と体のクールダウンをする。
振り返り②	5分	**⑴今日の学習について振り返り、学習カードに記入する** ○学級全員が楽しめる規則の工夫ができたか。 ○規則を守り、勝敗を受け入れたり、友達の考えを認めたりすることができたか。 **⑵楽しかったこと、友達のよかったことなどを発表し合う**

1 体ほぐしの運動・多様な動きをつくる運動

2 かけっこ・リレー

3 リズムダンス・表現（料理づくり）

4 ゴール型ゲーム（ポートボール）

5 鉄棒運動

6 健康な生活

1 単元のオリエンテーションについて

○学級の実態と学習指導要領が求める資質・能力から、子供に身に付けさせたい内容を分かりやすく説明する。

（例）クラスのみんなが楽しむことができるポートボールの学習をしよう。

チームで力を合わせて、みんなが活躍できる楽しいポートボールの学習にしよう。

2 どのチームにも勝つチャンスがあるチーム編成例

○意欲・リーダー性・技能・学び方の観点からバランスよくチーム編成する

①教師が決める

教師が子供の意欲・リーダー性・技能・学び方等の習得状況から編成

②子供・教師と決める

子供からリーダーを募り、教師も加わってチーム編成する

「よいリーダー」「よいチームとは」についてクラスで考えることを大切にする

○相互審判で学習を進めていくため、学級の人数、校庭の広さ等に応じて、4チーム、6チーム、8チームで編成する。

3 「ポートボール」はじめの規則例

○1チーム：6人（ゴールマン2人・ガードマン1人・フォワード3人）

○1ゲーム：3分×2

○パスをつないで、自分のチームのゴールマンにパスができたら得点

○ボールを持って歩いたり、ドリブルをしたりしてはいけない

○反則したときは、すぐ近くのサイドラインからスローイン

○ゲームの開始・得点後は、コート中央から

○ゴールマンはゴールゾーンの中を自由に動ける

○ガードマンはガードゾーンの中を自由に動ける

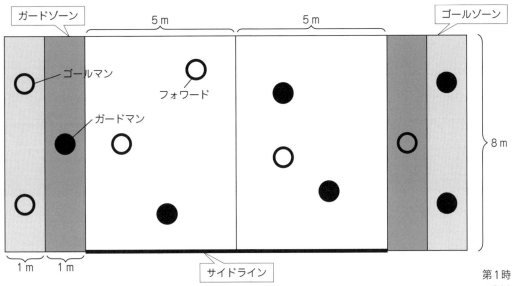

本時案

ポートボールの
規則を工夫しよう

本時の目標

みんながより楽しめるような規則の工夫をしよう。

評価のポイント

ゲームの中で困ったことや感じたことをもとに、みんながより楽しめるような規則の工夫をすることができたか。

週案記入例

[目標]
みんながより楽しめるような規則の工夫をしよう。

[活動]
チームの友達と協力して、バスケットボールに取り組むとともに、みんながより楽しめるような規則の工夫を考える。

[評価]
みんなが楽しめるような規則の工夫を考えることができたか。

[指導上の留意点]
規則の工夫は、子供がゲームをどれだけ楽しめているかの状態や、動きをより活性化させたいときに行うものであり、十分満足しているときは行わない。

本時の展開

	時	子供の活動
はじめ	4分	**集合・あいさつ** ○今日の学習内容・学習の進め方を知る。 ○ゲームの進め方・規則の確認をする。
準備運動	10分	**ゲームにつながる運動をする** ○運動で使う部位、特に手首、足首を中心に動かす。 ○ボールを使いキャッチやパスなどの運動をする。
ポートボール ゲーム①	8分	**ポートボール　第1ゲームをする（総当たり戦）** ○3分×2　前後半で役割を交代する。 ○規則を確かめながら、ゲームを楽しむ。
振り返り①	6分	**規則の変更や追加について振り返る** ◀**1** ○学級全員がより楽しめるゲームにするための規則の工夫やゲームで困ったことについて考える。
ゲーム②	8分	**ポートボール　第2ゲームをする（総当たり戦）** ○3分×2　前後半で役割を交代する。 ○規則の工夫を確かめながら、ゲームを楽しむ。
整理運動	3分	**運動で使った部位をゆったりとほぐす** ○体を伸ばしたり、使った部位をほぐしたりする。 ○体をほぐすとともに、ゲームの勝敗の結果などによる気持ちの高揚も鎮めるように心と体のクールダウンをする。
振り返り②	6分	(1)**今日の学習について振り返り、学習カードに記入する** ○学級全員が楽しめる規則の工夫ができたか。 ○規則を守り、勝敗を受け入れたり、友達の考えを認めたりすることができたか。 (2)**楽しかったこと、友達のよかったことなどを発表し合う**

1 体ほぐしの運動・多様な動きをつくる運動

2 かけっこ・リレー

3 リズムダンス・表現（料理づくり）

4 ゴール型ゲーム（ポートボール）

5 鉄棒運動

6 健康な生活

1 ゲームの様相に応じた規則の工夫の例

パスがなかなかつながらない

○ゴールマンを1人にし、ラインマンを1人配置する。

○ラインマンはサイドラインの間を、ボールを持って自由に動くことができる。

○ラインマンから直接シュートすることはできない。

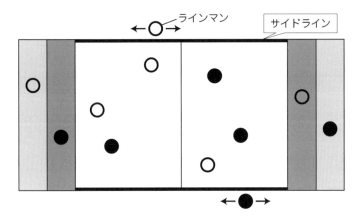

得点がなかなかできない

○ガードマンは、ガードゾーンから出て攻撃に参加してもよい。

どのチームにも勝てるチャンスを生み出すために

○ゴールゾーンの中にチャンスサークル（2mくらいのロープを結んで円にしたもの）を置き、ゴールマンがチャンスサークルの中でシュートをキャッチできたら得点が2点になる。

○チャンスサークルは、ゴールゾーンの中ならばどこに置いてもよい。

【チャンスサークルの例】

2m程度の長なわやロープを円形にし、チャンスサークルとする。形はチームごとで自由とする。

【チャンスサークルの置き方】

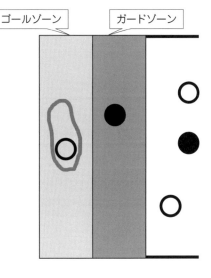

本時案

作戦を考えて
ゲームをしよう①

3/5

本時の目標

チームで簡単な作戦を考え、作戦を意識して
ゲームに取り組むことができる。

評価のポイント

チームで作戦を考えるとともに、作戦を意識
してゲームに取り組むことができたか。

週案記入例

【目標】
チームで簡単な作戦を考え、作戦を意識してゲー
ムに取り組む。

【活動】
チームの友達と協力し、簡単な作戦を意識して
ゲームに取り組む。

【評価】
作戦を意識して、ゲームに取り組むことができた
か。

【指導上の留意点】
子供の実態に応じ、最初は簡単な作戦を選ぶこと
から始め、少しずつ自分たちで作戦を考えられる
ようにする。

本時の展開

	時	子供の活動
はじめ	3分	**集合・あいさつ** ○今日の学習内容・学習の進め方を知る。 **1** ○規則の確認をする。
準備運動	3分	**運動で使う部位を動かす** ○運動で使う部位、特に手首、足首を中心に動かす。
ポートボール / チームの時間①	7分	**チームごとにゲームにつながる運動や作戦の確認をする** ○ボールを使いキャッチやパスなどの運動をする。 **2** ○チームの作戦やポジションの役割を確認する。
ゲーム①	8分	**ポートボール　第1ゲームをする（総当たり戦）** ○3分×2　前後半で役割を交代する。 ○総当たり戦で、全部のチームと1回ずつゲームをする。 ○作戦を意識しながら、ゲームを楽しむ。
チームの時間②	7分	**ゲームを振り返り、作戦の見直しやチームでの練習に取り組む** ○ゲームを振り返り、作戦を見直したり、チームでの練習に取り組んだりする。
ゲーム②	8分	**ポートボール　第2ゲームをする（総当たり戦）** ○3分×2　前後半で役割を交代する。 ○総当たり戦で、全部のチームと1回ずつゲームをする。 ○作戦を意識しながら、ゲームを楽しむ。
整理運動	3分	**運動で使った部位をゆったりとほぐす** ○ストレッチを中心に、心と体のクールダウンをする。
振り返り	6分	**(1) 今日の学習について振り返り、学習カードに記入する** ○作戦を意識して、ゲームに取り組むことができたか。 ○規則を守り、勝敗を受け入れたり、友達の考えを認めたりすることができたか。 ○次時に対戦したいチームを決める。 **(2) 楽しかったこと、友達のよかったことなどを発表し合う**

単元におけるゲームの進め方

1クラス6チーム、3コート設置を想定した例

○**試しのゲーム**

・規則の確認をしながら、ゲームの進め方を知る。

・ゲームの中で困ったことや、みんながより楽しめる規則の工夫について考える。

○**総当たり戦**

・どのチームとも1回ずつゲームをする。

・全部のチームとゲームをする中で、自分のチームのよさや課題、相手チームのよさについて考える。

○**対抗戦**

・対戦したい相手を話し合いで決め、同じチームと第1ゲーム・第2ゲームを行う。

・同じチームと2回ゲームをすることで、作戦や相手チームをより意識してゲームを行う。

・チームの時間で第1ゲームを振り返り、作戦がうまくいったかをチームで考え、作戦の変更や工夫に取り組む。

・チームの時間では、話し合うだけでなく、チームごとで動いたり練習したりする。

・対戦相手を決める際には、なかなか勝てていないチーム、トラブルがあったチームの希望を優先し、教師が調整する。

 チームで行うキャッチやパスの運動例

ボールと仲よくなろう①

・1人1個ボールを持って行う

・ボールを落とさないように顔やお腹などの回りをぐるぐる回す

・ボールを投げ上げ、手をたたいて落とさずキャッチ

・1分間で何回手をたたけたかチャレンジ

ボールと仲よくなろう②

・チームで2グループに分かれ向き合う

・パスをしたら向かい側の列の最後につく

・1分間で何回パスができたかチャレンジ

・右側から列の最後につくことを確認する

相手の動きを考えよう

・6人チームでは、4人と2人に分かれる
4人が攻めでボールをパスし合い、2人は守りでパスをカットする

・守りがパスをカットしたり、ボールをとったら役割を入れ替えて行う

みんながシュートを決めよう

・コートの半分を1チームずつで使う

・ゴールマン2人、ガードマン1人、フォワード3人でミニゲームをする

・シュートが決まったら、役割を交代しミニゲームを続ける

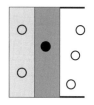

1 体ほぐしの運動・多様な動きをつくる運動

2 かけっこ・リレー

3 リズムダンス・表現 (料理づくり)

4 ゴール型ゲーム (ポートボール)

5 鉄棒運動

6 健康な生活

本時案

作戦を考えて
ゲームをしよう②

本時の目標

　簡単な作戦を考え、作戦を意識してゲームに取り組むことができる。

評価のポイント

　簡単な作戦を考えるとともに、作戦を意識してゲームに取り組むことができたか。

本時の展開

		時	子供の活動
はじめ		3分	**集合・あいさつ** ○今日の学習内容・学習の進め方を知る。 ○規則の確認をする。
準備運動		3分	**運動で使う部位を動かす** ○運動で使う部位、特に手首、足首を中心に動かす。
ポートボール	チームの時間①	7分	**チームごとにゲームにつながる運動や作戦の確認をする** ○ボールを使いキャッチやパスなどの運動をする。 ○チームの作戦やポジションを確認する。　**1** ○自分の役割をチームに伝える。
	ゲーム①	8分	**ポートボールをする** ○作戦を意識しながら、ゲームを楽しむ。
	チームの時間②	7分	**ゲームを振り返り、作戦の見直しやチームでの練習に取り組む** ○ゲームを振り返り、作戦を見直したり、チームでの練習に取り組んだりする。
	ゲーム②	8分	**バスケットボールをする** ○作戦を意識しながら、ゲームを楽しむ。
整理運動		3分	**運動で使った部位をゆったりとほぐす** ○ストレッチを中心に、心と体のクールダウンをする。
振り返り		6分	**(1) 今日の学習について振り返り、学習カードに記入する** ○作戦を意識して、ゲームに取り組むことができたか。 ○規則を守り、勝敗を受け入れたり、友達の考えを認めたりすることができたか。 ○次時に対戦したいチームを決める。 **(2) 楽しかったこと、友達のよかったことなどを発表し合う**

1 簡単な作戦の例

パスやシュートがうまくいかない場合

三角作戦

ボールを持っている自分のチームの友達と、三角形を作れるように動く作戦

サイン作戦

パスがもらえる場所に動いたら、声を出したり、手を挙げたりして、ボールを持っている自分のチームの友達にサインを出す作戦

こっち！

ゴールマンと三角作戦

ゴールマンとフォワードで三角形を作れるように動きシュートする作戦

フェイント作戦

パスやシュートするときに前に相手の守りがいたら、フェイントをしてタイミングをずらす作戦

守りに課題がある場合

相手がボールを持ったらみんなで守る作戦

相手チームのボールになったら、全員で戻って守る作戦

マンツーマン作戦

フォワードの3人が、それぞれ守る相手を決めて守る作戦

1 体ほぐしの運動・多様な動きをつくる運動

2 かけっこ・リレー

3 リズムダンス・表現（料理づくり）

4 ゴール型ゲーム（ポートボール）

5 鉄棒運動

6 健康な生活

本時案

チームで協力してポートボールを楽しもう

本時の目標

自分のチームのよさや相手チームを意識した作戦を考え、対抗戦に取り組むことができる。

評価のポイント

自分のチームのよさや相手チームを意識した作戦を考え、ゲームに取り組むことができたか。

本時の展開

	時	子供の活動
はじめ	3分	**集合・あいさつ** ○今日の学習内容・学習の進め方を知る。 ○対戦相手・規則の確認をする。
準備運動	3分	**運動で使う部位を動かす** ○運動で使う部位、特に手首、足首を中心に動かす。
ポートボール / チームの時間①	7分	**チームごとにゲームにつながる運動や作戦の確認をする** ○ボールを使いキャッチやパスなどの運動をする。 ○チームの作戦や一人一人のポジションの役割を確認する。
ゲーム①	8分	**ポートボール　第1ゲームをする（対抗戦）** ○3分×2　前後半で役割を交代する。 ○対抗戦で、同じチームと第1・第2ゲームをする。 ○作戦を意識しながら、ゲームを楽しむ。
チームの時間②	7分	**ゲームを振り返り、作戦の見直しやチームでの練習に取り組む** ○ゲームを振り返り、作戦を見直したり、チームでの練習に取り組んだりする。 **1**
ゲーム②	8分	**ポートボール　第2ゲームをする（対抗戦）** ○3分×2　前後半で役割を交代する。 ○対抗戦で、同じチームと第1・第2ゲームをする。 ○作戦を意識しながら、ゲームを楽しむ。
整理運動	3分	**運動で使った部位をゆったりとほぐす** ○ストレッチを中心に、心と体のクールダウンをする。
振り返り **1**	6分	**(1) 今日の学習について振り返り、学習カードに記入する** ○作戦を意識して、ゲームに取り組むことができたか。 ○規則を守り、勝敗を受け入れたり、友達の考えを認めたりすることができたか。 **(2) 楽しかったこと、友達のよかったことなどを発表し合う** ○単元のまとめをし、次のゲームの単元に生かせることを確認する。

1 体ほぐしの運動・多様な動きをつくる運動

2 かけっこ・リレー

3 リズムダンス・表現（料理づくり）

4 ゴール型ゲーム（ポートボール）

5 鉄棒運動

6 健康な生活

1 振り返りの時間の考え方

ゲームをする中で出てきた課題や成果を振り返り、すぐに次のゲームに生かしたり、学習したことを身に付けたりするために、チームの時間や振り返りの時間を設定する。ゲームごとに、規則や動き方、作戦などを振り返り、次のゲームや次時に生かせるようにする。

　○チームの時間①

　・ゲームにつながる運動や作戦を確認する。

　○チームの時間②

　・第1ゲームを振り返り、規則を工夫したり、よい動きや作戦を共有したり、うまくいかなかった作戦の修正をしたりする。

　・チームの時間では、話し合いを中心に行うとともに、実際に動いてみたり練習してみたりする。

　・課題があるチームや動きを高めたい子供への計画的な教師の支援など、このチームの時間を使って行う。

　○振り返り

　・チームの時間②を受けて、第2ゲームがどのように変容したかを始点として振り返り、学級全体やチームで共有したり、次時のゲームにつなげる話し合いをしたりする。

振り返りにおける教師の発問の例

　○結果へ視点を向けさせる教師の発問例

　　「ゲームをして、どうだったかな？」「ゲームをしていて、どう感じたかな？」

　○理由へ視点を向かせる教師の発問例

　　「どうしてそうなったのかな？」「なんでそう感じたのかな？」

　○改善へ視点を向けさせる教師の発問例

　　「次のゲームは、どうしたらうまくいくかな？」

　　「こうしたらいいんじゃないかということないかな？」

振り返りの形

振り返りの形を、教師が意図的・計画的に設定することで、振り返りの内容を充実させ、子供の学びを深めることができる。また、振り返りの形を工夫することで、子供の対話を意図的・計画的に生み出し、他者に伝える力や友達の考えを受容する態度などを育むことができる。

　○個人

　・子供一人一人が自分やチームの課題と向き合い、よりよい解決方法を考えることができる。

　○チーム

　・友達と話し合う中で、チームのよさや課題などを共有することができる。

　・友達の様々な考えを受け入れながら、チームで協力してよりよい解決方法を考えることができる。

　○学級全体

　・学級全体で成果や課題を確かめ合い共有することができ、学級全体でよりよい解決方法を考えることができる。

「ポートボール」学習カード＆資料

チームカードは第1時から第5時まで、単元全体を通して使用する。チームのポジション・作戦・ゲームの結果など、チームとしての学習の記録をまとめるとともに、チームで作戦や学習の振り返りを記録し、チームの変容を見取るカードである。体育ノートは一人一人が単元全体を通して使用し、学習の中での気付きや思いを自由に記述し、個人の変容を見取るカードである。

収録資料活用のポイント

①使い方

　チームカードは、授業のはじめにチームごとに配布する。チームのゼッケンの色と合わせた色画用紙に印刷したり、ファイルにはさんだりすると分かりやすい。体育ノートは、単元のはじめに1枚配布し、チームごとのカゴなどに入れておくと使いやすい。

②資料

　チームカードは、チーム1枚で記載するため、簡潔に本時の学習をまとめられるよう意図している。チームでの振り返りでは、チームの一人一人の思いをまとめられるよう工夫している。体育ノートは、教師もコメントなどを通して助言や支援に活用していく。

💿 学習カード 3-4-1　　　　　　　　💿 学習カード 3-4-2

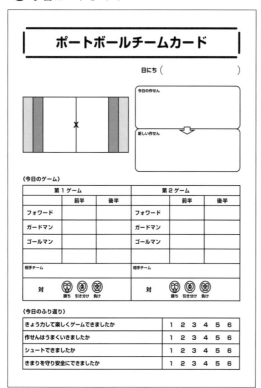

作戦アドバイスカード

3年　　　組　　　番　名前（　　　　　　　　　　　）

**作せん
アドバイスカード**

パスやシュートが
うまくいかないときは…

◇**声をかけ合い
　　つたえ合ってパスしよう**
・声をかけ合ってパスのチャンス
　を知らせ合おう
・シュートチャンスを声をかけ
　合って知らせ合おう
・ボールをもらえるいちに動いた
　ら、おたがいに声をかけ合おう
・声をかけ合えるようになった
　ら、手をふるなど合図でつたえ
　合おう

◇**パスやシュートをしよう**
・味方がボールを持ったらボール
　の前に向かって走ろう
・パスやシュートができる場所を
　さがそう

◇**すばやくパスやシュートしよう**
・味方を見つけたらすばやくパスをし
　よう
・あいている場所にすばやく動こう
・ボールを持ったら、相手が来る前に
　すばやくパスしよう

◇**ボールを持っていないときの動きを
　工ふうしよう**
・ボールの近くに集まらないで広がっ
　てせめよう
・三角形を作るように動こう
・ボールを持っている味方とゴールの
　間に動いてみよう
・味方も相手もいない場所に動いてみ
　よう

☆**自分たちで作せんを考えよう**

1 体ほぐしの運動・多様な動きをつくる運動

2 かけっこ・リレー

3 リズムダンス・表現（料理づくり）

4 ゴール型ゲーム（ポートボール）

5 鉄棒運動

6 健康な生活

5 鉄棒運動

（5 時間）

【単元計画】

1 時	2・3 時
[第一段階] **今もっている力で鉄棒運動を楽しむ。**	**[第二** **自己の能力に適した課題を選び、**
学習の進め方を知り、鉄棒運動につながる感覚づくりの運動を行いながら、鉄棒に慣れる。	支持系の基本的な技の行い方を知り、自分の能力に適した課題を見付け、技ができるようになるた
1　鉄棒運動の学習の進め方を知ろう。 POINT：運動遊びを取り入れ、鉄棒に慣れさせながら、それぞれの児童の実態を把握する。 **【主な学習活動】** ○単元の見通しをもつ ○集合・あいさつ ○準備運動をする ○いろいろな鉄棒を使った運動遊びに取り組む ○前回り下り・両膝掛け倒立下り・転向前下りのやり方及び練習方法を知り、取り組む ○運動で使った部位をほぐす ○まとめ 　・今日の学習について振り返る 　・次時の学習内容を知る	**2・3　腹を鉄棒に掛けて回る技に取り組もう** POINT：腹を鉄棒に掛けて回る技の行い方を理解させるとともに、段階に応じた練習方法を提示し、自分の能力に合った課題に取り組ませる。 **【主な学習活動】** ○集合・あいさつ ○準備運動をする ○感覚つくりの運動に取り組む ○できる技やできそうな技に取り組む ○補助逆上がり・逆上がりのやり方及び練習方法を知り、取り組む。（2 時） ○かかえ込み回り・かかえ込み後ろ回りのやり方及び練習方法を知り、取り組む。（3 時） ○運動で使った部位をほぐす ○まとめ 　・今日の学習について振り返る 　・次時の学習内容を知る

授業改善のポイント

主体的・対話的で深い学びの実践に向けて

　鉄棒運動は、休み時間の鉄棒遊びや低学年時の運動経験によって技能差が大きい運動である。主体的な学びのためには、子供の実態をよく把握し、能力に応じた技に取り組ませる。また、学習カードや掲示物を用いて、能力に応じた学習課題を見付けさせ、技の練習に取り組ませる。

　課題解決の際は、自分の運動の状態を把握するために、グループで見合う「仲間との対話」や教師の補助や助言を受ける「教師との対話」が必要不可欠である。また、その際、自己の状

態を知るためにはタブレットが大いに役立つ。

　さらに、学習の最後には、学習カードを利用し、必ず自己の活動を振り返る「自分との対話」を繰り返し行う。振り返りを丁寧に行うことで、より自分に適した学習課題や練習方法、自分なりの技のコツを見付けることができる。

　このような学習を展開し、自己の伸びを実感できるようするにことで、器械運動の喜びを味わわせることができ、深い学びにつなげることができる。

1
体ほぐしの運動・多様な動きをつくる運動

2
かけっこ・リレー

3
リズムダンス・表現（料理づくり）

4
ゴール型ゲーム（ポートボール）

5
鉄棒運動

6
健康な生活

○知識及び技能
・鉄棒運動の行い方を知るとともに、その楽しさや喜びに触れ、自己の能力に適した基本的な技ができる。

○思考力、判断力、表現力等
・自己の能力に適した課題を見付け、技ができるようになるための活動の工夫をすることができる。

○学びに向かう力、人間性等
・決まりを守り誰とでも仲よく運動したり、場や器械器具の安全に気を付けたりすることができる。

4 時	5 時
段階】 **活動を工夫しながら鉄棒運動に取り組む**	
めの活動に取り組む。	今できる技を繰り返したり、組み合わせたりして取り組む。
4　足を掛けて回る技に取り組もう POINT：足を掛けて回る基本的な技の行い方を理解させるとともに、段階に応じた練習方法を提示し、自分の能力に合った課題に取り組ませる。 【主な学習活動】 ○集合・あいさつ ○準備運動をする ○感覚つくりの運動に取り組む ○できる技やできそうな技に取り組む ○膝掛け振り上がりのやり方及び練習方法を知り、取り組む。 ○後方片膝掛け回転・前方片膝掛け回転のやり方及び練習方法を知り、取り組む。 ○運動で使った部位をほぐす ○まとめ 　・今日の学習について振り返る 　・次時の学習内容を知る	**5　できる技を繰り返したり、組み合わせたりして取り組もう** POINT：上がる技、回る技、下りる技を組み合わせたり、できる技を繰り返したり、友達と技を合わせたりして、取り組ませる。 【主な学習活動】 ○集合・あいさつ ○準備運動をする ○感覚つくりの運動に取り組む ○技を組み合わせたり、繰り返したりして楽しむ ○友達に技を見せ合い、よさや伸びを伝え合う ○運動で使った部位をほぐす ○まとめ（単元の振り返りを行う） 　・鉄棒運動の学習について振り返る

①運動が苦手な子供

　低学年段階で、固定施設や鉄棒を使った運動遊びの経験が十分でない場合が考えられる。単元の前半や毎時間の最初に、手や腹、膝で支持したり、ぶら下がったり、振動したり、易しい回転をしたりする動きに楽しく取り組ませることで、技につながる運動感覚が身に付き、鉄棒に対する苦手意識を減らす効果がある。

　また、技の練習の際には、補助具や補助で勢いのつけ方やバランスを取り方が身に付くように配慮する。

②意欲的でない子供

　鉄棒運動は「できる」「できない」がはっきりしている。意欲をもたせるには、教師が子供の動きの伸びを的確に見取り、適時適切に称賛する。次に、補助具や場の工夫により技ができる感覚を味わわせたり、技を段階的に示したりし、自分にもできそうだという意識をもたせる配慮が必要である。また、練習の際には鉄棒に回転補助具を付けたり、鉄棒の下にマットを敷いたりして、痛さの軽減や安全の確保をし、恐怖心を取り除くことも大切である。

本時案

鉄棒運動の学習の進め方を知ろう

本時の目標

単元の学習の進め方を知り、自分の能力に適した下り技に取り組む。

評価のポイント

学習のきまりを理解し、進んで下り技に取り組むことができたか。

週案記入例

[目標]
学習の進め方を知り、能力に適した下り技に取り組む。

[活動]
既習の鉄棒を使った運動遊びや下り技に取り組む。

[評価]
学習のきまりを理解し、進んで下り技に取り組むことができたか。

[指導上の留意点]
安全に運動するためのきまりや約束をしっかりと確認させる。

本時の展開

	時	子供の活動
はじめ	2分	**集合・あいさつ・単元の見通しをもつ** ○今日の学習内容を知る。 ○鉄棒運動の学習の進め方を知る。
場の準備	3分	**場の準備をする 1** ○友達と協力して、安全に気を付けながら準備をする。
準備運動	2分	**本時の運動で使う部位をほぐす** ○手首、肩、首、足首、膝、股関節、腰をしっかり伸ばす。
感覚づくりの運動	12分	**既習の鉄棒を使った運動遊びに取り組む 2** ○ぶら下がる、支持する、跳び上がる下りる、回転する遊びに取り組む。
鉄棒運動	18分	**下りる技の行い方や練習方法を知り取り組む 3 4** ○前回り下り・両膝掛け倒立下りのポイント、練習方法を知る。 ○自分の力に合った場や段階で前回り下り・両膝掛け倒立下りに取り組む。 ○転向前下りのポイント、練習方法を知る。 ○自分の力に合った場や段階で転向前下りに取り組む。
整理運動	2分	**体をほぐす** ○運動で使った部位をゆっくり動かしほぐす。
片付け	3分	**場の片付けを行う** ○友達と協力し、安全に気を付けながら片付ける。
まとめ	3分	**今日の学習について振り返り、学習カードに記入する** ○学習カードの記入の仕方を知る。 ○下り技について、自分の状態を振り返る。 ○次時の学習内容を知る。

1 体ほぐしの運動・多様な動きをつくる運動

2 かけっこ・リレー

3 リズムダンス・表現（料理づくり）

4 ゴール型ゲーム（ポートボール）

5 鉄棒運動

6 健康な生活

1 安全に運動するための場の準備や用具の工夫

緩衝材

市販されている水道管凍結防止のものでも代用できる。

サポーター

厚手の靴下のつま先部分を切り膝に付ける。

マット

鉄棒の下に敷き、安全を確保する。

2 基礎となる体の動かし方や振動・回転等感覚を身に付ける鉄棒を使った運動遊び

跳び上がり

ふとん干し

こうもり

ツバメ

足抜き回り

後ろ跳び下り

いくつかの運動遊びを組み合わせ、音楽を流して行うとよい。

3 グループでの学習の進め方

・身長順に3人のグループを編成する。
・1人が連続して3回取り組んだら交代する。
・ポイントを明確にし、グループで見合う。
※順手、逆手の握り方を最初にしっかり教える。

順手

逆手

4 下り技のポイントと練習方法

○前回り下りのポイント

〈苦手な子供の練習〉

ふとん干しで腹をかけてゆれる。回転の補助を行う。

○両膝掛け倒立下りのポイント

〈苦手な子供の練習〉

両膝掛けから片手ずつはなし、こうもりの姿勢になる。

○転向前下りのポイント

〈苦手な子供の練習〉

跳び箱を使って練習する。

本時案

腹を鉄棒に掛けて回る技に取り組もう ①

本時の目標

　補助逆上がり・逆上がりのポイントを知り、自分の能力に適した技に取り組む。

評価のポイント

　自分の力に合った課題をもち、練習に取り組んでいるか。

週案記入例

[目標]
補助逆上がり・逆上がりのポイントを知り、取り組む。

[活動]
自分の力に合った課題をもち練習に取り組む。

[評価]
自分の力に合った課題をもち、練習に取り組んでいるか。

[指導上の留意点]
段階的な練習方法を示し、自分の力に合った課題をもたせるようにする。

本時の展開

	時	子供の活動
はじめ	1分	**集合・あいさつ** ○今日の学習内容を知る。
場の準備	3分	**場の準備をする** ○友達と協力して、安全に気を付けながら準備をする。
準備運動	1分	**本時の運動で使う部位をほぐす** ○手首、肩、首、足首、膝、股関節、腰をしっかり伸ばす。
感覚づくりの運動	10分	**感覚を身に付ける運動（体ならしの運動）に取り組む** ○音楽に合わせながら鉄棒を使った運動遊びを行う。 ○ゲーム感覚で自然に身に付ける運動に取り組む。　**1**
鉄棒運動	10分	**今までに習ったできる技やできそうな技に取り組む。** ○自分の力に適した技にめあてを意識して取り組む。
	23分	**補助逆上がり、逆上がりの行い方や練習方法を知り、取り組む**　**2** ○補助逆上がり・逆上がりのポイント、練習方法を知る。 ○自分の力に合った場や段階に取り組む。 ○友達の動きを見合い、考えを伝えながら取り組む。
整理運動	1分	**体をほぐす** ○運動で使った部位をゆっくり動かしほぐす。
片付け	3分	**場の片付けを行う** ○友達と協力し、安全に気を付けながら片付ける。
まとめ	3分	**今日の学習について振り返り、学習カードに記入する** ○補助逆上がり・逆上がりについて、自分の状態を振り返る。 ○次時の学習内容を知る。

1 ゲームに取り組みながら、自然に感覚を身に付けるための運動

楽しみながら基礎となる感覚を身に付けることができる。その日に取り組む技と組み合わせて取り組むと効果的である。

○みんなでダンゴムシ

肘を曲げ、あごを鉄棒より上にする。できない子供は肘が伸びていてもよい。5～10秒くらいぶら下がる。

○30秒で何回できる？足抜き回り

30秒間に足抜き回りが何回できたかペアで数える。足が鉄棒につかずにできるとよい。

2 補助逆上がり・逆上がりのポイントと練習方法

○補助逆上がりのポイント

補助器を使う場合も、踏み切り板を使う場合もなるべく1歩で踏み込んで、足を振り上げるようにする

○逆上がりのポイント

鉄棒の下に1歩踏み込む　振りあげ足を真上に振りあげる　体を倒しながら鉄棒をお腹に引き付ける

※なるべく腰の位置の鉄棒を使うことで鉄棒に体を引き付けやすくする。

〈逆上がりの苦手な子供の練習〉

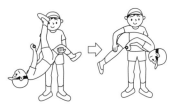

足抜き回りや登り棒の後ろ回りで体を鉄棒に引き付けたり、回転したりする動きを身に付ける。

ふとん干しからの起き上がりで腹支持からの起き上がる動きを身に付ける。

踏み切り足の膝の裏と肩をタイミングよく支え、鉄棒から体が離れないように補助する。

1　体ほぐしの運動・多様な動きをつくる運動

2　かけっこ・リレー

3　リズムダンス・表現（料理づくり）

4　ゴール型ゲーム（ポートボール）

5　鉄棒運動

6　健康な生活

本時案

腹を鉄棒に掛けて 回る技に取り組もう②

本時の目標

かかえ込み回りのポイントを知り、自分の能力に適した技に取り組む。

評価のポイント

自分に合った課題をもち、活動を工夫して取り組むことができたか。

週案記入例

[目標]
かかえ込み回りのポイントを知り、取り組む。

[活動]
自分の課題へ活動を工夫して取り組み、考えたことを友達に伝える。

[評価]
自分に合った課題をもち、活動を工夫して取り組むことができたか。

[指導上の留意点]
活動を工夫して取り組めるよう、技のポイントを十分に理解させる。

本時の展開

	時	子供の活動
はじめ	1分	**集合・あいさつ** ○今日の学習内容を知る。
場の準備	3分	**場の準備をする** ○友達と協力して、安全に気を付けながら準備をする。
準備運動	1分	**本時の運動で使う部位をほぐす** ○手首、肩、首、足首、膝、股関節、腰をしっかり伸ばす。
感覚づくりの運動	8分	**感覚を身に付ける運動（体ならしの運動）に取り組む** **1** ○音楽に合わせながら鉄棒を使った運動遊びを行う。 ○ゲーム化された感覚を身に付ける運動に取り組む。
鉄棒運動	10分	**今までに習ったできる技やできそうな技に取り組む。** ○自分の力に適した技にめあてを意識して取り組む。
	15分	**かかえ込み回りの行い方や練習方法を知り、取り組む** **2** ○かかえ込み前回り・かかえ込み後ろ回りのポイント、練習方法を知る。 ○自分の力に合った場や段階でかかえ込み前回りまたはかかえ込み後ろ回りに取り組む。 ○友達と動きを見合い、考えを伝えながら取り組む。 **3**
整理運動	1分	**体をほぐす** ○運動で使った部位をゆっくり動かしほぐす。
片付け	3分	**場の片付けを行う** ○友達と協力し、安全に気を付けながら片付ける。
まとめ	3分	**今日の学習について振り返り、学習カードに記入する** ○かかえ込み回りについて、自分の状態を振り返る。 ○次時の学習内容を知る。

1	体ほぐしの運動・多様な動きをつくる運動
2	かけっこ・リレー
3	リズムダンス・表現（料理づくり）
4	ゴール型ゲーム（ポートボール）
5	鉄棒運動
6	健康な生活

1 かかえ込み回りにつながる回転感覚を身に付けるための運動

ゲーム化することで楽しみながら基礎となる感覚を身に付けることができる。その日に取り組む技と組み合わせて取り組むと効果的である。

○何回できる？前回り

○10秒間に前回り下りが何回できたかペアで数える。

○着地した足が、鉄棒の真下の線を越え○の位置になるようにするとよい。

2 腹を鉄棒に掛けて回る技のポイントと練習方法

○かかえ込み前回り

背中を伸ばしたまま、勢いよくたおれる

背中を丸めながら頭が鉄棒の下にきたあたりで「もも」をかかえ込む

かかとをかくようにおしりに近づける

○かかえ込み後ろ回り

一度前方に倒れてから、起き上がる勢いを利用して後方に回る

〈かかえ込み回りの苦手な子供の練習〉

ふとん干しの姿勢から足を抱えて揺れる。

支持の姿勢から倒れこみ膝を抱える。足を動かして揺れる。

背中を押して補助してもらいながら、体を振る。

3 友達と考えを伝え合いながら練習する方法

○自分の運動の状態を自分で確認することは難しいため、友達と見合いながら練習に取り組ませる。
○同じめあて（技や練習方法）に取り組んでいる友達と3人組をつくり見合うようにする。

```
③自分のめあてと      ②3～4回連続で      ①友達にめあてが
  解決の仕方を友  ⇨    技の練習に取り  ⇨    できていたか聞
  達に伝える            組む                  く。
```

本時案

足を鉄棒に掛けて 回る技に取り組もう ④/⑤

本時の目標

膝掛け振り上がり・後方片膝掛け回転・前方片膝掛け回転のポイントを知り、自分の能力に適した技に取り組む。

評価のポイント

友達と考えたことを伝え合って取り組むことができたか。

週案記入例

[目標]
膝掛け振り上がり・後方片膝掛け回転・前方片膝掛け回転のポイントを知り取り組む。

[活動]
自分の課題を解決する方法を工夫して取り組み、考えたことを友達に伝える。

[評価]
友達と考えたことを伝え合って取り組むことができたか。

[指導上の留意点]
友達同士の見合いができるようグループへの支援や助言をする。

本時の展開

	時	子供の活動
はじめ	1分	**集合・あいさつ** ○今日の学習内容を知る。
場の準備	2分	**場の準備をする** ○友達と協力して、安全に気を付けながら準備をする。
準備運動	1分	**本時の運動で使う部位をほぐす** ○手首、肩、首、足首、膝、股関節、腰をしっかり伸ばす。
感覚づくりの運動	3分	**感覚を身に付ける運動（体ならしの運動）に取り組む** ○音楽に合わせながら鉄棒を使った運動遊びを行う。
鉄棒運動	7分	**今までに習ったできる技やできそうな技に取り組む。** ○自分の力に適した技にめあてを意識して取り組む。
	25分	**足を鉄棒に掛けて回る技の行い方や練習方法を知り取り組む** 1 ○膝掛け振り上がり・後方片膝掛け回転・前方片膝掛け回転のポイント、練習方法を知る。 ○自分の力に合った場や段階で足を掛けて回る技に取り組む。 ○友達と動きを見合い、考えを伝えながら取り組む。
整理運動	1分	**体をほぐす** ○運動で使った部位をゆっくり動かしほぐす。
片付け	2分	**場の片付けを行う** ○友達と協力し、安全に気を付けながら片付ける。
まとめ	3分	**今日の学習について振り返り、学習カードに記入する** ○足を鉄棒に掛けて回る技について、自分の状態を振り返る。 ○次時の学習内容を知る。

1 体ほぐしの運動・多様な動きをつくる運動

2 かけっこ・リレー

3 リズムダンス・表現（料理づくり）

4 ゴール型ゲーム（ポートボール）

5 鉄棒運動

6 健康な生活

1 足を鉄棒に掛けて回る技のポイントと練習方法

○膝掛け振り上がりのポイント

ひじを伸ばして体を大きくふる

ひざを伸ばして足が遠くを通るように勢いよくふり下ろす

手首を返して鉄棒を下に押して上がる

〈膝掛け振り上がりの苦手な子供の練習〉

ひじを伸ばして行う。

片膝をかけて、足と肩で前後に大きく振る。

鉄棒の下の方にゴムを張り、足を振ってゴムにかける。

起き上がる際に軽く膝を押して補助をする。

○後方片膝掛け回転のポイント

斜め後ろに腰を上げて、ひざをかける

伸ばしている足を鉄棒に引き寄せる

ひじを伸ばして、足は最後までふり続ける

手首を返し、伸ばしていた足を戻すことにより止まる

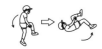

最初はすぐに体を下におろすようにして後ろに倒れることに慣れる。

徐々に腕を伸ばし、腰を浮かして勢いよく倒れることに慣れる。

勢いよく後方へ回れるようになったら、回転後半で肩を支え、起き上がる補助をする。

○前方片膝掛け回転のポイント

胸をはり、ひじを伸ばしたまま回り始める

頭が遠くを通るように大きく回る

鉄棒に上るときに、手首を返す

必ず逆手でにぎる

〈前方片膝掛け回転の苦手な子供の練習〉

腰を浮かし、鉄棒をももから膝にかけ直し、回転開始の姿勢をつくる。

最初は背すじを伸ばしゆっくり前に倒れ回転することに慣れる。徐々に胸を張り、肘を伸ばして回転に勢いをつける。

勢いよく前方へ回れるようになったら、回転後半に背中と肩を補助してもらう。

本時案

技の繰り返しや組み合わせに取り組もう

本時の目標

　自分のできる技の繰り返しや組み合わせに取り組む。

評価のポイント

　友達の技の発表を見てよさや伸びたところを伝え合うことができたか。

週案記入例

[目標]
できる技を繰り返したり組み合わせたりして取り組む。

[活動]
友達の技を見て、よさや伸びたところを伝え合う。

[評価]
友達の技を見て、よさや伸びたところを伝え合うことができたか。

[指導上の留意点]
一人一人のよさや伸びを積極的に称賛する。

本時の展開

	時	子供の活動
はじめ	1分	**集合・あいさつ** ○今日の学習内容を知る。
場の準備	2分	**場の準備をする** ○友達と協力して、安全に気を付けながら準備をする。
準備運動	1分	**本時の運動で使う部位をほぐす** ○手首、肩、首、足首、膝、股関節、腰をしっかり伸ばす。
感覚づくりの運動	3分	**感覚を身に付ける運動（体ならしの運動）に取り組む** ○音楽に合わせながら鉄棒を使った運動遊びを行う。
鉄棒運動	10分	**できる技を繰り返したり組み合わせたりする** ◀1 ○自分のできる技の繰り返しや組み合わせを工夫する。
	22分	**できる技や繰り返したり、組み合わせた技をグループで見せ合う** ○自分の行う技の組み合わせを説明してから取り組む。 ○友達の技を見合い、よい所や伸びた所を伝え合う。 ◀2
整理運動	1分	**体をほぐす** ○運動で使った部位をゆっくり動かしほぐす。
片付け	2分	**場の片付けを行う** ○友達と協力し、安全に気を付けながら片付ける。
まとめ	3分	**鉄棒運動の学習について振り返り、学習カードに記入する** ○単元を通した自分の学習を振り返る。 ◀3

技の繰り返しや組み合わせの例

できる技が未完成な場合や少ない場合は、運動遊びの動きを組み入れて取り組ませる。子供が工夫して技を組み合わせていることを評価する。また、友達同士で同じ技を調子を合わせて行うことも認める。

〈技の組み合わせ例〉

足抜き回り　　　　　→　　こうもり　　　　　→　　両膝掛け倒立下り

　　　　　　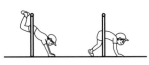

逆上がり　　　　　　→　　かかえ込み前回り　→　　前回り下り

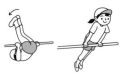　　　　　　

膝掛け振り上がり　　→　　前方片膝掛け回転　→　　転向前下り

 グループで技を見合う場面での指導

○自分の行う技の組み合わせや繰り返しをグループの友達に説明してから行う。
○お互いの技を見合い、よい所や伸びたところを伝え合う。

 鉄棒運動の単元を振り返る際の指導

○鉄棒運動に取り組んで技ができるようになったことだけでなく、できるまでに練習方法を工夫したり、ポイントを意識したりして活動したことについて価値付けし、単元全体を振り返らせる。
○自分の活動だけでなく、友達と動きを見合ったり、ポイントを伝え合ったりして取り組んだよさにも目を向けさせふり返らせる。
○子供一人一人の頑張りやよさを認め称賛し、4年生での鉄棒運動への見通しをもたせ、意欲を高めるようにする。

 1 体ほぐしの運動・多様な動きをつくる運動

2 かけっこ・リレー

3 リズムダンス・表現（料理づくり）

4 ゴール型ゲーム（ポートボール）

5 鉄棒運動

6 健康な生活

「鉄棒運動」学習カード＆資料

使用時 第1〜5時

本カードは第1時から第5時まで、単元全体を通して使用する。学習カードには毎時間の振り返りを記入し、次時に取り組む「できる技やできそうな技」を記入する。学習カードを使用し、めあてを立てる、学習を振り返るという一連の課題解決学習の仕方を学ばせる。鉄棒運動のポイントの資料にはできた技やできた動きを各自がチェックさせる。自分力を確認したり、教師が各自の実態や変容を見取ることができる。

収録資料活用のポイント

①使い方

　学習カードには毎時間の終わりに、活動の振り返りと次時のめあてとして自分の能力に適した取り組む技を記入する。また、三観点についても自己評価する。

②留意点

　技ができた場合にはどんなところに気を付けて練習したらできたのか、できなかった場合にはどんな状態なのか、視点を明確にして自分の状態を振り返る。このような指導をすることで、徐々に自分の状態を理解し、具体的なめあてを立てられるようになる。教師は振り返りに目を通し、児童の実態を把握すると同時に、本時の取組のよかった点や次時のめあての修正、学習活動へのコメントをする。

🔘 学習カード 3-5-1

🔘 学習カード 3-5-2

鉄ぼう運動のポイント

3年　　　組　　　番　名前（　　　　　　　　　　　）

※できたわざポイントの□に○をチェックしましょう。

○前回り下り □

□体を前に倒す　□ゆっくり前に回る

○転向前下り □

□かけた足の方の手をさか手に　□さか手に体重をかける

○さか上がり □

□ま上にふり上げる　□てつぼうの下に1歩
□おなかをてつぼうに引く

○かかえこみ後ろ回り □

□一度前にたおれてからおき上がる　□足をふり上げうしろへ回る

○後方かたひざかけ回転 □

□こしを上げてひざをかける　□のばした足をてつぼうへよせる
□ひじをのばしうしろへたおれる

○りょうひざかけとうりつ下り □

□手をつき地面を見る　□ひじをのばしておりる

○ほ助さか上がり □

□2歩でふみ切ってのぼる　□1歩でふみ切りのぼる

○かかえこみ前回り □

□せなかとひじをのばして前にたおれる　□ももをかかえこむ

○ひざかけふり上がり □

□ひじをのばして体をふる　□ひざをのばしてふりおろす
□手首をかえして上にあがる

○前方かたひざかけ回転 □

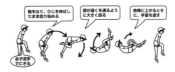

□頭が遠くをとおるように大きく前に回る
□手首をかえして上にあがる

1 体ほぐしの運動・多様な動きをつくる運動

2 かけっこ・リレー

3 リズムダンス・表現（料理づくり）

4 ゴール型ゲーム（ポートボール）

5 鉄棒運動

6 健康な生活

健康な生活

【 4 時間 】

【単元計画】

1 時	2 時
[第一段階] 健康について関心をもつ	
健康とは心と体の調子がよいことであり、主体の要因と環境の要因が関わっていることを理解する。	毎日を健康に過ごすには、運動、食事、休養及び睡眠の調和をとることが必要であることを理解する。
1　健康ってなんだろう？ POINT：自分の健康状態を振り返るために一人一人が健康メーターを使用し、視覚的に表せるようにする。	**2　1日の生活の仕方** POINT：生活チェック表を使い自分の生活を振り返ったり、養護教諭から保健室での事例を聞いたりすることで自分事として捉えられるようにする。
【主な学習活動】 ○単元の見通しをもつ。 ○自分は今、健康であるかを考える。 ○健康とは、どのような状態であるかを考える。 ○健康でいるためにはどのようなことが必要であるかを考える。 ○健康について自分なりの考えをもつ。	**【主な学習活動】** ○Aさんの生活を見て、体調不良の原因を考える。 ○Aさんが健康に過ごすための生活の仕方を考える。 ○健康にすごすための生活の仕方を知る。 ○自分の生活を振り返り、健康生活大作戦カードを作成する。

授業改善のポイント

主体的・対話的で深い学びの実践に向けて

　単元「健康な生活」は、子供一人一人が自分の生活と結び付けて考えるべき単元であり、学習したことをすぐに実生活に生かしやすい単元でもある。

一単位時間の流れ

　学習した知識を自分の生活に当てはめて考えることが深い学びの糸口へとつながる。そのため、子供が身近に感じる具体的な事例から学習課題を設定し、知識の習得と活用を繰り返す学習の流れとする。また、前時の振り返りに、子供の実践や考えを認め合う時間を設定し、意欲や自己肯定感を高める。

養護教諭との連携

　子供にとって「心と体の専門家」である養護教諭と TT を組み知識の習得場面で説明役を行うことで、科学的に難しい内容であっても子供の理解は深まりやすくなる。また、保健室での事例をもとにした事例を語ることで、身近な課題として捉えやすくなる。

　また、子供の発言や取組、学習カードの記入内容に対して、個別または全体に言葉掛けをし、価値づけることにより、さらに意欲的に取り組むことができる。

1	体ほぐしの運動・多様な動きをつくる運動
2	かけっこ・リレー
3	リズムダンス・表現（料理づくり）
4	ゴール型ゲーム（ポートボール）
5	鉄棒運動
6	健康な生活

単元の目標

○**知識及び技能**
・健康とは心や体の調子がよい状態であり、生活の仕方や身の回りの環境が関わっていることを理解することができる。

○**思考力、判断力、表現力等**
・健康な生活について自己の課題を見付け、その解決方法を考え、それを表現することができる。

○**学びに向かう力、人間性等**
・自己の健康について関心をもち、健康の保持増進のために主体的に取り組むことができる。

3 時	4 時
[第二段階] **健康のために実践していくことを考える**	
手や足の清潔、ハンカチや衣服などの清潔を保つことが必要であることを理解する。	健康の保持増進には、明るさの調節や換気などの生活環境を整える必要があることを理解する。
3　体の清潔 POINT：清潔を保たないとどうなるかを画像や具体物を活用し、視覚的に示す。	**4　身の回りの環境** POINT：実際に体験したり映像を見たりすることで、より必要感を持てるようにする。
【主な学習活動】 ○イラストをもとに、体の清潔について考える。 ○清潔のために自分でできることがたくさんあると気付く。 ○体を清潔にする方法を考え、そのポイントを知る。 ○体の清潔のために、これから実践していきたいことを考える。	【主な学習活動】 ○身の回りの環境と健康の関わりについて考える。 ○身の回りの環境を整える方法を考える。 ○学校で行われている健康を守るための活動を知る。 ○健康であり続けるためにこれから実践していくことを考える。 ○単元の振り返りを行う。

子供への配慮の例

①知識及び技能が身に付いていない子供

　一人一人様々な生活環境にあり、生活の仕方やこれまで言われてきた言葉、周囲の大人の生活の様子も違う。それぞれの生活から考えるのではなく、まずは第三者の生活を全員で見直し、共通の健康観をもつことから始める。

　体の清潔に関しては、目に見えない汚れがあることが分かる実験画像を提示したり、身の回りの環境に関しては、電気の消灯やカーテンの開閉で教室環境を変えたりすることを通して、視覚的・体験的に理解できるようにする。

②意欲的でない子供

　子供一人一人が自分事として捉える必要がある。そのためには、視覚的に健康状態を表せる「健康メーター」や自分の生活を振り返るための「生活チェック表」を活用するなど、具体的な事例を示す場面を設定する。それにより、学習内容と自分の生活を結び付けて考えることができる。また、毎時間、学習カードに保護者からのコメント欄を設ける。それにより、学習内容に対する保護者の理解や協力、励ましの言葉を得られ、子供の学習意欲の向上につながる。

本時案

健康とは

本時の目標

「健康とは心や体の調子がよい状態であること」「健康な状態は生活の仕方や身の回りの環境が関わっていること」を理解できるようにする。

評価のポイント

健康とはどのような状態であり、健康でいるために必要なことは何かを理解できたかを学習カードに記入できているか確認する。

本時の板書のポイント

point 1　健康のイメージについて、子供から出た意見を「心」と「体」に分けて板書し、心と体の両面の調子がよい状態であることに気付けるようにする。

point 2　健康でいるために必要なことについて、子供から出た意見を「生活の仕方」と「身の回りの環境」に分けて板書する。

point 3　「生活の仕方」と「身の回りの環境」が健康の土台となっていることに気付けるよう、ピラミッド型になるようにレイアウトする。

本時の展開 ▷▷▷

1 自分は今健康であるかを考える

健康メーター

これくらいかな？

私はこうかな？

「みなさんは今、どのくらい健康かな？」と発問し、健康メーターを使って自分の健康状態を視覚的に表現できるようにする。その際、近くの子供とも見せ合い、自他の健康状態に関心をもてるようにする。

2 健康とは、どのような状態であるかを考える

たくさんの意見を出すため、グループでブレインストーミングをする。なかなか発言が出てこない場合は、子供の様々な活動の写真やイラストを提示する。これからの保健学習は「健康」について考えていくことを伝え、学習の見通しをもたせる。

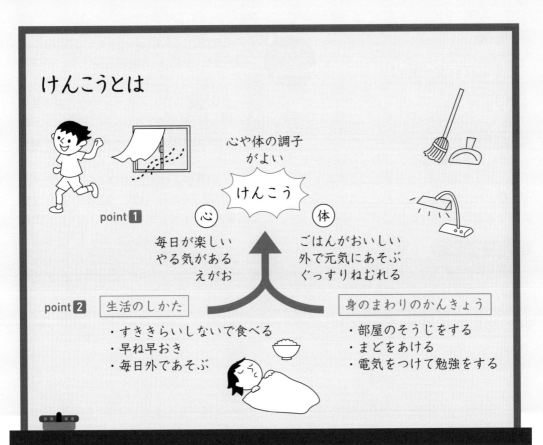

けんこうとは

心や体の調子
がよい

けんこう

point **1**

心　　体

毎日が楽しい
やる気がある
えがお

ごはんがおいしい
外で元気にあそぶ
ぐっすりねむれる

point **2**　生活のしかた　　　　　　身のまわりのかんきょう

・すききらいしないで食べる
・早ね早おき
・毎日外であそぶ

・部屋のそうじをする
・まどをあける
・電気をつけて勉強をする

1 体ほぐしの運動・多様な動きをつくる運動

2 かけっこ・リレー

3 リズムダンス・表現（料理づくり）

4 ゴール型ゲーム（ポートボール）

5 鉄棒運動

6 健康な生活

3 健康でいるためにはどのようなこと
が必要であるかを考える

子供から出た意見をもとに、「この中で毎日
やっていることはあるかな？」と発問し、普段
当たり前のようにやっていることが健康の土台
となっていること・毎日の生活がいかに大切で
あるかを気付けるようにしたい。

4 健康について自分なりの考えをも
つ

健康でいるために自分はこれからどうしてい
きたいか・健康でいるとどんなことができるか
を学習カードにまとめる。

週案記入例

[目標]
「健康とは心や体の調子がよい状態であること」
「健康な状態は生活の仕方や身の回りの環境が関
わっていること」が理解できるようにする。
[活動]
健康について考える。
[評価]
健康とはどのような状態で、健康でいるために必
要なことは何かを理解できたか。

本時案

1日の生活の仕方

本時の目標

　自分の生活を振り返り、習得した知識を活用して、より健康に過ごすためにはどのような生活の仕方をすればよいのかを考えたり、説明したりできるようにする。

評価のポイント

　自分の生活を振り返り、習得した知識を活用して、より健康に過ごすためにはどのような生活の仕方をすればよいのかを学習カードに書いたり、発表したりしているか観察をする。

本時の板書のポイント

point 1 AさんとBさんの3日間の生活を拡大したものを縦に並べて提示し、比較しやすくする。また、子供の気付きや発言を表に直接記入していく。

point 2 運動・食事・休養及び睡眠のリズムある生活が大切だと視覚的に理解できるよう、単に板書するのではなく、相互にかかわり合っていることを理解できるように三角形に配置する。

本時の展開 ▷▷▷

1 Aさんの生活を見て、体調不良の原因を考える

　子供の生活環境は様々であるため、まずは第三者であるAさんの生活を見て話し合うことで、共通の視点の健康観をもたせたい。また、Aさんの生活を表にしたものを2人に1枚配布し、対話の時間を設定する。

2 Aさんが健康に過ごすための生活の仕方を考える

　「みんなが大事だと言っている食事もとっているし、夜も寝ているよ？何がいけなかったのかな？」と発問し、生活のリズムが大切であることに気付かせたい。さらに、認識を確かにするため規則正しく生活しているBさんの生活も提示し、比較しやすいようにする。

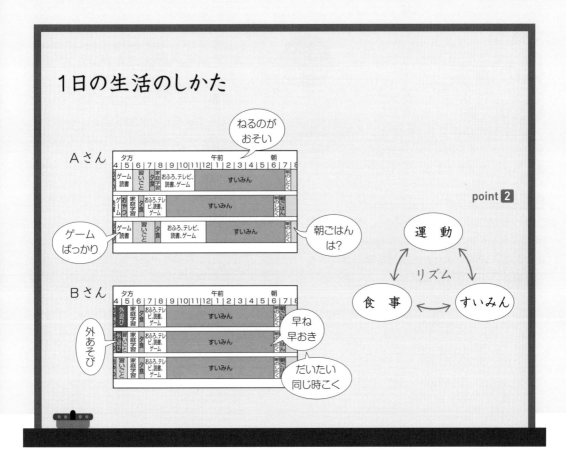

1 体ほぐしの運動・多様な動きをつくる運動

2 かけっこ・リレー

3 リズムダンス・表現（料理づくり）

4 ゴール型ゲーム（ポートボール）

5 鉄棒運動

6 健康な生活

3 健康にすごすための生活の仕方を知る

実はこの間、保健室でこんなことがあったよ

健康で過ごすためには運動・食事・休養及び睡眠のリズムある生活が大切であることをＴ２としての養護教諭から保健室での事例も含めて説明する。それにより自分事として捉え、より理解が深まる。

4 自分の生活を振り返り、健康生活大作戦カードを作成する

事前に実施していた「生活チェック表」を使って自分の生活を振り返りながら、課題を見付け、実践したいことを考えるよう促す。「大作戦カード」と称することで実践への意欲を高めたい。

週案記入例

[目標]
自分の生活を振り返り、習得した知識を活用して、より健康に過ごすためにはどのような生活の仕方をすればよいのかを考えたり、説明したりできるようにする。

[活動]
健康に過ごすための生活の仕方を考える。

[評価]
自分の課題を見付け実践したいことを考えられたか。

本時案

体の清潔

本時の目標

　毎日を健康に過ごすためには、手や足の清潔、ハンカチや衣服などの清潔を保つことが必要であると理解できるようにする。

評価のポイント

　毎日を健康に過ごすためには、手や足の清潔、ハンカチや衣服などの清潔を保つことが必要であると理解できたか、発言や学習カードから見取る。

本時の板書のポイント

point 1 ブレインストーミングで出た意見をすべて板書し、清潔にするためにできることはたくさんあると気付けるようにする。

point 2 手の汚れや汗のかきやすい部位についてイラスト（写真）で示し、視覚的に理解できるようにする。

※ブレインストーミングの約束
・互いの意見を肯定的に受けとめる
・批判はしない
・できるかぎり多くのアイデアを出す
・共通項をまとめていく

本時の展開 ▷▷▷

1 イラストをもとに、体の清潔について考える

あれ？
手が
よごれた
ままだ！

　規則正しく生活しているが清潔にしていないAさんの生活を提示する。「規則正しい生活をしているのだから健康でいられるよね？」と子供を揺さぶる発問をし、健康のためには清潔を保つ必要があることに気付けるようにする。

2 清潔のために自分でできることがたくさんあると気付く

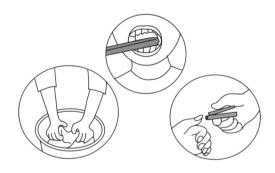

　清潔とはどのような状態のことであるかを押さえ、清潔のためにできることをブレインストーミングで出し合う。なかなか発言が出てこないときには、ヒントとなるイラストを提示する。自分でできることがたくさんあることに気付かせたい。

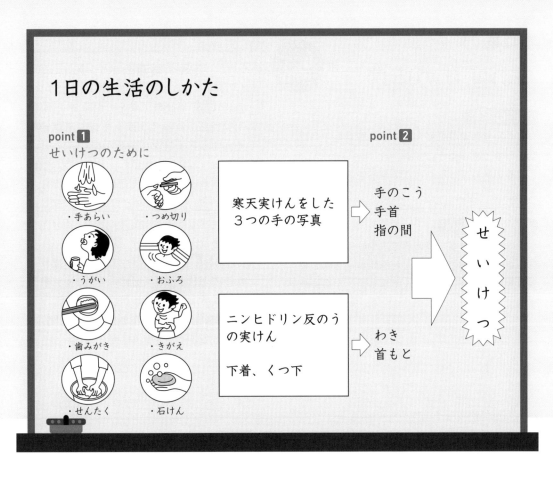

1日の生活のしかた

point 1
せいけつのために

- ・手あらい
- ・つめ切り
- ・うがい
- ・おふろ
- ・歯みがき
- ・きがえ
- ・せんたく
- ・石けん

point 2

寒天実けんをした
３つの手の写真 → 手のこう
手首
指の間

ニンヒドリン反のう
の実けん

下着、くつ下 → わき
首もと

→ せいけつ

---

1 体ほぐしの運動・多様な動きをつくる運動

2 かけっこ・リレー

3 リズムダンス・表現（料理づくり）

4 ゴール型ゲーム（ポートボール）

5 鉄棒運動

6 健康な生活

---

3 体を清潔にする方法を考え、その
ポイントを知る

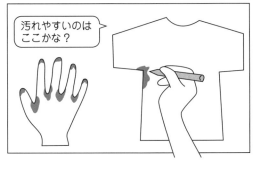

汚れやすいのは
ここかな？

手洗い・汗・着替えに焦点を当て考える。正しい手の洗い方を全員で確認し、実践意欲を高める。また、汗のかきやすい場所を予想した上でニンヒドリン反応の実験をした下着と靴下の写真（または実物）を提示し、念入りに洗うべき部位に気付けるようにする。

4 体の清潔のために、これから実践
していきたいこと考える

自分の生活を振り返るよう言葉掛けをし、学習したことを生かし、これから実践していきたいことを学習カードに記入するよう促す。

週案記入例

[目標]
毎日を健康に過ごすためには、手や足の清潔、ハンカチや衣服などの清潔を保つことが必要であると理解できるようにする。
[活動]
体の清潔について考える。
[評価]
毎日を健康に過ごすためには、手や足の清潔、ハンカチや衣服などの清潔を保つことが必要であると理解できたか。

本時案

身の回りの環境

本時の目標

身の回りの環境を整える方法を考えたり、説明したりできるようにする。

健康であり続けるためにできることを実践しようとしている。

評価のポイント

身の回りの環境を整える方法や健康であり続けるために実践していくことを知識を活用して具体的に学習カードに記入できているかを確認する。

本時の板書のポイント

point 1 黒板の上段を「明るさ」、下段を「空気」となるよう2等分して板書する。明るさと空気の環境が整っていないイラスト（写真）を提示し、どのような影響を及ぼすか子供から出た意見を板書する。

point 2 それぞれのイラスト（写真）の横に「明るさ」と「空気」を整える方法を板書する。

point 3 学校で行われている健康を守るための活動を黒板の右側に板書する。自分で整えることのできる環境と周囲により守られている環境の両方があって「健康」でいられることが分かる板書にする。

本時の展開 ▷▷▷

1 身の回りの環境と健康の関わりについて考える

明るさや空気の環境が整っていない写真をそれぞれ提示し、「どう感じるかな？」発言が出ない時は「どんな困ったことがあるかな？」と発問する。

身の回りの環境も健康と深くかかわっていることを確認し、学習課題を設定する。

2 身の回りの環境を整える方法を考える

電気を消したよ。ついているときと比べてどうかな？

子供にとって考えやすい「明るさ」や「空気」を例に挙げる。明るさは、実際に教室の電気を点灯・消灯し体感する。空気は、窓を1か所と数か所開けたときを比較した映像を見せ、効果的な換気の方法に気付くことができるようにする。

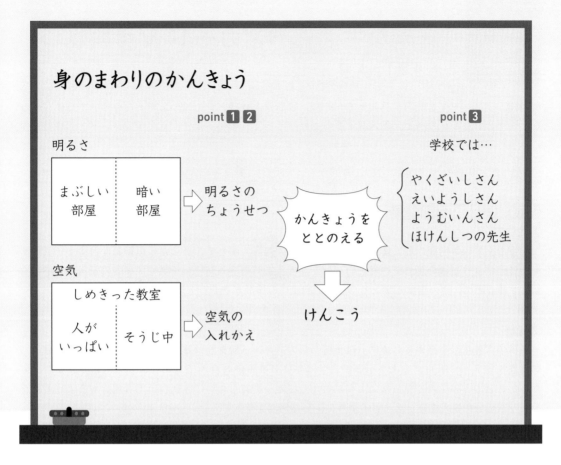

身のまわりのかんきょう

point **1** **2**

明るさ

まぶしい 部屋	暗い 部屋

→ 明るさの
ちょうせつ

空気

しめきった教室	
人が いっぱい	そうじ中

⇨ 空気の
入れかえ

かんきょうを
ととのえる

⇩

けんこう

point **3**

学校では…

やくざいしさん
えいようしさん
ようむいんさん
ほけんしつの先生

1 体ほぐしの運動・多様な動きをつくる運動

2 かけっこ・リレー

3 リズムダンス・表現（料理づくり）

4 ゴール型ゲーム（ポートボール）

5 鉄棒運動

6 健康な生活

3 学校で行われている健康を守るための活動を知る

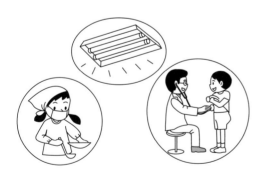

自分たちの健康を守るために多くの人が関わっていることに気付けるよう「学校でも、みんなの健康を守るために行われている活動はないかな？」と発問する。意見がうまく出てこないときには、栄養士や学校医、薬剤師等の活動を例に挙げる。

4 健康であり続けるためにこれから実践していくことを考える

全4時間で学習したことを生かし、自分の生活を振り返りながら、健康であり続けるために見直したいこと・続けたいことを考え、「私のけんこう宣言」を記入する。

週案記入例

[目標]
身の回りの環境を整える方法を考えたり、説明したりできるようにする。健康であり続けるためにできることを実践しようとしている。
[活動]
身の回りの環境を整える方法を考える。
[評価]
身の回りの環境を整える方法や健康であり続けるために実践することを考えているか。

「健康な生活」学習カード & 資料

使用時 第1～4時

毎時間、学習カードを使用することで、知識・技能がどれほど身に付いているかを確認する手段のひとつとなる。また、毎時間、画用紙に重ねて貼っていくことで、オリジナル保健ノートとして各自がいつでも確認・保管できる。

収録資料活用のポイント

①使い方

学習カードは毎時間ごとに使用・回収する。記述内容に関して、あらかじめ教師が目指す子供像をもつことにより指導の手立てや評価の補助となる。次時の導入時に、子供や保護者の記入した内容を紹介することで、より理解が深まり、意欲の向上にもつながる。

②資料

子供の学習意欲を高めるために、保護者からのコメント欄を設ける。家庭での実践の様子や励ましの言葉を記入してもらえるよう、事前に学年だよりや保護者会等でお知らせをしておく。また、分かったことのみの記入にならないように考えたこと・実践したいことについても記入するよう助言をしたり、自分の考えをまとめられるように十分な時間を確保する。

💿 学習カード 3-6-1

「毎日の生活とけんこう」学習カード

日にち （　　　　　　　）
3年　　　組　　　番　名前 （　　　　　　　）

1日の生活のしかた

今日の学習でわかったこと、
考えたことを書きましょう。

おうちの方から

〈けんこう生活大作せんカード〉
○自分がよりけんこうになるためのポイント
　　　運動　　食事　　休よう・すいみん
○がんばること

をいしきして、きそく正しい生活をします!

[1週間 ちょうせんしよう]

（　）	（　）	（　）	（　）	（　）	（　）	（　）

※◎○△のどれかを書く。

1週間をふり返って（自分で書こう）

生活チェック表を作ろう！

3年　　　組　　　番　名前（　　　　　　　　）

1日の生活をふり返るために、生活チェック表を作りましょう。

○生活時間表の作り方○
食事・おやつの時間……緑色でぬる　　外遊びなど運動していた時間……赤色でぬる
すいみん時間……………青色でぬる　　そのほか……したことをえんぴつで書きこむ

月　日（　）～　月　日（　）

夜												朝								昼			
3時	4	5	6	7	8	9	10	11	12	1	2	3	4	5	6	7	8	9	10	11	12	1	2	3

月　日（　）～　月　日（　）

夜												朝								昼			
3時	4	5	6	7	8	9	10	11	12	1	2	3	4	5	6	7	8	9	10	11	12	1	2	3

月　日（　）～　月　日（　）

夜												朝								昼			
3時	4	5	6	7	8	9	10	11	12	1	2	3	4	5	6	7	8	9	10	11	12	1	2	3

Aさん

	午後	夕方									午前				朝					昼		
	3時	4	5	6	7	8	9	10	11	12	1	2	3	4	5	6	7	8	9	10	11	12	1	2	3

1日目：学校／おやつ／ゲーム 読書／習いごと／夕食／家庭学習／おふろ、テレビ、読書、ゲーム／すいみん／朝したく／学校

2日目：学校／読書 ゲーム／おやつ／家庭学習／夕食／おふろ、テレビ、読書、ゲーム／すいみん／朝したく／朝ごはん／学校

3日目：学校／おやつ／ゲーム 読書／習いごと／夕食／おふろ、テレビ、読書、ゲーム／すいみん／朝したく／学校

はいべん、きがえ、みじたく

Bさん

	午後	夕方									午前				朝					昼		
	3時	4	5	6	7	8	9	10	11	12	1	2	3	4	5	6	7	8	9	10	11	12	1	2	3

1日目：学校／おやつ／外遊び／家庭学習／夕食／おふろ、テレビ、読書、ゲーム／すいみん／朝したく／朝ごはん／学校

2日目：学校／おやつ／外遊び／習いごと／家庭学習／夕食／おふろ、テレビ、読書、ゲーム／すいみん／朝したく／朝ごはん／学校

3日目：学校／おやつ／習いごと／家庭学習／夕食／おふろ、テレビ、読書、ゲーム／すいみん／朝したく／朝ごはん／学校

1 体ほぐしの運動・多様な動きをつくる運動

2 かけっこ・リレー

3 リズムダンス・表現（料理づくり）

4 ゴール型ゲーム（ポートボール）

5 鉄棒運動

6 健康な生活

7 浮く・泳ぐ運動

[9 時間]

【単元計画】

1 時	2 〜 5 時
	[第一 水泳運動の行い方を知り、
水泳運動の学習内容を知り、2年生の時に行った水遊びを楽しむ。	浮いて進む運動やもぐる・浮く運動の行い方を知り、課題を見付ける。
1　水泳運動の行い方を知ろう POINT：水泳運動の心得を確認し、2年生の時に学習した水遊びを行いこれからの学習の見通しをもつ。 **【主な学習活動】** ○単元の見通しをもつ ○集合・人数確認・水泳運動の心得確認 ○準備運動・シャワー ○リズム水泳 　・運動の行い方を知る 　・音楽に合わせて、運動を楽しむ ○今もっている力で楽しむ運動（宝探し） ○学習の進め方を知る ○人数確認・まとめ・整理運動 ○あいさつ・シャワー	**2 〜 5　上手な水泳運動の方法を見付けよう** POINT：様々な水泳運動を経験し、運動の行い方を知り、課題を見付ける。 **【主な学習活動】** ○集合・人数確認・水泳運動の心得確認 ○準備運動・シャワー ○リズム水泳 ○今もっている力で楽しむ運動（①宝探し　②水中言葉当て　③輪くぐり） ○小集団で課題を見付ける学習 　バブリング、けのび、ばた足泳ぎ等 ○人数確認・まとめ・整理運動 ○あいさつ・シャワー

授業改善のポイント

主体的・対話的で深い学びの実践に向けて

　水泳学習では、「浮く」「進む」「呼吸をする」において、以下の点が運動のポイントとなる。
①大きく息を吸って止める。体全身の力を抜いて浮く。
②友達に引っ張ってもらったり、壁をけったりして、けのびの姿勢で進む。
③水中で口や鼻から息を吐き、空中で息を吸う。
　そして呼吸をしながらばた足泳ぎやかえる足泳ぎなどの「初歩的な泳ぎ」につなげていく。
　そのために友達に補助してもらったり、友達に自分の泳ぎを見てもらい助言を受けたり、

3 〜 4 人の小集団で学習を行う。
　単元前半では、苦手な子供でも安心して取り組めるように、低学年で行った水遊びの学習内容を取り入れる。また、泳ぐために必要なポイントを「上手に○○する方法を考える」学習を行い、運動を通して感じたことや気付いたことを教師と一緒にまとめていく。
　単元後半では、自己評価と相互評価をもとに自分のめあてを立てて、活動を選択しながら課題解決を図ることができるようにする。

単元の目標

○**知識及び技能**

・浮いて進む運動やもぐる・浮く運動の楽しさや喜びに触れ、行い方を知るとともにその動きを身に付けることができる。

○**思考力、判断力、表現力等**

・自分に合った課題を見付け、水中の動きを身に付けるための活動を工夫し、考えたことを友達に伝えることができる。

○**学びに向かう力、人間性等**

・進んで取り組み、誰とでも仲よく運動をし、友達の考えを認め、水泳運動の心得を守ることができる。

6 時	7〜9 時
段階] 課題を見付ける。	［第二段階］ 自己の課題に合っためあてを設定し、取り組む
浮いて進む運動やもぐる・浮く運動の課題を見付ける。	自分の課題に合った活動を選んで、取り組む。
6　自分のめあてを選ぼう POINT：自分の課題を手・足・呼吸の観点で見付ける活動を行う。 【主な学習活動】 ○集合・人数確認・水泳運動の心得確認 ○準備運動・シャワー ○リズム水泳 ○今もっている力で楽しむ運動（④ばた足どんじゃんけん） ○小集団で課題を見付ける学習 　ばた足泳ぎ、かえる足泳ぎ ○人数確認・まとめ・整理運動 ○あいさつ・シャワー	**7・8・9　自分のめあてに合った活動に取り組もう** POINT：自分たちで取り組んでみたい水遊びを選んで、友達と楽しむ方法を考えて、取り組む。 【主な学習活動】 ○集合・人数確認・水泳運動の心得確認 ○準備運動・シャワー ○リズム水泳 ○今もっている力で楽しむ運動（①〜④で小集団で選択する） ○小集団で課題解決に取り組む学習 　ばた足泳ぎ、かえる足泳ぎ ○人数確認・まとめ（単元の振り返りを行う）・整理運動 ○あいさつ・シャワー

子供への配慮の例

①運動が苦手な子供

　もぐることが苦手な子供には、少しずつ顔に水がかかるようにしていったり、息を吐きながらもぐったりする。宝探しが有効である。

　浮くことが苦手な子供には、ビート板など補助具を使って浮いている感覚を身に付けさせる。また、体を一直線に伸ばすことで、水の抵抗が少なくスムーズに進むことにより浮力を感じることができる。

　初歩的な泳ぎが苦手な子供には、陸上で同様の動作をやってみたり、友達に声掛けや手を引っ張ってもらう等の補助をしてもらったりする。

②意欲的でない子供

　水に対する恐怖から意欲的でない子供には、低学年で行った水遊びの学習を学習前半で取り入れたり、ゲーム的な要素のある運動をしたりする。

　友達と練習することが苦手で意欲的でない子供には、自分のできる運動に取り組んで、友達とできた成果を見合ったり、友達と一緒に課題を解決する小集団学習を行ったりする。

　既にクロールや平泳ぎを泳げる子供には、苦手な子供を教えてもらう。

本時案

水泳学習の
行い方を知ろう

本時の目標

水泳運動の内容を知り、2年生で行った水遊びを楽しむ。

評価のポイント

水泳運動の心得を守り、水遊びに進んで取り組もうとしているか。

週案記入例

[目標]
水泳運動の心得を知り、それらを守りながら水遊びを楽しむ。

[活動]
水泳運動の心得を確認し、リズム水泳や宝探しを行う。

[評価]
水泳運動の心得を守り、水遊びに取り組むことができたか。

[指導上の留意点]
学習の進め方や水泳運動の心得をしっかりと確認しながら学習を進める。

本時の展開

	時	子供の活動
はじめ	7分	**集合・あいさつ・人数確認・水泳運動の心得の確認** ○単元で学習することを説明し、一人一人に見通しをもたせる。 ○本時の学習内容を知る。　○バディで人数を確認する。 ○水泳運動の心得を知る。 ▉1
準備運動	7分	**準備運動・シャワー** ○膝、肘、肩、首、手首、足首等の各関節を動かす。 　（危険なのでジャンプは行わない） ○シャワーを浴びる。
リズム水泳	7分	**入水し、リズム水泳を行う** ▉2 ○水を押す等の水の抵抗を感じる動き ○変身浮き等の浮力を感じる動き ○息を吸い、吐く等の水圧を感じる動き ○バタ足泳ぎ等の初歩的な泳ぎにつながる動き
エンジョイタイム	12分	**小集団（3人〜4人）で宝探しを行う** ○低学年のときに行った「宝探し」を行う。 ○行い方を工夫している小集団に価値付ける声掛けをする。 ○長くもぐっている子供を称賛して、方法を聞く。
まとめ	7分	**人数確認・本時の学習の振り返り・次時の学習内容の確認** ○楽しく運動できたか。 ○友達と協力して運動できたか。 ○安全に運動できたか。 ○工夫した遊び方や長くもぐる方法を全体に紹介する。
整理運動	5分	**整理運動・あいさつ・シャワー** ○使った部位をゆっくりとほぐす。

1　水泳運動の心得

水泳運動の学習は、水の危険から自己の生命を守ることを学ぶ必要がある。水泳運動の心得を必ず指導し、徹底を図る。

(例)　準備運動・整理運動を必ず行う
　　　シャワーを丁寧に浴びる
　　　プールサイドは走らない
　　　プールに飛び込まない
　　　周りをよく見て、ぶつからないようにする
　　　バディでお互いを確認しながら活動する

2　リズム水泳

・リズム水泳では、音楽に合わせて、短時間で水慣れを楽しみながら行う。水に顔をつけることが苦手な子供には、無理をせずできる範囲で行うように声をかける。
・動きを教師がプールサイドから示範したり、笛や声で合図したりして子供と一緒に確認しながら行い、その後音楽に合わせて行う。水の特性である「浮力・抵抗・水圧」を感じられる動きや中学年の「もぐる・浮く」動き、高学年のクロールや平泳ぎにつながるような手や足の動き等を取り入れて行う。

(例)　変身浮き（くらげ浮き）　　　両手で水を左右にかく　　　ジャンピングボビング

浮力を感じる　　　　　　　　抵抗を感じる　　　　　　　　水圧を感じる

肩まで水につかり、　　　　　ペアで手をつないで、　　　　手をつないで輪になって浮く
クロールの手のかき　　　　　片方の子がばた足

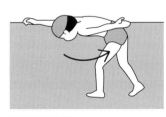 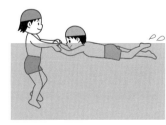 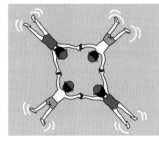

初歩的な泳ぎ　　　　　　　　初歩的な泳ぎ　　　　　　　　4〜6人で

7　浮く・泳ぐ運動

8　体ほぐしの運動・多様な動きをつくる運動

9　小型ハードル走

10　表現（粘土づくり）

11　ネット型ゲーム（ソフトバレーボール）

12　跳び箱運動

本時案

上手にもぐる方法を見付けよう

本時の目標

　もぐる・浮く運動の行い方を知り、運動を楽しむ。

評価のポイント

　もぐる・浮く運動の行い方を知り、友達と協力し合って楽しく運動ができているか。

週案記入例

[目標]
もぐる・浮く運動の行い方を知り、運動を楽しむ。

[活動]
友達とバブリングやボビングの行い方を知り、行う。

[評価]
バブリングやボビングの行い方を知り、運動を楽しむことができる。

[指導上の留意点]
水中で息を止める・吐く、顔を上げて「パッ」と息を吐いて吸う等ポイントを意識できている子供にポイントを言語化させる。

本時の展開

	時	子供の活動
はじめ	5分	**集合・あいさつ・人数確認・水泳運動の心得の確認** ○本時の学習内容を知る。 ○バディで人数を確認する。 ○水泳運動の心得を確認する。
準備運動	5分	**準備運動・シャワー** ○膝、肘、肩、首、手首、足首等の各関節を動かす。 ○シャワーを浴びる。
リズム水泳	5分	**入水し、リズム水泳を行う** 一つ一つの動きを声掛けして確かめながら行う。
エンジョイタイム	5分	**小集団（3人～4人）で宝探しを行う** 1 2 ○前時の行い方を確かめてから行う。 ○長くもぐっている子供に方法を聞いて、称賛する。
バブリングボビング	13分	**小集団（3人～4人）でバブリング・ボビングを行う** バブリング：鼻まで水につかり「ブクブク」と息を吐く ボビング：顔を上げて「パッ」と息を吐く ○空中で大きく息を吸って、手足を使って深くもぐっている子供、連続でやっている子供を称賛し、他の子に紹介する。
まとめ	7分	**人数確認・本時の学習の振り返り・次時の学習内容の確認** ○楽しく運動できたか。 ○友達と協力して運動できたか。 ○安全に運動できたか。 ○上手にもぐる方法を全体に紹介する。
整理運動	5分	**整理運動・あいさつ・シャワー** ○使った部位をゆっくりとほぐす。

1 宝探し

水に沈むもの（市販のものやホースを手のひらサイズに切ったもの）を水中に沈めて楽しむ。

グループで楽しむ

どの子供でも楽しむことができるように、水に浮くものを混ぜるとよい。グループごとに宝を配付して宝探しを行う。
①はじめに教師が審判をやってみせる。
②審判の子、取りに行く子を決める。
③審判の子が合図をして、宝を水に落とす。
④宝をとったら、次の審判に渡す。

遊び方の工夫例（工夫しているグループを称賛して他のグループに広げていく）
①審判の子と取りに行く子の間の距離を変える。
②審判の子が少し遠くに宝を落とす。（他のグループにぶつからないように注意する）
③宝ごとに得点を変える。
④審判が「石を拾ったら、ゆっくりと上がって石を見せよう。」「水中では息を少しずつはいてもぐろう」と指示を出す。

2 エンジョイタイム（今もっている力で楽しむ運動）

子供が今もっている力で、水の特性に触れながら楽しむことができるような活動である。小集団でゲームや競争を行いながら、「もぐる・呼吸する・進む」などの感覚づくりをねらいとしている。この運動で見付けた課題を本時の主運動で取り組めるように設定している。また、単元の後半は、小集団で活動を選択して取り組めるようにする。

〈例〉
水中言葉あて

向き合って顔を近づけて互いに短い言葉を水の中であてっこをする。その時互いに手をつないでみたり、プールの底におしりをつけて行ったりといろいろな動きを工夫ができる。また、伝言ゲームなどにも挑戦できる
※始めは、2文字くらいの短い言葉にする。
※かけ声をかけ、タイミングを合わせてもぐるようにする

輪くぐり

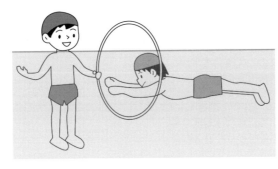

1人がフープを持ち、順番に輪をくぐる。
※壁にぶつからないよう、十分な距離をとる。
※壁の高さを調整したり、輪を水面に浮かせたりしてもよい。

本時案

上手に浮く方法を見付けよう

本時の目標

もぐる・浮く運動の行い方を知り、運動を楽しむ。

評価のポイント

もぐる・浮く運動の行い方を知り、友達と協力し合って楽しく運動ができているか。

週案記入例

[目標]
もぐる・浮く運動の行い方を知り、運動を楽しむ。

[活動]
友達と変身浮き・水中タクシーの行い方を知り、行う。

[評価]
変身浮き・水中タクシーの行い方を知り、運動を楽しむことができる。

[指導上の留意点]
浮くのが苦手な子供のために、ビート板などの補助具を準備したり、ペアの子供に補助してもらったりする。

本時の展開

	時	子供の活動
はじめ	5分	**集合・あいさつ・人数確認・水泳運動の心得の確認** ○本時の学習内容を知る。 ○バディで人数を確認する。 ○水泳運動の心得を確認する。
準備運動	5分	**準備運動・シャワー** ○膝、肘、肩、首、手首、足首等の各関節を動かす。 ○シャワーを浴びる。
リズム水泳	5分	**入水し、リズム水泳を行う** 一つ一つの動きを声掛けして確かめながら行う。
エンジョイタイム	5分	**小集団（3人～4人）で宝探しを行う** ○前時の行い方を確かめてから行う。 ○長くもぐっている子供に方法を聞いて、称賛する。
変身浮き水中タクシー	13分	**小集団（3人～4人）で変身浮き・水中タクシーを行う** 1 2 変身浮き：息継ぎをしないで、くらげ浮き、大の字浮き、だるま浮き、伏し浮きなど姿勢を変える。 水中タクシー：ペアでじゃんけんをする。勝った人は負けた人の肩をつかみ、10歩歩く。
まとめ	7分	**人数確認・本時の学習の振り返り・次時の学習内容の確認** ○楽しく運動できたか。 ○友達と協力して運動できたか。 ○安全に運動できたか。 ○上手に浮く方法を全体に紹介する。
整理運動	5分	**整理運動・あいさつ・シャワー** ○使った部位をゆっくりとほぐす。

1 変身浮き

いろいろな姿勢で浮き、「体が水に浮く」という感覚を味わう。

POINT 1 体の力を抜いてリラックスする。

POINT 2 息をいっぱい吸ってフワーッと浮く。

くらげ浮き

手をダラーンと下に伸ばし、息をいっぱい吸って、顔を水に入れて、足を離す。

※1人で浮くのが難しい子供には、友達が手をつないで補助する。

大の字浮き

くらげ浮きから、手足を大きく伸ばして、漢字の「大」の字のように浮く。

息をいっぱい吸って5や10数える間浮く。

だるま浮き

両方のひざを曲げて、小さなだんごになるように手でひざをかかえて、頭を「グッ」と水に入れる。

背中が水面に「ポコッ」と浮くようにする。

2 水中タクシー

友達の肩につかまって浮く感覚、進む感覚を味わう。腰に手をあてて浮くと、もぐる感覚も味わえる。

子供のよい姿

・顔をつけて長く続ける。

・足の先まで伸ばしてけ伸びの姿勢になっている。

本時案

上手に浮いて進む方法を見付けよう

本時の目標

　浮いて進む運動の行い方を知り、運動を楽しむ。

評価のポイント

　浮いて進む運動の行い方を知り、友達と協力し合って楽しく運動ができているか。

週案記入例

[目標]
浮いて進む運動の行い方を知り、運動を楽しむ。

[活動]
もぐって進んだり、け伸びの行い方を知り、行う。

[評価]
もぐって進む・け伸びの行い方を知り試してみるなど、運動を楽しむことができる。

[指導上の留意点]
浮いて進む運動を行う場合は進路方向を一定にして安全に運動に取り組めるようにする。

本時の展開

	時	子供の活動
はじめ	5分	**集合・あいさつ・人数確認・水泳運動の心得の確認** ○本時の学習内容を知る。 ○バディで人数を確認する。 ○水泳運動の心得を確認する。
準備運動	5分	**準備運動・シャワー** ○膝、肘、肩、首、手首、足首等の各関節を動かす。 ○シャワーを浴びる。
リズム水泳	5分	**入水し、リズム水泳を行う** 一つ一つの動きを声掛けして確かめながら行う。
エンジョイタイム	5分	**小集団（3人〜4人）で水中言葉当てを行う** ○行い方を確かめてから行う。 ○言葉を当てているグループに方法を聞いて、称賛する。
もぐって進むけ伸び	13分	**小集団（3人〜4人）でもぐって進む・け伸びを行う** 🔳1 🔳2 もぐって進む：もぐって水中タクシーをする。壁をけって進む。 け伸び：補助付きのけ伸びや壁をけってのけ伸びに取り組む。
まとめ	7分	**人数確認・本時の学習の振り返り・次時の学習内容の確認** ○楽しく運動できたか。 ○友達と協力して運動できたか。 ○安全に運動できたか。 ○上手に浮いて進む方法を全体に紹介する。
整理運動	5分	**整理運動・あいさつ・シャワー** ○使った部位をゆっくりとほぐす。

7

浮く・泳ぐ運動

8

体ほぐしの運動・多様な動きをつくる運動

9

小型ハードル走

10

表現（粘土づくり）

11

ネット型ゲーム（ソフトバレーボール）

12

跳び箱運動

1 小集団学習

体育学習では運動を「する」だけでなく「みる」「支える」「知る」ことも大事である。3年生は、小集団学習の基礎を身に付ける段階として、「友達の動きを見て、見たままを伝え合うこと」を学んでいく。

①動きの行い方を知り、友達のよい動きを見付ける。
②見付けた動きのこつを全体で共有する。
③動きの確認をする。

2 け伸び

け伸びのよい姿勢

しせい

・指先を伸ばし、頭の上で両手をそろえる。
・あごが胸の骨につくように引く。
・耳の後ろで腕を組む。

け伸びを行う場

進路方向を一定にして、安全に取り組めるようにする。（プールサイドの壁をスタートにして、反対側についたら、スタート側に歩いて移動する。）

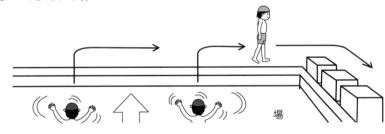

場

け伸びの補助の仕方（け伸びでGO！）

GO!

・補助の子供が、壁から5m程度離れたところに、試技者と向き合って立つ。
・泳いでいる子供の手を持って、自分の体の前を引き、通り過ぎたらかかとを両手で押す。

本時案

上手に手足を
使って進む方法を
見付けよう

本時の目標

　浮いて進む運動の行い方を知り、運動を楽しむ。

評価のポイント

　浮いて進む運動の行い方を知り、友達と協力し合って楽しく運動ができているか。

週案記入例

[目標]
浮いて進む運動の行い方を知り、運動を楽しむ。

[活動]
ばた足泳ぎ、かえる足泳ぎの行い方を知り、行う。

[評価]
ばた足およぎ、かえる足泳ぎの行い方を知り、運動を楽しむことができる。

[指導上の留意点]
浮くのが苦手な子供のために、ビート板などの補助具を準備したり、ペアの子供に補助してもらえるように指示をする。

本時の展開

	時	子供の活動
はじめ	5分	**集合・あいさつ・人数確認・水泳運動の心得の確認** ○本時の学習内容を知る。 ○バディで人数を確認する。 ○水泳運動の心得を確認する。
準備運動	5分	**準備運動・シャワー** ○膝、肘、肩、首、手首、足首等の各関節を動かす。 ○シャワーを浴びる。
リズム水泳	5分	**入水し、リズム水泳を行う** 一つ一つの動きを声掛けして確かめながら行う。
エンジョイタイム	5分	**小集団（3人〜4人）で輪くぐりを行う** ○行い方を確かめてから行う。 ○よいけ伸びの姿勢の子供に方法を聞いて、称賛する。
ばた足泳ぎ・かえる足泳ぎ	13分	**小集団（3人〜4人）でばた足泳ぎ・かえる足泳ぎを行う** 1 2 ①プールサイドに腰かけて、②壁につかまって、③ビート板で引っ張って、④1人でビート板で…と段階を踏んでいく。
まとめ	7分	**人数確認・本時の学習の振り返り・次時の学習内容の確認** ○楽しく運動できたか。 ○友達と協力して運動できたか。 ○安全に運動できたか。 ○上手に手足を使って進む方法を全体に紹介する。
整理運動	5分	**整理運動・あいさつ・シャワー** ○使った部位をゆっくりとほぐす。

1 ばた足泳ぎ

POINT 1 ももから動かす

POINT 2 足の甲で水を後ろに送る

①プールサイドに腰かけて

・手を後ろにつき、浅く腰かけて、膝まで水にいれる。
・足の甲で水が盛り上がってくるように右・左と交互にける。だんだん早くける。
・補助の子供が水中で1mくらい前に立つ。
・補助の子供のおなかに水が当たるように足の甲で水を前に送る。

②壁につかまって

・顔を上げるときは、プールの壁にひじをつける。
・顔を水につけるときは、ひじを伸ばして肩まで水に入れる。片方の手は上向きで壁をつかむ。もう片方の手は下向きで体が浮くように壁を押す。
・補助の子供の「1、2、パッ、4」のかけ声に合わせて呼吸をする。

③ビート板で引っ張って

・顔を上げて泳ぐときは、ビート板の前をつかむ。
・顔を水につけるときは、ビート板の横をつかむ。
・補助の子供の「1、2、パッ、4」のかけ声に合わせて呼吸をする。

2 かえる足泳ぎ

POINT 1 足首、ひざを曲げる

POINT 2 けった足を伸ばして閉じる

①プールサイドに腰かけて

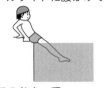

・手を後ろにつき、浅く腰かけて、膝まで水にいれる。
・ひざより外側で足首を曲げて、かかとを壁につける。
・ひざを中心に、足先が「卵の形」をなぞるようにけって、最後は足を閉じて足先を伸ばす。

②壁につかまって

・顔を上げるときは、プールの壁にひじをつける。
・顔を水につけるときは、ひじを伸ばして肩まで水に入れる。片方の手は上向きで壁をつかむ。もう片方の手は下向きで体が浮くように壁を押す。
・足首を曲げ、ひざを曲げてかかとをおしりの近くに引き付ける。
・足先が「卵の形」をなぞるように丸くけりはさみ、最後はかかとがつくまで足を閉じる。
・「曲げる」ときに、ひざがおなかの下に入らないようにする。

③ビート板で引っ張って

・補助の子供の「曲げるぅ～」「けって閉じるぅ～」のかけ声に合わせてかえる足をする。

本時案

自分のめあてを
選ぼう

本時の目標

今まで行った活動を振り返り、自分に合った課題を見付ける。

評価のポイント

今までの活動を振り返って、自分に合った課題を見付けることができているか。

本時の展開

	時	子供の活動
はじめ	5分	**集合・あいさつ・人数確認・水泳運動の心得の確認** ○本時の学習内容を知る。 ○バディで人数を確認する。 ○水泳運動の心得を確認する。
準備運動	5分	**準備運動・シャワー** ○膝、肘、肩、首、手首、足首等の各関節を動かす。 ○シャワーを浴びる。
リズム水泳	5分	**入水し、リズム水泳を行う** 一つ一つの動きを声掛けして確かめながら行う。
エンジョイタイム	5分	**小集団（3人〜4人）でばた足どんじゃんけんを行う** ■1 ○行い方を確かめてから行う。 ○ばた足でよく進んでいる子供を称賛して、方法を聞く。
ばた足泳ぎかえる足泳ぎ	13分	**小集団（3人〜4人）でばた足泳ぎ・かえる足泳ぎを行う** ①プールサイドに腰かけて、②壁につかまって、③ビート板で引っ張って、④1人でビート板で…と段階を踏んでいく。
まとめ	7分	**人数確認・本時の学習の振り返り・次時の学習内容の確認** ○楽しく運動できたか。 ○友達と協力して運動できたか。 ○安全に運動できたか。 ○ばた足泳ぎ、かえる足泳ぎのポイントを全体に紹介する。 ○自分のめあてを④のポイントから選ばせる。 ■2
整理運動	5分	**整理運動・あいさつ・シャワー** ○使った部位をゆっくりとほぐす。

7
浮く・泳ぐ運動

8
体ほぐしの運動・多様な動きをつくる運動

9
小型ハードル走

10
表現（粘土づくり）

11
ネット型ゲーム（ソフトバレーボール）

12
跳び箱運動

1 ばた足ドン陣とり

・プールの横方向で向かい合ったグループで競争をする。
・反対側の壁に向かってばた足で泳いでいき、相手と出会ったらじゃんけんをする。
・勝ったら進み、負けたら次の人がスタートする。
・勝ち進み、相手側の壁に着いたら勝ち。
※シャワーを浴びた後、リズム水泳で入水するので、各グループ2枚以上のビート板をプール近くのプールサイドに事前に準備しておく。
※出会うとき、勢いよくぶつからないようにする
※顔を入れずに、ビート板の前をつかんで、前を向いて泳ぐ。
※壁際で相手が近づいてきたときには、け伸びをしない。
※途中で足をついてもよいこととする。

2 振り返り

第1〜5時	・授業内で見付けた子供のよい動きを紹介する。 ・そのために、小集団活動のときに子供のよい動きを見付け、称賛し、「どうやったの」「どんなところを気を付けたの（手、足）」と聞き、子供が動きや言葉で伝えるこつをポイントにして言語化する。 ・できれば、振り返り時に子供に実演してもらったり、話をしてもらう方がよいが、全体に共有するためには教師がまとめて話す方が時間短縮となる。 例）宝探し 　教師：長い間もぐっていられるね。どうやったの。 　子供：こうやったの。（実演する。） 　教師：いっぱい息を吸ってもぐっているんだね。
第6時	・第5時や本時で見付けた子供のよい姿からポイントを紹介する。 ・それぞれのポイントが「できた」か「できなかった」かを子供一人一人に考えてもらったり、小集団で話し合ったりする。
第7〜9時	・一人一人のめあてに合った活動を工夫して、選んでいる小集団を紹介する。 ・そのために、小集団活動のときに、工夫している小集団を見付け、称賛し、「どんなめあてなの」「なんでその活動しているの」と聞き、言語化する。

本時案

自分のめあてに合った活動に取り組もう①

本時の目標

前時に選んだめあてに合った活動を選んで、友達によい動きや気付いたことを伝える。

評価のポイント

自分に合った活動を選んで、課題解決のために友達によい動きや気付いたことを教え合っているか。

週案記入例

[目標]
自分のめあてに合った活動を選んで、友達によい動きや気付いたことを伝える。

[活動]
ばた足泳ぎなどを行い、友達によい動きや気付いたことを伝える。

[評価]
ばた足およぎなどを行い、自分に合った活動を選び、友達によい動きや気付いたことを伝えることができる。

[指導上の留意点]
小集団で自分のめあてを確認しながら、学習を進めるようにする。

本時の展開

	時	子供の活動
はじめ	5分	**集合・あいさつ・人数確認・水泳運動の心得の確認** ○本時の学習内容を知る。 ○バディで人数を確認する。 ○水泳運動の心得を確認する。
準備運動	5分	**準備運動・シャワー** ○膝、肘、肩、首、手首、足首等の各関節を動かす。 ○シャワーを浴びる。
リズム水泳	5分	**入水し、リズム水泳を行う** 一つ一つの動きを声掛けして確かめながら行う。
エンジョイタイム	5分	**小集団（3人～4人）で今まで行ったエンジョイタイムの中から1つを選んで行う** 1 ○活動の場に移動して、行う。
ばた足泳ぎなど	13分	**小集団（3人～4人）でばた足泳ぎなどを行う** 2 自分のめあてに合った活動に取り組む。 友達によい動きや気付いたことを伝える。
まとめ	7分	**人数確認・本時の学習の振り返り・次時の学習内容の確認** ○楽しく運動できたか。 ○友達と協力して運動できたか。 ○安全に運動できたか。 ○自分のめあてに合った活動ができたか。
整理運動	5分	**整理運動・あいさつ・シャワー** ○使った部位をゆっくりとほぐす。

7

浮く・泳ぐ運動

8

体ほぐしの運動・多様な動きをつくる運動

9

小型ハードル走

10

表現（粘土づくり）

11

ネット型ゲーム（ソフトバレーボール）

12

跳び箱運動

1 単元後半のエンジョイタイム（選択）

単元前半で学習したエンジョイタイムのゲームを、小集団ごとに選択する。小集団対抗のゲームもあるため、学習の場を以下のように掲示しておく。ゲームを事前に小集団で話し合って選択しておくと、活動にスムーズに移行できる。教師がそれぞれの場を担当する。1人で2つの場を見たり、場自体を減らすなどして、全ての場を見られるように配慮する。

エンジョイタイムの場の例

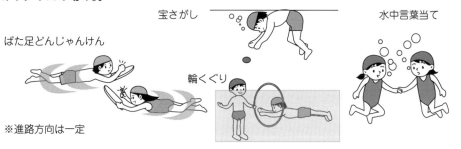

宝さがし　　　　　　　　　　　　水中言葉当て

ばた足どんじゃんけん

輪くぐり

※進路方向は一定

2 小集団で課題解決に取り組む活動

○自分の課題に合わせて毎時間、場を選んで活動する。

小集団活動の場の例

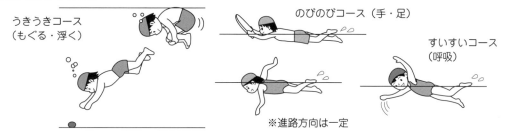

うきうきコース（もぐる・浮く）　　　のびのびコース（手・足）

すいすいコース（呼吸）

※進路方向は一定

○うきうきコース

　今まで行った「もぐる・浮く」動きを行い、浮くことを目指す。

○のびのびコース

　ばた足泳ぎ、クロールの手のかき、面かぶりクロールなど、手足を使って進むことを目指す。

○すいすいコース（発展）

　ばた足泳ぎ＋呼吸など、手足を使って呼吸をしながら進むことを目指す。

小集団学習の行い方

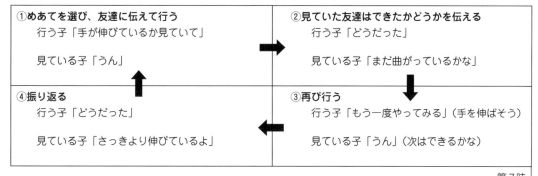

①めあてを選び、友達に伝えて行う	②見ていた友達はできたかどうかを伝える
行う子「手が伸びているか見ていて」 見ている子「うん」	行う子「どうだった」 見ている子「まだ曲がっているかな」
④振り返る	③再び行う
行う子「どうだった」 見ている子「さっきより伸びているよ」	行う子「もう一度やってみる」（手を伸ばそう） 見ている子「うん」（次はできるかな）

本時案

自分のめあてに合った活動に取り組もう②

本時の目標

自分のめあてに合った活動を選んで、友達によい動きや気付いたことを伝える。

評価のポイント

かえる足泳ぎなどを行い、自分のめあてに合った活動を選んで、友達によい動きや気付いたことを教え合っているか。

週案記入例

[目標]
自分のめあてに合った活動を選んで、友達によい動きや気付いたことを伝える。

[活動]
かえる足泳ぎなどを行い、友達によい動きや気付いたことを伝える。

[評価]
かえる足およぎなどを行い、自分に合った活動を選び、友達によい動きや気付いたことを伝えることができる。

[指導上の留意点]
小集団で自分のめあてを確認しながら、学習を進めるようにする。

本時の展開

	時	子供の活動
はじめ	5分	**集合・あいさつ・人数確認・水泳運動の心得の確認** ○本時の学習内容を知る。 ○バディで人数を確認する。 ○水泳運動の心得を確認する。
準備運動	5分	**準備運動・シャワー** ○膝、肘、肩、首、手首、足首等の各関節を動かす。 ○シャワーを浴びる。
リズム水泳	5分	**入水し、リズム水泳を行う** 一つ一つの動きを声掛けして確かめながら行う。
エンジョイタイム	5分	**小集団（3人〜4人）でエンジョイタイムを選んで行う** ○活動の場に移動して、行う。
かえる足泳ぎなど	13分	**小集団（3人〜4人）でかえる足泳ぎなどを行う** ◼1 自分のめあてに合った活動に取り組む。 友達によい動きや気付いたことを伝える。
まとめ	7分	**人数確認・本時の学習の振り返り・次時の学習内容の確認** ○楽しく運動できたか。 ○友達と協力して運動できたか。 ○安全に運動できたか。 ○自分のめあてに合った活動ができたか。
整理運動	5分	**整理運動・あいさつ・シャワー** ○使った部位をゆっくりとほぐす。

7 浮く・泳ぐ運動

8 体ほぐしの運動・多様な動きをつくる運動

9 小型ハードル走

10 表現（粘土づくり）

11 ネット型ゲーム（ソフトバレーボール）

12 跳び箱運動

1 小集団で課題解決に取り組む活動

○自分の課題に合わせて毎時間、場を選んで活動する。

小集団活動の場の例

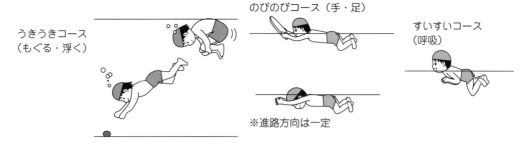

うきうきコース
（もぐる・浮く）

のびのびコース（手・足）

すいすいコース
（呼吸）

※進路方向は一定

うきうきコース

　今まで行った「もぐる・浮く」動きを行い、浮くことを目指す。子供たちの実態に合わせて、友達の補助や補助具の活用を図ることが効果的である。

友達に手を引っ張ってもらう

ビート板につかまって泳ぐ

ヘルパーを腰につける

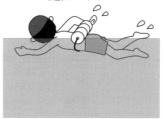

のびのびコース

　かえる足泳ぎ、平泳ぎの手のかき、など、手足を使って進むことを目指す。

○腰かけ、壁つかまり、ビート板…と段階を踏んだかえる足

○面かぶりかえる足

・息をしないで、手を伸ばして前で組んだまま、かえる足だけで泳ぐ。

・息を大きく吸い、もぐってけ伸びをしたら、「曲げる」「けって閉じる」を何回か繰り返す。息が続かなくなったらその場で立つ。

・プールの線などで進んだ距離を確認し、2回目を行い、距離を伸ばすことを目指す。

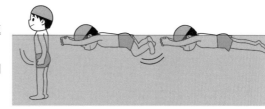

すいすいコース（発展）

　かえる足泳ぎ＋呼吸など、手足を使って呼吸をしながらリズミカルに進むことを目指す。

○平泳ぎの手のかき

1 手をあご下から前に伸ばす　2 け伸びの姿勢 3 手をかく（逆ハート形）　4 指先を胸下からあごに向かって合わせるの順で行う

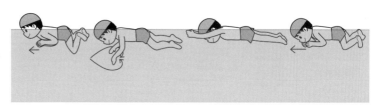

本時案

自分のめあてに
合った活動に
取り組もう③

本時の目標

　自分のめあてに合った活動を選んで、友達に
よい動きや気付いたことを伝える。

評価のポイント

　自分のめあてに合った活動を選ぶことができ
ているか。友達とよい動きや気付いたことを教
え合っているか。

本時の展開

	時	子供の活動
はじめ	5分	**集合・あいさつ・人数確認・水泳運動の心得の確認** ○本時の学習内容を知る。 ○バディで人数を確認する。 ○水泳運動の心得を確認する。
準備運動	5分	**準備運動・シャワー** ○膝、肘、肩、首、手首、足首等の各関節を動かす。 ○シャワーを浴びる。
リズム水泳	5分	**入水し、リズム水泳を行う** 一つ一つの動きを声掛けして確かめながら行う。
エンジョイ タイム	5分	**小集団（3人～4人）でエンジョイタイムを選んで行う** ○活動の場に移動して、行う。
ばた足泳ぎ かえる足 泳ぎなど	13分	**小集団（3人～4人）でばた足泳ぎ、かえる足泳ぎなどを行う** **1** **2** 自分のめあてに合った活動に取り組む。 友達によい動きや気付いたことを伝える。 確かめの泳ぎを行う。
まとめ	7分	**人数確認・本時の学習の振り返り・単元を通しての振り返り** ○楽しく運動できたか。 ○友達と協力して運動できたか。 ○安全に運動できたか。 ○自分のめあてに合った活動ができたか。 **3**
整理運動	5分	**整理運動・あいさつ・シャワー** ○使った部位をゆっくりとほぐす。

7

浮く・泳ぐ運動

8

体ほぐしの運動・多様な動きをつくる運動

9

小型ハードル走

10

表現（粘土づくり）

11

ネット型ゲーム（ソフトバレーボール）

12

跳び箱運動

1 小集団で課題解決に取り組む活動

○自分の課題に合わせて毎時間、場を選んで活動する。

小集団活動の場の例

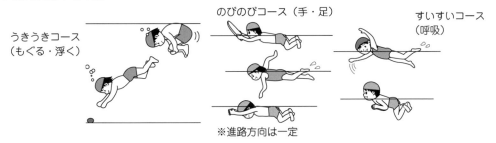

うきうきコース
（もぐる・浮く）

のびのびコース（手・足）

すいすいコース
（呼吸）

※進路方向は一定

※第9時は、今まで行った泳ぎ（ばた足泳ぎ・かえる足泳ぎなど）の中から自分で選択をして行う。
　前後にもぶつからないように注意して泳ぐ。

のびのびコース

　ばた足泳ぎ、クロールの手のかき、かえる足泳ぎ、平泳ぎの手のかきなど手足を使って進むことを
目指す。

すいすいコース（発展）

　ばた足泳ぎ＋呼吸、かえる足泳ぎ＋呼吸など、手足を使って呼吸をしながら進むことを目指す。

2 確かめの泳ぎ

　小集団で課題解決に取り組む活動の最後に、全員がプールの横を泳いで、本時のめあてを確かめる
時間を設定する。小集団でお互いの泳ぎを見合って、自分の泳ぎの出来栄えを友達に評価してもらう
時間とする。

　浮くことが難しく泳ぎ切れないで途中で立って
しまう子供も、立った地点から再び泳ぎ始めるよ
うにする。また補助具を活用してもよい。

3 子供の振り返りを確かめるポイント

○知識及び技能「浮いて進む運動やもぐる・浮く運動の楽しさや喜びに触れ、行い方を知るとともに
　その動きを身に付ける」
○思考力、判断力、表現力等「自分に合った課題を見付け、水中の動きを身に付けるための活動を工
　夫し、考えたことを友達に伝える」
○学びに向かう力、人間性等「進んで取り組み、誰とでも仲よく運動をし、友達の考えを認め、水泳
　運動の心得を守ることができる」

→主に小集団での活動の観察、学習カードの記述を中心に分析を行う。

「浮く・泳ぐ運動」学習カード & 資料

使用時 第1〜9時

本カードは第1〜9時まで、単元全体を通して使用する。水泳運動の学習内容や運動のこつ、自身の振り返りを記録するカードである。また、友達とどんなことを伝え合ったかということを記録することによって、伝え合いを意識させ、次時の学習へ意欲をもたせる役割も担う。自身の行ったことを言語化することで友達との伝え合いをさらに活性化させることにもつながっていく。

収録資料活用のポイント

①使い方

単元はじめに本カードを子供一人一人に板目紙とセットで配付する。単元前半の学習についてはイラストを交えながら学習内容を説明し、見通しをもたせる。授業終了後、更衣を済ませ、教室にて学習の振り返りを行うように指示する。

②留意点

本カードは、学習を通して個人が感じたことを記入していくものであるため、個人の文章の量や質に差が見られる。毎回のめあてに正対できているか、友達との伝え合いを意識できているかという点に注目をして、がんばっていることを褒めるようにコメントを書くことで子供の学習意欲につながっていく。

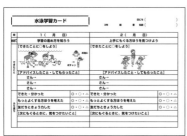

学習カード 3-7-1 学習カード 3-7-2

学習カード 3-7-3 学習カード 3-7-4

学習カード 3-7-5

水泳運動

3年　　　組　　　番　名前（　　　　　　　　　　　）

練習せんたくカード

ばた足泳ぎをしよう！

ばた足
もものつけ根から動かす。

レベル1
友だちにささえてもらってばた足をしよう

レベル2
ビート板をつかってばた足をしよう

レベル3
息つぎしながらばた足をしよう

レベル4
ビート板なしでばた足をしよう

もものつけ根から動かす。

ばた足泳ぎ（手で水をかこう！）

手の動き

レベル1
かべに向かって手の動きをやってみよう

「イチ」「ニー」

レベル2
ビート板に手をおいてゆっくりかいてみよう

レベル3
友だちに持ってもらって泳いでみよう

レベル4
ヘルパーをつけて泳いでみよう

ばた足泳ぎ（泳ぎながらこきゅうをしよう！）

こきゅう

「パッ」

レベル1
水中で歩きながらこきゅうしてみよう

レベル2
ビート板を使って横向きこきゅう

レベル3
友だちに手を持ってもらってやってみよう

レベル4
ほ助なしでやってみよう

練習せんたくカード

かえる足泳ぎをしよう！

「スー」「パッ」「ポン」

レベル1
友だちに足を持ってもらってやってみよう

プールの外で

レベル2
かべにつかまってやってみよう

レベル3
ビート板を使ってやってみよう

レベル4
ビート板なしでやってみよう

かえる足泳ぎ（手で水をかこう！）

手のうごき
「パッ」

レベル1
ハートの反対の形になるようにかいてみよう

レベル2
かべに向かって手のうごきをやってみよう

レベル3
手の動きをしながら、歩いてみよう

レベル4
ヘルパーをつけて泳いでみよう
「パッ」

かえる足泳ぎ（泳ぎながらこきゅうをしよう！）

こきゅう

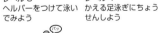

レベル1
かべに向かって手の動きとこきゅうを合わせよう

レベル2
友だちにささえてもらってやってみよう

レベル3
ヘルパーをつけて泳いでみよう
「パッ」

レベル4
かえる足泳ぎにちょうせんしよう

7 浮く・泳ぐ運動

8 体ほぐしの運動・多様な動きをつくる運動

9 小型ハードル走

10 表現（粘土づくり）

11 ネット型ゲーム（ソフトバレーボール）

12 跳び箱運動

8 体ほぐしの運動・多様な動きをつくる運動

（4 時間）

【単元計画】

1 時	2 時
[第一段階] 楽しく体を動かそう	[第二 いろいろやってみよう、
体ほぐしの運動の行い方を知り、友達と一緒に、体を動かす楽しさや心地よさをいっぱい味わう。	多様な動きをつくる運動の行い方を知り、バランス、移動、フープなどを使った動きを楽しむ。
1　体ほぐしの運動をみんなで楽しもう! POINT: 一緒に運動する仲間を少しずつ増やして、学級全員で楽しめる運動へと広げていく。 **【主な学習活動】** ○単元の見通しをもつ ○音楽に乗せた準備運動で心と体のスイッチオン ○先生と子供で楽しめる運動（例：言うこと一緒） ○ペアで楽しめる運動（例：上下横） ○グループで楽しめる運動（例：人工衛星） ○全員で楽しめる運動（例：ろくむし） ○音楽に乗せた整理運動で心と体をクールダウン ○まとめ 　・楽しかったことはどんなことか。 　・運動して心と体はどんな感じか。	**2　体をたくさん動かして、運動を楽しもう!** POINT: できる、できないに関係なく、今もっている力で運動している姿を大切にする。 **【主な学習活動】** ○音楽に乗せた準備運動で心と体のスイッチオン ○体のバランスをとったり移動したりする運動 　・回る、寝転ぶ、起きる、渡る、這う、歩く、走る、跳ぶ、跳ねる、などの動きを取り入れて ○用具（フープ）を使った運動 　・持つ、回す、投げる、捕る、運ぶ、転がすなど ○用具（一輪車）を使った運動 ○音楽に乗せた整理運動で心と体をクールダウン ○まとめ 　・楽しかった動きや上手な友達を見付けたか。

授業改善のポイント

主体的・対話的で深い学びの実践に向けて

　誰もが楽しく運動できるような授業を展開することが重要となる。そのためのポイントは以下の通りである。

①子供の「やってみたい」という運動欲求を大切に、全員が楽しく体を動かす。

②まずやってみることで、子供はできるようになりたいことに気付く。

③夢中になって運動に取り組む中で、進んで取り組む、運動を工夫している、上手に動いているなど、学習として価値のある学び方をし

ている子供を全体に紹介する。

④友達を見て、さらに課題解決できるように、もう一度取り組める時間を設定する。

⑤「こうやったらうまくできるよ」「動きのこつはこうだよ」など、子供同士で気付いたことを伝え合うようにする。

⑥学習で振り返ることの大切さを知らせる。

⑦常に称賛の言葉を子供に注ぐ。

7 浮く・泳ぐ運動

8 体ほぐしの運動・多様な動きをつくる運動

9 小型ハードル走

10 表現（粘土づくり）

11 ネット型ゲーム（ソフトバレーボール）

12 跳び箱運動

単元の目標

○知識及び技能

・運動の行い方を知るとともに、体を動かす心地よさを味わったり、基本的な動きを身に付けたりすることができる。

○思考力、判断力、表現力等

・自己の課題を見付け、その解決のための活動を工夫するとともに、考えたことを友達に伝えることができる。

○学びに向かう力、人間性等

・運動に進んで取り組み、きまりを守り誰とでも仲よく運動したり、友達の考えを認めたり、場や用具の安全に気を付けたりすることができる。

3 時	4 時
段階] **工夫して動こう**	
運動のポイントを見付けながら、バランス、移動、フープなどを使った動きを楽しむ。	友達と気付いたことを伝え合いながら、バランス、移動、フープなどを使った動きを楽しむ。
3　真似したり、選んだりして工夫して楽しもう！ POINT: できるようになりたい動きに、繰り返し取り組んだり、工夫したりしている姿を大切にする。	**4　友達と力を合わせて、できる動きを増やそう！** POINT: 友達と運動のポイントを伝え合ったり、一緒に運動したりしている姿を大切にする。
【主な学習活動】 ○音楽に乗せた準備運動で心と体のスイッチオン ○体のバランスをとったり移動したりする運動 　・回る、寝転ぶ、起きる、渡る、這う、歩く、走る、跳ぶ、跳ねる、などの動きを取り入れて ○用具（フープ）を使った運動 　・持つ、回す、投げる、捕る、運ぶ、転がすなど ○用具（竹馬）を使った運動 ○音楽に乗せた整理運動で心と体をクールダウン ○まとめ 　・どうやったらできるようになったか。	**【主な学習活動】** ○音楽に乗せた準備運動で心と体のスイッチオン ○体のバランスをとったり移動したりする運動 　・回る、寝転ぶ、起きる、渡る、這う、歩く、走る、跳ぶ、跳ねる、などの動きを取り入れて ○用具（フープ）を操作しながら移動する運動 　・投げ上げた輪を移動して捕る 　・フープを転がしてくぐったり跳んだりする ○音楽に乗せた整理運動で心と体をクールダウン ○まとめ（単元の振り返りを行う） 　・友達とどんなことを教え合ってできたか。

子供への配慮の例

①運動が苦手な子供

　難しい動きではなく、易しい動きからやるように動きの例を紹介する。1人で行うことが難しい場合には、教師が一緒に行ったり、友達と一緒にやってみるように促す。

　用具に対する抵抗感がある子供には、柔らかい素材を選択させたり、新聞紙などで代用したりする。多様な動きを経験するためにも、用具は数種類を用意して、選択できるようにすることも大切である。

　（フープの大小、ボールの硬さ、大小など）

②意欲的でない子供

　友達の真似や、できそうなことから取り組んでよいことを伝える。些細なことを称賛し、自分自身に自信がもてるよう支援する。

　学級内で意欲的な子供がいるペアやグループの仲間に入れ、友達の力を借りながらできるようにする。

　遊び感覚で取り組んだり、音楽を使うなど学習環境や雰囲気づくりを大切にする。

　無理に参加させようとせずに本人の思いを聞き、その思いや考えを尊重する。

本時案

体ほぐしの運動を楽しもう

本時の目標

体ほぐしの運動の行い方を知り、友達と一緒に、体を動かす楽しさや心地よさを味わう。

評価のポイント

手軽な運動を行い、心と体の変化に気付いたり、友達と仲よく運動したりすることができたか。

<table>
<tr><td colspan="2">週案記入例</td></tr>
</table>

【目標】
体を動かす心地よさや楽しさを味わう。

【活動】
誰もが楽しめる運動に、友達と仲よく楽しく取り組み、力いっぱい体を動かす。

【評価】
体を動かす心地よさや楽しさを味わい、友達と仲よく運動できたか。

【指導上の留意点】
運動ができるできないに関係なく、誰もが体を動かすことを楽しめるように留意する。運動する場、用具などの周りの安全に気を付けるよう言葉掛けするとともに、自分たちで気付ける子供を育てていく。

本時の展開

	時	子供の活動
はじめ	15秒	**集合・あいさつ** ・本単元の目標・流れを知る。
準備運動	5分	**音楽に乗せた準備運動で心と体のスイッチオン** ・軽快な音楽に乗せて、本時で使う体の部位をほぐす。 ・全員で声を出しながら楽しい雰囲気を作っていく。
体ほぐしの運動 ※示した運動は一例	7分	**先生と子供で楽しめる（先生と子供全員）運動 1** ○言うこと一緒（反対）やること一緒（反対） 前後左右いずれかの言葉を言い、条件に合った動きをする。 一緒なら「前」と言われたら「前」と言って前に跳ぶ。
	7分	**ペアで楽しめる運動　※途中で友達を変えて行う 2** ○上下横 2人で向き合い両手を上か横か下に伸ばし、手拍子の後にどちらかの方向に両手を伸ばす。一緒だったらハイタッチ。 ※人数を増やしていくこともできる（2人→3人→…）
	8分	**グループで楽しめる運動 2** ○人工衛星（⑤仲間を救え） 5、6人で円になって手をつなぎ、「人工衛星、人工衛星、止まれ」の掛け声とともに止まり動かされないようにする。
	10分〜	**全員で楽しめる運動** ○ろくむし（または、なべなべそこぬけ全員チャレンジ） 2 縦横15m程のコートを上下に6往復する。コート内にいる鬼にタッチされたら初めから。チーム戦も可。
整理運動	2分	**音楽に乗せた整理運動で心と体をクールダウン** ・本時で使った体の部位をゆっくりと動かしほぐす。
まとめ	5分	(1)**今日の学習について振り返り、学習カードに記入する** ○楽しかったことはどんなことか。 ○運動して心と体はどんな感じか。 ○友達と仲よく運動できたか。 (2)**楽しかったこと、友達のよかったことを発表し合う**

7

浮く・泳ぐ運動

8

体ほぐしの運動・多様な動きをつくる運動

9

小型ハードル走

10

表現（粘土づくり）

11

ネット型ゲーム（ソフトバレーボール）

12

跳び箱運動

1 合言葉は「いつでも、どこでも、だれとでも」

男女一緒にペアやグループを作って、だれとでも楽しく運動する姿を大切にする。

意図的に友達を変え、すぐにペアなどを作れる子や、自分から友達を誘って仲間にできる子を大きく称賛する。また、運動が楽しければ、休み時間や放課後に様々な場所で遊びとして行うことにもつながる。体育を越えて大切にしたい視点である。

2 体ほぐしの運動例

言うこと○○やること○○

言うこと一緒、やること反対で、先生が「前」と言った場合、子供は「前」と言って後ろに跳ぶ。

人工衛星

「人工衛星、人工衛星、止まれ」の止まれの合図で、全員手をつないだまま踏ん張って止まる。手を引き合って動かされないようにする。

上下横

両手を「上・下・横」と伸ばし、ジャンプしながら「上・下・横、手拍子」の後にどちらかに両手を伸ばす。同じならハイタッチする。人数を増やしても可。

ろくむし

安全確保のため、タッチされたらコートの外側からスタート位置に戻る。鬼役を交代して行う。チーム戦は終了時に全員が往復できた数の多さで勝負する。

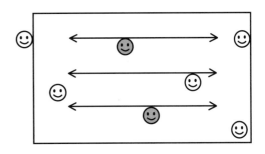

仲間を救え

5〜6人で円を作り、1人は10m程先に立つ。立っている仲間の元に1人ずつ駆け足で向かい、じゃんけんする。勝ったら戻ってきて次の人にバトンタッチ。負けたら「助けて！」と仲間を呼ぶ。待っている仲間は手をつないで円のまま負けた人の所に行き、円の中に入れてスタート位置に戻る。勝つまでバトンタッチできない。最後の人は勝ったら立っている仲間とともに帰ってくる。早く仲間を救えたグループの勝ち。役割を変えて行う。

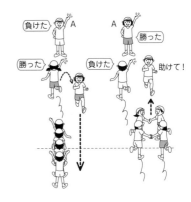

本時案

バランス、移動、フープなどを使った運動を楽しもう①

本時の目標

多様な動きの行い方を知り、バランス、移動、フープ、一輪車を使った運動をすることができる。

評価のポイント

体のバランスをとったり、体を移動したり、フープや一輪車を操作したりする運動ができたか。

週案記入例

[目標]
バランス、移動、フープなどの基本的な動きができたか。

[活動]
多様な動きをつくる運動に友達と仲よく楽しく取り組み、いっぱい体を動かす。

[評価]
基本的な動きに力いっぱい取り組み、友達と仲よく運動できたか。

[指導上の留意点]
誰もが体を動かすことを楽しめるように留意する。きまりを守って運動するよう言葉掛けする。

本時の展開

	時	子供の活動
はじめ	1分	**集合・あいさつ** **前時の振り返り（三観点）** 　前時のよい学び方を振り返り、本時につなげていく。 ◀**1**
準備運動	5分	**音楽に乗せた準備運動で心と体のスイッチオン** 　○軽快な音楽に乗せて、本時で使う体の部位をほぐす。 　○体じゃんけん、ジャンプなど徐々に大きな動きにしていく。
バランスをとったり移動したりする運動	6分	**体のバランスをとったり体を移動したりする運動** ◀**2** 　○じゃんけんすごろく 　　移動時にコーナー（ケンケン、平均台など）を設定する。
フープを使った運動	13分	**フープを使った運動** ◀**2** 　○フープを回す動き 　　様々な体の部位でフープを回す。 　※よい動きを共有する（その後、もう一度取り組む） 　○フープを転がす動き 　　フープをコーンの間などにねらって転がす。 　※よい動きを共有する（その後、もう一度取り組む）
一輪車を使った運動	13分	**一輪車を使った運動** ◀**2** 　○一輪車に乗る 　　必要に応じて友達の補助を受けながら乗る。
整理運動	2分	**音楽に乗せた整理運動で心と体をクールダウン** 　○本時で使った体の部位をゆっくりと動かしほぐす。
まとめ	5分	**(1) 今日の学習について振り返り、学習カードに記入する** 　○楽しかった動きはどんなことか。 　○上手な動きをしている友達を見付けたか。 　○きまりを守って、友達と仲よく運動できたか。 **(2) 楽しかったこと、友達のよかったことを発表し合う**

1 　前時の振り返り

前時の子供の学び方や、学習カードの記述から学習のねらいに合う事柄を紹介し、本時の学習につなげていく。取り上げたことや学習を進めていく上で大切なことは、掲示物として貼り出して残し、いつでも振り返れるようにすることも効果的である。

2 　多様な動きをつくる運動例

じゃんけんすごろく（バランス・移動）

矢印の移動時にバランスや移動の動きができるように意図的にコーナーを設定する。（6か所でも可）
○コーナー例
・平均台を置いて渡る動きを引き出す。
・ケンステップを置いて、ケンケンで進む。
・マットを置いて、跳び越したり転がったりする。
・コーンを置いて、ジグザグで走る。
・ラダーを置いて、こまかいステップで走る。　など

パー　　チョキ

フープを回す動き

手首、腕、腰、膝、足など体の様々な部位で回す動きを行う。また、友達と手をつないで、一緒に腕で回す動きにも取り組む。

フープを転がす動き

どこまで倒れないで転がせるか試したり、友達と向かい合って転がし合ったりする。また、コーンなどを置き、その間を通せるかどうかやってみる。

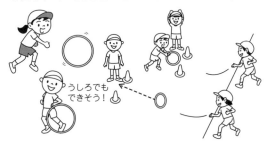

うしろでもできそう！

一輪車に乗る動き

壁などに捕まったり、友達を補助し合ったりしながら、一輪車に乗る。授業だけでなく、休み時間などにも挑戦できるよう言葉掛けする。

○よい動きを共有する時間を数回設定する

共有することは、学習のねらいに沿った、全体に広げたい事柄である。動きのこつを子供から聞いたり、上手な子供の動きを見せたりする。その後、もう一度取り組む。動きのこつを意識したり、友達の真似をしたりする子供が増えていく。

本時案

バランス、移動、フープなどを使った運動を楽しもう②

本時の目標

多様な動きをつくる行い方を知り、バランス、移動、フープ、竹馬を使った運動をすることができる。

評価のポイント

体のバランスをとったり、体を移動したり、フープや竹馬を操作したりする運動ができたか。

本時の展開

週案記入例

［目標］
バランス、移動、フープ、竹馬などの基本的な動きができたか。

［活動］
運動のポイントを見付け、友達と関わりながら、動きを工夫して運動する。

［評価］
運動のポイントを見付け、友達と気付いたことを伝えながら、工夫して運動できたか。

［指導上の留意点］
どうやったらできたのか子供に聞き、運動のポイントを全体に広げながら、工夫して運動に取り組む子供の姿を引き出す。

	時	子供の活動
はじめ	1分	**集合・あいさつ** **前時の振り返り（三観点）** 　前時のよい学び方を振り返り、本時につなげていく。 **■1**
準備運動	5分	**音楽に乗せた準備運動で心と体のスイッチオン** 　○軽快な音楽に乗せて、本時で使う体の部位をほぐす。 　○流行りの曲を活用し、楽しい雰囲気を作っていく。
体のバランスをとったり移動したりする運動	6分	**体のバランスをとったり体を移動したりする運動** 　○じゃんけんすごろく
フープ（輪）を使った運動	13分	**フープを使った運動** 　○フープを回したり転がしたりする動き 　※よい動きを共有する（その後、もう一度取り組む） 　○輪を投げて捕る動き **■2** 　※よい動きを共有する（その後、もう一度取り組む）
竹馬を使った運動	13分	**竹馬を使った運動 ■2** 　○竹馬に乗る 　　必要に応じて友達の補助を受けながら乗る。 　　台数に限りがある場合は、フープ（輪）と交代で運動する。
整理運動	2分	**音楽に乗せた整理運動で心と体をクールダウン** 　○本時で使った体の部位をゆっくりと動かしほぐす。
まとめ	5分	⑴ **今日の学習について振り返り、学習カードに記入する** 　○どうやったらできるようになったか。 　○友達のよいところを見付けたか。 　○工夫して運動できたことはどんなことか。 ⑵ **楽しかったこと、友達のよかったことを発表し合う**

1 準備運動で心と体のスイッチオン

準備運動は、楽しい体育の時間の始まりである。本時で使う体の部位を十分にほぐすとともに、これから始まる学習に期待感ももたせたい。子供が好きな曲や、テンポのよい曲を流しながら、手をたたいたり、ジャンプしたり、掛け声を出したりする場面を作り、心と体が解放できるようにするとよい。

2 多様な動きをつくる運動例

じゃんけんすごろく（バランス・移動）

移動時にバランスや移動の動きができるように意図的にコーナーを設定する。

○コーナー例
・移動の仕方を変える。
　（かけ足、スキップ、ギャロップ、ケンケンなど）
・体の向きを変える。（横向き、後ろ向き）
・紙皿を置いて、その上に乗って足やおしりで回る。
・動物歩きで進む。など
・４か所に分かれ、出会った友達と体じゃんけんをする。勝ったら次の場所に移動する。あいこだったら一緒に移動する。負けたら次に出会った友達と再び体じゃんけんする。移動時にコーナー（ケンケン、平均台など）を設定する。

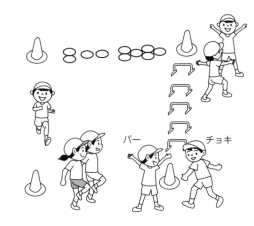

パー　チョキ

輪を投げて捕る動き

真上に投げた輪を落とさないように捕ったり、2人で向かい合って投げて捕ったりする。片方は転がす動きにするなど工夫して運動する。

2人組で

竹馬に乗る動き

必要に応じて高さを低くしたり、友達と補助し合ったりして竹馬に乗る。授業だけでなく、休み時間などにも挑戦できるよう言葉掛けする。

○よい動きを共有する時間

紹介する動きは、誰にでもできそうな易しい動きから取り上げるとよい。難しい動きを取り上げると運動が苦手な子供の意欲が低下してしまう可能性がある。取り上げる際は、「どうやったらできたの？」を聞き、全体で運動のポイントを共有できるようにする。

○多様な動きを経験させる

フープを回す体の部位を変える、反対の手で転がす、友達と一緒に行うなど。友達の動きにも注目させ、どうやってやるのか真似したり、こつを共有したりしながら運動できるとよい。中学年は動きの組み合わせにつなげるため、フープを転がして移動してくぐったり跳んだりするなど、多様な動きを経験できるようにする。

本時案

動きを組み合わせて楽しもう

本時の目標

バランス、移動、フープを使った運動やそれらを組み合わせた動きをすることができる。

評価のポイント

体のバランスをとったり、体を移動したり、フープを操作したりする運動やそれらを組み合わせた動きができたか。

本時の展開

	時	子供の活動
はじめ	1分	**集合・あいさつ** **前時の振り返り（三観点）** 　前時のよい学び方を振り返り、本時につなげていく。
準備運動	5分	**音楽に乗せた準備運動で心と体のスイッチオン** ○軽快な音楽に乗せて、本時で使う体の部位をほぐす。 ○号令ではなく屈伸など正しい動きになるよう言葉掛けする
体のバランスをとったり体を移動したりする運動	6分	**体のバランスをとったり体を移動したりする運動** ○じゃんけんすごろく 　４か所に分かれ、出会った友達と体じゃんけんをする。勝ったら次の場所に移動する。あいこだったら一緒に移動する。負けたら次に出会った友達と再び体じゃんけんする。移動時にコーナー（ケンケン、平均台など）を設定する。
フープを使った運動	26分	**フープを操作しながら移動する運動 1** ○フープを回しながら歩いたり走ったりする。 ○フープを転がし、転がるフープの中をくぐり抜けたり、跳び越したりする ○ペアで立てたフープを相手と場所を変えて捕らえる。 ※よい動きを共有する（その後、もう一度取り組む） 　運動のポイントを押さえた組み合わせの動きや、動きのこつに気付いている子供や、友達と教え合って運動している子供を全体に広める。 ※運動する場を分けるなど、安全面に留意する。
整理運動	2分	**音楽に乗せた整理運動で心と体をクールダウン** ○本時で使った体の部位をゆっくりと動かしほぐす。
まとめ	5分	(1)**今日の学習について振り返り、学習カードに記入する** ○どうやったらできるようになったか。 ○友達とどんなことを教え合ってできたか。 ○工夫して運動できたことはどんなことか。 (2)**楽しかったこと、友達のよかったことを発表し合う**

1 フープを使った組み合わせの運動例

回しながら移動する動き

フープを回しながら歩いたり、かけ足したり、スキップしたりする。方向を変えたり、友達と一緒に行ったり工夫する。

転がして跳び越す動き

自分で転がしたフープを追いかけて跳び越したり、バックスピンをかけて戻ってきたフープを跳び越したりする。

転がして移動してくぐる動き

フープを倒れないように転がし、移動して自分が転がしたフープをくぐり抜ける。何回くぐれるか挑戦もできる。

まっすぐ転がして…

体を丸めて　すばやく　くぐったよ！

ペアで立てたフープを捕らえる動き

友達と向き合ってフープを立てて、場所を入れ替えて相手のフープを捕らえる。円になってグループでもできる。

○基本的な動きを組み合わせる運動

走る、ケンケンする、スキップするなど移動の仕方を変えて行う。基本的な動きを十分に経験していないと、組み合わせの動きにつながりにくい。「こうやって回したらいいかな」「手をこう動かそう」など、十分な動きの経験により、自分の体を思い通りに動かす感覚の獲得こそ本領域の本旨である。できるだけ多く運動量を確保できるよう努めたい。子供の技能によっては、低学年の頃から組み合わせの動きをする子供もいるが、その動きを制限する必要はない。その動きを認めた上で全体に紹介する動きは易しい動き、ねらいに合った動きに絞っていくことが大切である。

○安全面を確保する場の設定

子供が安全に運動するためにも、移動する際の方向や、フープを転がしたり投げたりする方向を一方方向にする。
または、回すコーナー、転がすコーナーなど、動きの種類で場所を分けて行うことで安全にできる。
運動する時は、周りの友達との間隔も注意し、子供自身が自分たちで安全に気を付けながら運動ができるようになるとよい。

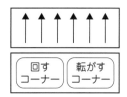

7 浮く・泳ぐ運動

8 体ほぐしの運動・多様な動きをつくる運動

9 小型ハードル走

10 表現（粘土づくり）

11 ネット型ゲーム（ソフトバレーボール）

12 跳び箱運動

「体ほぐしの運動・多様な動きをつくる運動」学習カード＆資料

使用時 第1～4時

本カードは第1時から第12時まで、1単位ごとに使用する。体つくり運動を通して、子供の学習状況を把握したり、変容を見取ったりできるようにする。学習のねらいとなる三観点で示し、子供の学習の積み重ねとなるようにする。カードの中で学習の価値が高いものは、学級全体に紹介し、全員で共有して学習の質を高めていきたい。

収録資料活用のポイント

①使い方

　授業のはじめに本カードを子供に配布する。書きやすくするためボードに挟んだり板目紙に貼り付けたりすると使いやすい。記述部分は、子供が何をめあてに学習するのか、また何を振り返ればよいのか分かりやすいように、学習のねらいに沿った文言に整理する。授業後に目を通し、足りない部分は次時の指導改善へとつなげていく。

②資料

　学習指導要領解説に例示されている動きを楽しく身に付けられるような運動例を資料で紹介する。体つくり運動は多くの運動例があるため、単元計画に含まれない運動例も掲載する。

💿 学習カード 3-8-1

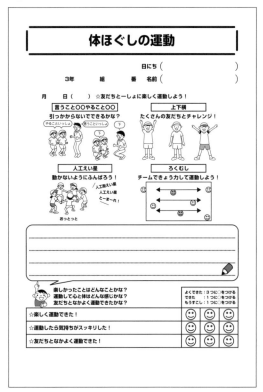

💿 学習カード 3-8-2

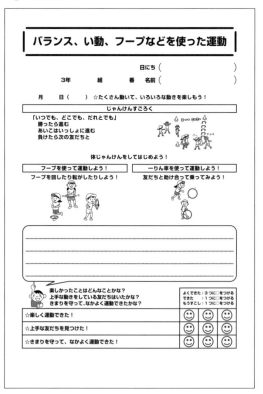

体つくり運動例

3年　　　組　　　番　名前（　　　　　　　　　　　　）

じぞうおに（体ほぐし）

おににタッチされてもなか間にタッチしてもらえばふっかつできる。タッチされて足を開き、その間をなか間に通ってもらってふっかつできる遊び方もある。

あんたがたどこさ（とぶ・はねる）

歌いながら両足で前にジャンプする。「さ」の所だけ後ろにジャンプする。円になって行うのも楽しい。

ならびかえゲーム（バランス、渡る）

へいきん台の上にならんで、落ちないように順番にならびかえる。

紙ざらでくるん（回る）

紙ざらのうらに「かた足」「おしり」など、じくにして回る体のぶいを書いておく。うらにしておいてある紙ざらをめくって遊ぶ。

紙ざらって回りやすいね！

みんなでバランス（バランスを保つ）

円になり、「せーの！」のかけ声で後ろに足を上げ、おたがいに足を持ってバランスをとる。

コースを作って（一りん車・竹馬）

一りん車や竹馬はコースを作って運動しても楽しい。

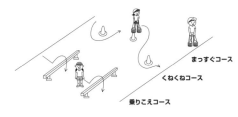

まっすぐコース

くねくねコース

乗りこえコース

フープを使った運動

コースを作って転がしてすすもう！

「フラフープドッジ」
転がして相手にフープを当てよう！

7 浮く・泳ぐ運動

8 体ほぐしの運動・多様な動きをつくる運動

9 小型ハードル走

10 表現（粘土づくり）

11 ネット型ゲーム（ソフトバレーボール）

12 跳び箱運動

9 小型ハードル走

5 時間

【単元計画】

1 時	2 時
[第一段階] **小型ハードル等様々な障害を走り越す感覚を楽しむ**	
小型ハードル走の学習内容を知り、いろいろな障害を走り越す感覚になれる。	小型ハードル等様々な障害を走り越す感覚を生かし、競走を楽しむ。
1　小型ハードル等障害走を知る POINT：平面に川跳びのコースを設定し、走りながら跳び越す感覚に慣れさせる。次に、20cm 程度の障害を並べ障害走を楽しませる。	**2　小型ハードル等障害走を楽しむ** POINT：低い高さの障害物を不規則に、規則的に並べ、1 対 1 で競わせる。2 人の差に基づき、スタート位置を変えて競わせる。同じ事をグループ対抗で行う。
【主な学習活動】 ○単元の見通しをもつ ○集合・挨拶・本単元の学習内容を知る。 ○準備運動（本単元につながる） ○障害走を試みる 　①不規則な間隔、規則正しい間隔での川跳び。 　②①で行った川に段ボールを並べ走り越す ○整理運動を行う ○本時の振り返り 　①学習カードに本時の結果を記入し、次時のめあてをもつ。	**【主な学習活動】** ○集合・挨拶・本時の学習内容を知る。 ○準備運動（本単元につながる） ○小型ハードル等の競走をする。 　① 2 人の差だけ速い子供は後方からスタートし、2 回戦を行う。 　②グループ対抗で、1 対 1 の競争を行う。 ○整理運動を行う ○本時の振り返りを行う 　①本時の結果を記入、次時のめあてをもつ

授業改善のポイント

主体的・対話的で深い学びの実践に向けて

　主体的な学習は、小型ハードル走の競走する楽しさや、運動欲求を充足する楽しさをたっぷりと味わわせることである。

　そのためには、「フワッと」感を重視したコースを設定する。また、知識及び技能として調子よく跳び越せるコースがあることに気付かせることである。

　対話的な学習は、①走る順番、②コースの障害物の並べ方、③障害物の走り越し方のコツの伝え合い、④互いのよさの伝え合い、⑤見取っ

た他のチームのよさを伝え合わせる。話し合いは、コース図を画板に貼るなど可視化して話し合う。

　深い学びは、子供たちの出し合っている知識及び技能をつなげ、駆動する知識とすることである。小黒板に子供の発言を記載し、発言内容を矢印で結び、「わける」「比べる」「くくる」作業を子供たちの見ている場で行う。そして、くくられた知識を文字カードにして、小黒板に貼る。以後の授業でみんなで創造した言葉が出たら、その度に価値付けし、学級の財産とする。

7	浮く・泳ぐ運動
8	体ほぐしの運動・多様な動きをつくる運動
9	小型ハードル走
10	表現（粘土づくり）
11	ネット型ゲーム（ソフトバレーボール）
12	跳び箱運動

単元の目標

○知識及び技能
・小型ハードル走の行い方を知り、自己にあったリズムで調子よく走り越えることができる。

○思考力、判断力、表現力等
・自分の課題を見付け、その課題解決のための活動や場を選ぶことができる。
・友達のよい動きや変化を見付けたり、考えたりしたことを友達に伝えることができる。

○学びに向かう力、人間性等
・小型ハードル走に進んで取り組み、友達の考えを認めながら活動を進めることができる。
・場や用具の安全に気を付けて友達と協力して準備することができる。

3 時	4 時	5 時
[第二段階] 小型ハードル等様々な障害を選んで回旋リレーを競い合う中で調子よく走る喜びを味わう		
小型ハードル等様々な障害を走り越す感覚を生かして、グループ対抗の競走を楽しむ。	小型ハードル走を行いながら、自分に合った間隔があることを知り、グループ対抗回旋リレーを楽しむ。	小型ハードル走を1対1の競走で楽しんだり学級全体でグループ対抗回旋リレーを楽しみながら、調子よく走る喜びを味わう。
3　小型ハードル等障害走を工夫して楽しむ POINT：同じ間隔の3つのコースに低い障害を並べ、グループ内で競わせたり、グループ対抗で競わせる。	4　小型ハードル等回旋リレーを工夫する POINT：同じ間隔の4つのコースに、低い障害を並べ、グループ内で競わせたり、グループ対抗回旋リレーを行う。	5　小型ハードル等回旋リレーを楽しむ POINT：グループ対抗で1対1の小型ハードル走を行ったり、グループ対抗小型ハードル回旋リレーを行う。
【主な学習活動】 ○集合・挨拶・本時の学習内容を知る。 ○準備運動（本単元につながる） ○小型ハードル等の競走をする ○整理運動を行う ○本時の振り返りを行う 　①本時の結果を記入、次時のめあてをもつ	【主な学習活動】 ○集合・挨拶・本時の学習内容を知る。 ○準備運動（本単元につながる） ○小型ハードル等の競走をする。 ○整理運動を行う ○本時の振り返りを行う 　①本時の結果を記入、次時のめあてをもつ	【主な学習活動】 ○集合・挨拶・本時の学習内容を知る。 ○準備運動（本単元につながる） ○小型ハードル等の競走をする。 ○整理運動を行う ○本単元の振り返りを行う 　①本単元の振り返り、その成果をまとめる

子供への配慮の例

①運動が苦手な子供

調子よく跳び越す心地よさを体感させることを単元の前半、1単位時間の準備運動につながる補助運動として設定する。第一に、跳び越すときのフワッと感を味わわせる場を設定し、指導者は傍で「どう、跳び越したときの気持ちは…」「フワッと跳び越した感じは…」「気持ちいいでしょう」とその感じを言葉にして伝える。第一段階の平面に近い障害物、幅のある障害物で安心感と調子よく走る楽しさを体感させる。その上に、走りやすい間隔があることに気付かせる展開を用意する。

②意欲的でない子供

意欲的でない原因は、障害物に対する怖さ、転倒した場合等負の連想や3年生の発達の段階に相応しくない記録達成型の授業が行われ、やる気をなくしていることが考えられる。

大事なことは、小型ハードル走を競争型にして、夢中になって競争する中で、自分に合ったインターバルに気付かせたり、調子よく走り越せる楽しみを味わわせる。また、バトンゾーンを利用し走る距離を短くする工夫をすることである。

本時案

いろいろな
コースを走ろう

本時の目標

小型ハードル走の学習内容を知り、いろいろな障害を友達やチーム対抗で走り越す競争ができる。

本時のポイント

チームで走る順番やコースを選んで競走したりいろいろな障害を設置したコースで、調子よく走り越す走る。

週案記入例

[目標]
目標：学習の進め方を知り、同じ条件でのグループ対抗戦を行う。

[活動]
いろいろなコースを設置し同じ条件でのグループ対抗戦を行う。

[評価]
学習の内容が分かり、グループ対抗障害物走に興味や意欲がもてたか。

[指導上の留意点]
学習の進め方といろいろなコースの設置の仕方を体験させる。

本時の展開

	時	子供の活動
はじめ	5分	**集合・整列・あいさつをする** ○単元の概要を知り、単元の見通しをもつ ○本時の学習内容を知る。
準備運動	5分	**リズミカルに各部位の運動をする。** ○リズム太鼓に合わせて、調子よく行う。 ○スキップ、ギャロップ、ツーステップなど様々なリズムに合わせて調子よく走る。 1
小型 ハードル走	28分	**(1) グループ編成と役割分担をする** 　①計時係、記録係、用具係など 　②1グループ5人程度とし、グループ同士のタイムを均等にする。 **(2) 不規則な間隔、規則正しい間隔での川跳びを行う。** 1 　①グループ内で1人ずつ走り越す。 　②2人1組になって競走する。 　③グループ対抗で2人1組ずつ競走する。 **(3) (2)で行った川に段ボールを並べ、走り越す。** 2 　①段ボールの準備を行う 　②グループ内で1人ずつ走り越す。 　③2人1組になって競走する。 　④グループ対抗で2人1組ずつ競走する。 　⑤2グループ対抗回旋リレーを行う。 ○不規則なコース、規則正しいコースでそれぞれ1回ずつ行う ○走る順番を決めて行う。走る順番を話し合ったのち行う
整理運動	2分	**主に使った体の部位（手、足）を動かすなど、体をほぐす運動を行い、調子を整える**
まとめ	5分	**(1) 学習カードに本時の結果を記入し、次時のめあてをもつ** 　①障害走や競走の仕方が理解できたか。 　②調子よく走れたか。 　③グループ内での話し合いで順番が決められたか。 **(2) 本時の学習の振り返りを行う。** ○分かったことなど気付いたことを発表する。

1　コース設定①　30m

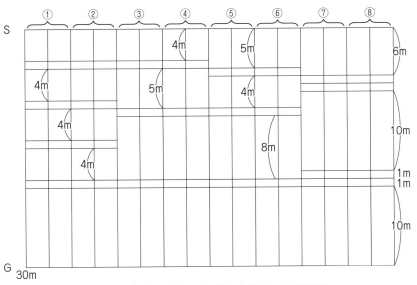

1．①～⑧の８つのグループにわかれて、ラインをふまないように走る
　　A：スピードが止まる
　　B：スピードがだんだん遅くなる
　　C：スピードが変化する
　　D：調子のよい感じ

2　コース設定②　①の上に障害物をおく

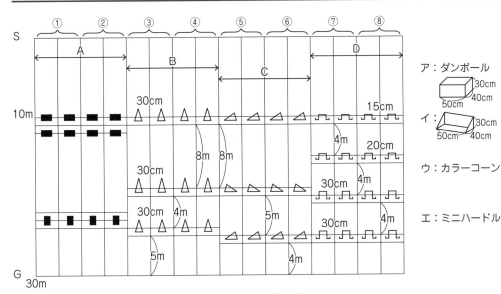

ア：ダンボール
イ：
ウ：カラーコーン
エ：ミニハードル

2．8班にわかれ、いろいろな障害物を走り越し、次の感覚を楽しむ
　　Aゾーン：幅の違うダンボールを走り越す
　　Bゾーン：高さのちがうダンボールを走り越す
　　Cゾーン：高さのちがうカラーコーンを走り越す
　　Dゾーン：だんだん高くなるミニハードルを走り越す

7 浮く・泳ぐ運動

8 体ほぐしの運動・多様な動きをつくる運動

9 小型ハードル走

10 表現（粘土づくり）

11 ネット型ゲーム（ソフトバレーボール）

12 跳び箱運動

本時案

いろいろな
コースを楽しもう

本時の目標

　いろいろなコース（違う条件）で、１対１のグループ対抗の競走をし、調子よく走り越すことができる。

本時のポイント

　前時のコースをつくり、ルールを確認するなどして、同じ条件や違う条件で１対１のグループ対抗戦をする。

週案記入例

[目標]
条件の違う場で１対１のグループ対抗の障害走を行う。

[活動]
条件の違う場で１対１のグループ対抗戦を行う。

[評価]
異なる条件での１対１のグループ対抗小型ハードル走を楽しめたか。

[指導上の留意点]
障害の種類、数、インターバル、走る距離を工夫させる

本時の展開

	時	子供の活動
はじめ	5分	**集合・整列・あいさつをする** ○本時の学習内容を知る。 ○前時の最初の場の準備をする。
準備運動	5分	⑴ **スキップ、ギャロップ、スリーステップなどで調子よく走る　1** ⑵ **前時の最初の場（３コース）をゆっくりと走る** ○各グループごとに体慣らしの試走を行う ⑶ **前時の第２の場に変える** ○各グループごとに３コースを走る
小型ハードル走	28分	⑴ **各グループ内で１対１の障害走をする。２人の差だけ速い子供は後方からスタートし、２回戦を行う　2** ○３コースをローテーションする。 ○グループで気付いたことを出し合う。 　視点１：調子よく走る工夫 　視点２：踏み切る位置、跳ぶ高さ ⑵ **グループ対抗で、１対１の競争を行う。** ○３コースで競走する。 ⑶ **相手を変えてグループ対抗リレーを行う。** ○３コースで行う。
整理運動	2分	**主に使った体の部位（手、足）を動かすなど、体をほぐす運動を行い、調子を整える**
まとめ	5分	⑴ **学習カードに本時の結果を記入し、次時のめあてをもつ** 　①障害走や競走の仕方が理解できたか。 　②調子よく走れたか。 　③グループ内での話し合いで順番が決められたか。 ⑵ **本時の学習の振り返りを行う** ○分かったことなど気付いたことを発表する。

7 浮く・泳ぐ運動

8 体ほぐしの運動・多様な動きをつくる運動

9 小型ハードル走

10 表現（粘土づくり）

11 ネット型ゲーム（ソフトバレーボール）

12 跳び箱運動

1 準備運動

○スキップ ― ギャロップ ― ワン・ツー・スリー

とじる 開く とじる 開く

右イチ 左ニッ 右サーン 左足イチ 左足サーン
高くニッ 右足 高く

○ラダー走（両足・片足・前向き・後ろ向き・横向き）

かけ足で ひとつずつ　ひとつぬかし　ギャロップで　スキップで

○ネコとネズミ

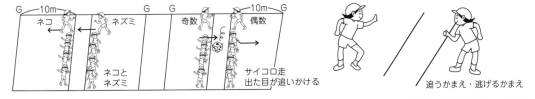

G 10m 　 G　G 10m G
ネコ ←←← ネズミ
ネコとネズミ
奇数 偶数 →
サイコロ走 出た目が追いかける

追うかまえ・逃げるかまえ

2 1対1のコース設定

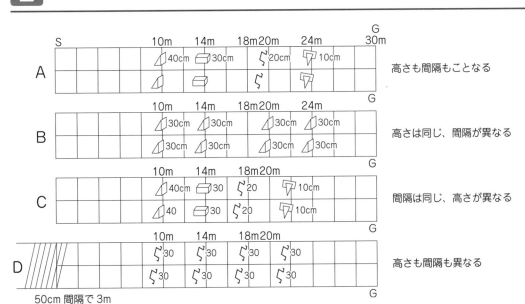

A：常に変化のあるコースの感覚
B：同じ高さで走るコースの感覚
C：同じ間隔を走るコースの感覚
D：3コース用意し、1回目のゴールでの差の分速かった方がさがって競争
　　・同じグループでためす　　・違うグループときそい合う

本時案

調子よく走れる
コースを探そう

本時の目標

同じ条件（障害の種類、数、インターバル、走る距離）でグループ対抗での障害物リレーを行うことができる。

本時のポイント

コースをつくり、ルールを確認し、走る順番を工夫するなどして、同じ条件でのグループ対抗の障害物リレーをする。

本時の展開

	時	子供の活動
はじめ	5分	**集合・整列・あいさつをする** ○前時の学習によって得た気付きを紹介する。 　調子よく走れるコースがあること。友達の素晴らしさなど。 ○本時の学習内容を知る。 ○前時の最後に行った場を再現する。
準備運動	5分	⑴ **用意された場の外側を、スキップ、ギャロップ、ツーステップなどでリズム太鼓に合わせて調子よく走る** ⑵ **前時の最後の場（3コース）を走る** ○各グループごとに、次第にスピードを上げて試走する。 ○各グループごとに3つコースを走る
小型 ハードル走	28分	⑴ **グループごとに役割を確認する。（ポイントは第2時と同じ）** ⑵ **間隔（3.5m、4.0m、4.5m）と障害物で小型ハードル走をする** 　①グループ内で1人ずつ走り越す。 **1** 　②2人1組になって競走する。 　③各グループ内で1対1の障害走をする。2人の差だけ速い子供は後方からスタートし、2回戦を行う。 　④グループ対抗で2人1組で競走する。 **2** ○3コースをローテーションする。 ○グループで気付いたことを出し合う。 　視点1：調子よく走る工夫　視点2：踏み切る位置、跳ぶ高さ ⑶ **競走する相手を変えグループ対抗回旋リレーを行う。**
整理運動	2分	**体をほぐしながら、ゆっくりと学習の場の外側をはしり、気持ちや体の調子を整える**
まとめ	5分	⑴ **学習カードに本時の結果を記入し、本時の振り返りを行う。** 　①調子よく走れたか。それはなぜか。 　②グループ内や他のグループで素晴らしい技能や態度など ⑵ **学級全体の障害走に役立つことを発表する** 　○調子よく走っていた仲間のこと　○工夫した走り方など

1 規則正しい間隔とコース設定

（1）3.5m、4.0m、4.5m のコース設定と全体像

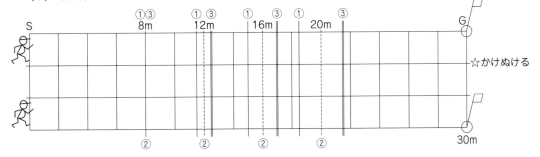

（1）グループ対抗１対１の勝敗を積み上げ、全体の勝ち数が多いグループが勝とする
　　　◎相談すること　　・走る順番　　・障害物とその高さ　　・インターバル
（2）審判は相互に１人ずつ出し交代しながら行う
（3）スターターは交代で行う
（4）話し合うこと
　　　①調子よく走り越すポイント（自グループから、相手のグループから）
　　　②粘り強く最後まで全力をつくして走っていたか。応援していたか
　　　③進んで取り組めていたか。積極的に声をかけていたか

2 グループ対抗回旋リレーのコース設定

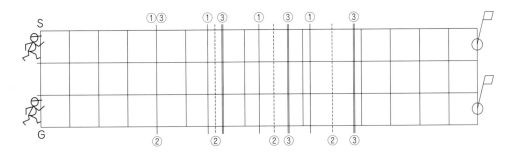

（1）グループで相談すること（作戦）
　　　①走る順番　　②障害物とその高さ　　③インターバル
（2）スターターは交代で行う
（3）審判は相互に行う
（4）話し合うこと
　　　①回旋の仕方
　　　②バトンのひきつぎ方
　　　③作戦は生きたか
　　　④調子よく走り越す工夫について

7 浮く・泳ぐ運動

8 体ほぐしの運動・多様な動きをつくる運動

9 小型ハードル走

10 表現（粘土づくり）

11 ネット型ゲーム（ソフトバレーボール）

12 跳び箱運動

本時案

調子よく走り越せる
コースでリレーをしよう

本時の目標

　違う条件（障害の種類、数、間隔）でグループ対抗小型ハードル回旋リレーを行うことができる。

本時のポイント

　コースをつくり、ルールを確認し、走る順番を工夫するなどして、違う条件でのグループ対抗マッチレースや小型ハードル回旋リレーをする。

週案記入例

[目標]
違う条件で小型ハードルグループ対抗レースや回旋リレーをする。

[活動]
コースを選び、走り方や順番を工夫し小型ハードルリレーを行う

[評価]
自分に合ったコースを選び調子よく走ることができたか。

[指導上の留意点]
自分に合った間隔や調子のよいリズムに気付かせる。

本時の展開

	時	子供の活動
準備運動	5分	**集合・整列・あいさつをする** ○前時の学習によって得た気付きを紹介する。 　走り越し方のポイント。友達の素晴らしさなど。 ○本時の学習内容を知る。 ○前時の最後に行った場を再現する。
小型ハードル走	5分	(1)**用意された場の外側を、スキップ、ギャロップ、ツーステップなどでリズム太鼓に合わせて調子よく走る** (2)**前時の最後の場（3コース）を走る** ○グループごとに3つのコースを次第にスピードを上げて走る。
整理運動	28分	(1)**グループごとに役割を確認する（ポイントは第2時と同じ）** (2)**間隔（3.5m、4.0m、4.5m、5.0m）、障害物（段ボール、小型ハードル）で障害走をする** 1 　①各グループ内で1対1の障害走をする。2人の差だけ速い子供は後方からスタートし、2回戦を行う。 　②グループ対抗で2人1組で競走する。 ○3コースをローテーションする。 ○グループで気付いたことを出し合う。 　視点1：調子よく走る工夫　視点2：踏み切る位置、跳ぶ高さ (3)**グループ対抗小型ハードル等回旋リレーを行う** 2 ハードルの間隔（3.5m、4.0m、4.5m、5.0m）と障害物からグループごとに選び、学級全体で一斉に行う。
まとめ	2分	**体をほぐしながら、ゆっくりと学習の場の外側をはしり、気持ちや体の調子を整える**
	5分	(1)**学習カードに本時の結果を記入し、次時のめあてをもつ** 　①障害走や競走の仕方が理解できたか。　②調子よく走れたか。 　③グループ内での話し合いで順番が決められたか。 (2)**本時の学習の振り返りを行う** 　○分かったことなど気付いたことを発表する。

1 グループ対抗小型ハードル走

（一人一人が選ぶ間隔と障害を入れたコース）

T「調子よく走り越せる間隔と小型ハードルの高さを選んで競走しましょう」

① ② ③ ④
間隔（3.5m、4.0m、4.5m、5.0m）

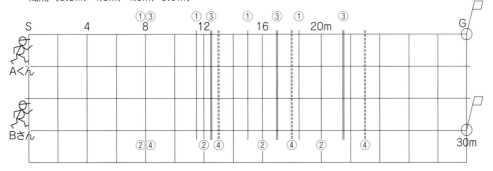

（1）Aくん「ぼくは④の間隔で30cmの小型ハードルを選びます」
　　Bさん「私は①の間隔で15cmの小型ハードルを選びます」
（2）スターターと審判は、それぞれのグループから出して勝敗を決める
（3）自分のグループの仲間の走り越し方、相手チームの走り越し方を見て、グループの話し合いをする。
　　話し終わったら、両チームはあつまり互いに出た意見を出し合う

2 グループ対抗小型ハードル回旋リレー

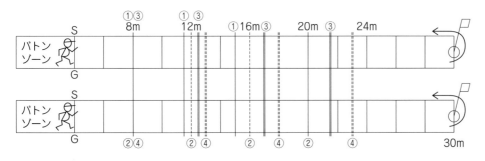

○グループで話し合う内容
　（1）走る順番　　（2）ハードルの高さ　　（3）ハードル間の距離
　　　　　　　　　　　　　　　　（15、20、30cm）　　　（3.5m、4.0m、4.5m、5.0m）
　（4）バトンゾーンで待つ位置（先端、中ほど、スタート位置）
○相手を変えて2回戦、3回戦
○全グループ対抗の回旋リレーを行う　2回戦

本時案

選んだコースで自分の 小型ハードル走をしよう

本時の目標

　自分に合ったコースを選び、グループ対抗回旋リレーや「個人」対「個人」で小型ハードル走をすることができるようにする。

本時のポイント

　グループで選んだ間隔のコースでグループ対抗回旋リレーを行ったり、自分に合ったコースでめあてに向かって練習する。

週案記入例

[目標]
自分に合ったコースを選びリズミカルに走り越す。

[活動]
グループ対抗回旋リレーや自分に合ったコースで記録に挑戦する。

[評価]
バランスを崩さずに気を付けて調子よく走り越すことができたか。

[指導上の留意点]
いろいろなハードルの工夫をする。(怖がらずに全力を出せる段ボールや小型ハードルで走れるようにさせる)

本時の展開

	時	子供の活動
はじめ	5分	**集合・整列・あいさつをする** ○『小型ハードル走』の単元で身に付けた力の発表の時間である。 ○学級全体で小型ハードル走でリレーを行う。 ○前時の最後に行った場を再現する。
準備運動	5分	(1)**用意された場の外側を、スキップ、ギャロップ、ツーステップなどでリズム太鼓に合わせて調子よく走る** (2)**前時の最後の場(3コース)を走る** ○グループごとに3つのコースで次第にスピードを上げて走る。
小型 ハードル走	28分	(1)**グループごとに役割を確認する。(ポイントは第2時と同じ)** (2)**間隔(4.0m、4.5m、5.0m)と障害物(ダンボール、小型ハードル)での障害走をする** ◼1 　①各グループ内で1対1の障害走をする。2人の差だけ速い子供は後方からスタートし、2回戦を行う。 　②グループ対抗で2人1組で競走する。 ○3コースをローテーションする。 ○グループで気付いたことを出し合う。 　視点1：調子よく走る工夫 　視点2：踏み切る位置、跳ぶ高さ (3)**グループ対抗小型ハードル等回旋リレーを行う** ◼2 ハードルの間隔(3.5m、4.0m、4.5m、5.0m)と障害物をグループごとに選び、学級全体で一斉に行う。コースの作成はグループごとに行う。
整理運動	2分	**体をほぐしながら、ゆっくりと学習の場の外側をはしり、気持ちや体の調子を整える**
まとめ	5分	(1)**学習カードに本時の結果を記入し、単元のまとめを行う** 　①グループが選んだ小型ハードルの間隔で調子よく走れたか。 　②この単元で学んだ知識・技能、話し合いの仕方や態度について (2)**本時の学習の振り返りを行う** ○分かったことなど気付いたことを発表する。

7 浮く・泳ぐ運動

8 体ほぐしの運動・多様な動きをつくる運動

9 小型ハードル走

10 表現（粘土づくり）

11 ネット型ゲーム（ソフトバレーボール）

12 跳び箱運動

1 グループ対抗小型ハードル走

（一人一人が選んだ間隔で競走）
障害物は全て小型ハードルとし、高さは（15cm、20cm、30cm）から選ぶ

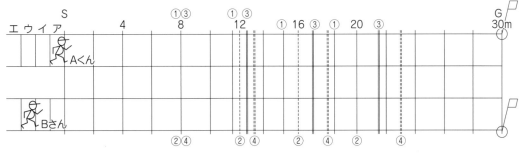

競争の仕方
（1）1回目：試走。2人のゴール位置での差を決定する
（2）2回目：競争する。1回目の差だけ速かった方がスタート位置をさげて勝負する
（3）ハードルの高さ、ハードルの間隔は、競争する子供同士が選択する
　　　①Aくん「ぼくは③の間隔で小型ハードルは20cmにしてください」
　　　②Bさん「私は①の間隔で小型ハードルは15cmにしてください」

2 グループ対抗小型ハードル走回旋リレー

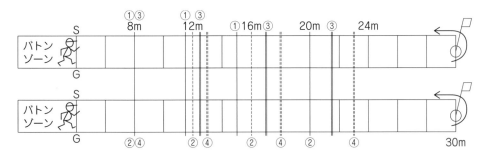

（1）グループ対抗戦－話し合う内容
　　　①走る順番　　②ハードルの高さ　　③ハードル間の距離
　　　　　　　　　　　（15、20、30cm）　（3.5m、4.0m、4.5m、5.0m）
　　　④バトンの引き継ぎを待つ位置
　　　　　（先端、中間、スタート位置）　　（2）前回競争していない2グループ
（2）全グループ対抗で3回戦を行う
　　　○ルール　ハードルの間隔は4.5m、ハードルの高さは30cmで
　　　○その他　走る順番とバトンを引き継ぐ位置はグループで決める

「小型ハードル走」学習カード & 資料

使用時 第1〜5時

本カードは第1時から第5時まで、単元全体で使用する。資質・能力を育成する体育学習では、知識及び技能に結びつく「思考力、判断力、表現力等」の学習が求められている。そこで、結び付けるのは、教師がお手本を示すことが第一である。その手掛かりとなるのが子供の記録した学習カードである。説得力のある指導は、子供のことばを引用して説明することである。

収録資料活用のポイント

①使い方

本時の学習課題は、授業の前に記入しておく。カード2枚は両面印刷する。これらは、毎時、振り返りの時間に記入する。求める記述の仕方は、毎時間紹介する事例を掲示物に記載し、教室でも見て真似ができるようにする。

②留意点

子供の学習課題は、単元の始めは、教師と相談し、後半はグループの仲間の意見も参考にしながら自分で決める。もちろん、授業中の修正は、奨励する。知識・技能に関する気付きを重視する。なお、全体に広げたい本時のポイントになる内容や次時につながる内容は、事前に決めておき、子供の記述している最中に見付け、紹介する。見付からない場合は、決めておいた内容を提示する。

💿 学習カード 3-9-1

💿 学習カード 3-9-2

○調子よく走れる場は、どれでしょうか
（ポイント：自分に合った○○に気づく）

7
浮く・泳ぐ運動

8
体ほぐしの運動・多様な動きをつくる運動

9
小型ハードル走

10
表現（粘土づくり）

11
ネット型ゲーム（ソフトバレーボール）

12
跳び箱運動

3年 　　　組 　　　番 　名前（　　　　　　　　　　　　　　　　）

① いろいろな間かくに気づく 　　（　）内に 　○調子がよい 　△走りにくい 　を入れましょう。

●スピードがへん化する（だんだんおそくなる、急におそくなる）、調子よく走りこせる

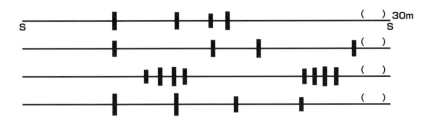

●高さにへん化がある、高さが同じ 　どっちがいいですか。いい方に○を入れましょう

○ふみ切るいち、着地のいち。どうすると調子よく走れるでしょうか。
　ふみ切り足は右、左？ 　　　　○調子よく走れる 　　△調子があわない

ハードル等のしょうがい物の走りこし方は、どっちがいいのでしょう。よい方に○を入れましょう

○す早いスタートのしせいは、どれでしょう。よいしせいに○を入れましょう。

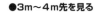

●後ろ足のかかとが上がる　　　●3m〜4m先を見る　　　前けい

10 表現（粘土づくり）

（5 時間）

【単元計画】

	1 時	2 時	3 時
	[第一段階]「粘土づくり」のいろいろな様子や場面の特徴を捉えて、ひと流れの動きで即興的に踊る。		
	2 人で対応する動きを繰り返し、即興的に踊ることを楽しむ。	粘土になりきって、ひと流れの動きで即興的に踊る。	グループでテーマを決め、誇張やメリハリを付けて即興的に踊る。
	1　粘土づくりを楽しもう POINT：2 人で対応する即興を楽しみ、ひと流れの動きで踊る。 **【主な学習活動】** ○集合・あいさつ・単元の見通しをもつ ○本時の運動につながる準備運動 ○粘土づくり 　①教師の言葉に合わせて動く 　②2 人で交代し、即興的に踊る 　③一人一人作りたいものを踊る ○全体での見合い、踊る ○まとめ 　①今日の学習を振り返る 　②次時の学習の内容を知る	**2　2 人組で「○○づくり」** POINT：2 人組で粘土になりきり、作りたいものを即興的に踊る。 **【主な学習活動】** ○集合・あいさつ ○本時の運動につながる準備運動 ○粘土で「○○づくり」 　①教師の言葉に合わせ 2 人で動く 　②2 人組でテーマを決めて踊る。 　③簡単な作品づくりをする ○全体での見合い、踊る ○まとめ 　①今日の学習を振り返る 　②次時の学習の内容を知る	**3　グループで「○○づくり」** POINT：4 人組で、テーマを決めて役割に応じて即興的に踊る。 **【主な学習活動】** ○集合・あいさつ ○本時の運動につながる準備運動 ○粘土で「○○づくり」 　①教師の言葉に合わせて踊る 　②グループでテーマを決め踊る 　③簡単な作品づくりをする ○全体での見合い、踊る ○まとめ 　①今日の学習を振り返る 　②次時の学習の内容を知る

授業改善のポイント

主体的・対話的で深い学びの実践に向けて

　表現運動は題材からイメージしたことを体で表す即興的な動きが基本となる。自己の学習課題をもって、対話から分かったことを友達に伝えることを重視した展開とする。

主体的な学びのためのポイント

・教師のリードで「粘土づくり」のイメージをひと流れの動きにして踊ってみる。
・自分で作りたいものを学習課題に設定する。
・どうすれば誇張した動きにできるかを課題として個々にめあてをもたせる。
・課題解決のために ICT 機器を活用する。

対話的な学びのためのポイント

・学習の中で意図的に見合う場を設定し、動きながら相手の動きのよさやアドバイスを伝えられるようにする。
・子供のよい動きを空間、時間、力性の視点から価値付け、子供の気付きやよさを共有できるようにする。

深い学びのためのポイント

・題材からイメージしたことを動きにする運動と捉え、どうすればダイナミックな動きにできるか考えられるようにする。

7 浮く・泳ぐ運動

8 体ほぐしの運動・多様な動きをつくる運動

9 小型ハードル走

10 表現（粘土づくり）

11 ネット型ゲーム（ソフトバレーボール）

12 跳び箱運動

単元の目標

○知識及び技能

・題材からその主な特徴を捉え、ひと流れの動きで即興的に踊ることができる。

○思考力、判断力、表現力等

・題材の特徴を捉えた踊り方を工夫し、考えたことを友達に伝えることができる。

○学びに向かう力、人間性等

・誰とでも仲よく踊ったり、友達の動きをや考えを認めたりすることができる。

4 時	5 時
[第二段階] グループで「はじめ」と「おわり」を付けた動きにして踊る。	
グループでテーマを選択し、誇張したりメリハリを付けたりして、「はじめ」と「おわり」を考えて簡単な作品づくりをする。	
4　テーマ　粘土で「○○づくり」作品づくり POINT：4人組のグループで「作りはじめ」「粘づくり」「完成」までの過程をイメージし、即興的な動きで簡単な作品をつくる。 【主な学習活動】 ○集合・あいさつ ○本時の運動につながる準備運動 ○「はじめとおわり」を付けた動きを考える ○ダイナミックになるように動きを工夫する ○ペアグループで見合い、感想やアドバイスを伝え合う。 ○まとめ 　①今日の学習を振り返る 　②次時の学習の内容を知る	**5　テーマ　粘土で「○○づくり」ミニ発表会** POINT：グループで「粘土で○○づくり」で誇張したりメリハリを付けたりして、簡単な作品にまとめ全体でミニ発表会をする。 【主な学習活動】 ○集合・あいさつ ○本時の運動につながる準備運動をする ○つくった作品をグループの友達と確かめて踊る ○テーマと見どころを全体に伝えてから発表する ○1グループごとに発表し、感想を伝え合う ○よかった踊りを取り上げて全体で踊る ○まとめ（単元の振り返りを行う） 　①よい動きについて振り返る 　②単元を通して身に付けた力について振り返る

子供への配慮の例

①運動が苦手な子供

題材の特徴を捉えることが苦手な子供には、絵や文でかいたイメージカードなどをめくりながら即興的に踊れるようにする。

動きの誇張やメリハリの付け方が苦手な子供には、「空間」「時間」「力性」の視点からダイナミックに踊っている子供の動きを見合い、自分の動きに取り入れさせる。

ひと流れの動きが苦手な子供には、気に入った様子を中心に急変する場面の例を複数挙げて、選択させて動くようにする。

②意欲的でない子供

準備運動としてリズムダンスを取り入れ、心と体をほぐすことで、自己の心身を解き放し、表現できる心と体をつくるようにする。

教師の言葉かけにより全体で即興的にひと流れの動きで踊ることで、イメージの世界に没入させて即興の楽しさを十分に味わえるようにする。

ペアやグループの友達と関わりながら対応する動きを楽しんだり、テーマを決めて動きを分担して簡単な作品をつくったりすることで、踊る楽しさや喜びを味わえるようにする。

本時案

粘土づくりを
楽しもう

本時の目標

　特徴を捉え、即興的に対応する動きを楽しむことができるようにする。

評価のポイント

　一人一人が作りたいもの（テーマ）を決めて、ひと流れの動きで即興的に踊る。

本時の展開

	時	子供の活動
はじめ	3分	**集合・あいさつ** ○4人グループで整列する。 ○本時の学習の内容を知る。
準備運動	5分	**本時の運動につながる準備運動をする** ○軽快なリズムに合わせて全身を弾ませて、心と体を解き放す。 ○ペアや4人組で一緒にリズムに乗って踊ったり、変化を付けたりして楽しく踊る。
表現運動①	15分	**2人で対応しながら粘土づくりをする** ○教師の言葉かけで、粘土になりきって即興的に踊る。 **1** 　→ひと流れの動きができるように言葉かけをする。 ○2人で粘土になる人、粘土でものを作る人の役割を交代して粘土づくりをする。 **2** 　→粘土づくりの人は教師がやった役をやり、それに対応する動きで即興的に踊ることができるようにする。
表現運動②	15分	**一人一人が作りたいものを決めて粘土づくりをする** ○「粘土づくり」を題材に粘土で作りたいものをテーマとして決める。 　→テーマが決まらない子供には、「表現カード」をめくって即興的に踊りながらテーマのヒントをつかむようにする。 **3** ○なりきって完成させていく様子をひと流れの動きで即興的に踊る。 ○見合いながらみんなで即興的に踊る。 **4**
整理運動	2分	**手足をゆっくり動かし、体をほぐす**
まとめ	3分	**本時の学習の振り返りをする** ○一人一人ができるようになったことを振り返る。 ○友達のよい動き、よい考えを紹介する。 ○次時の学習について確認する。

7 浮く・泳ぐ運動

8 体ほぐしの運動・多様な動きをつくる運動

9 小型ハードル走

10 表現（粘土づくり）

11 ネット型ゲーム（ソフトバレーボール）

12 跳び箱運動

1 教師のリードで動く言葉かけの例

※言葉を切らないようにイメージしたことを即興的に動けるように言葉をかけてひと流れの動きにする。

2 役割交代して即興的に踊る

先生のように言葉かけする

言葉から即興的に踊る

3 一人一人がテーマを決めて即興的に踊る

※自然に出てくる言葉は最高のBGM

テーマが決まらない、イメージができない
子供への手立て

※テーマをかいたカードを引いて即興的に

4 見合いの場の設定

ペアで見合う

学級を半分にして交代で見合う

本時案

2人組で
「○○づくり」

本時の目標

2人組で粘土になりきって作りたいものを即興的に踊ることができる。

評価のポイント

2人組で作りたいもの（テーマ）を決めて、ひと流れの動きで即興的に踊ることを楽しむことができたか。

週案記入例

[目標]
イメージしたことを2人組で即興的な動きにして楽しむ。
[活動]
2人組でテーマを決めて即興的にひと流れの動きで踊る。
[評価]
2人組で、即興的な動きを楽しむことができたか。
[指導上の留意点]
教師の言葉かけにより、2人組でひと流れの即興的な動きを繰り返し行うことを指導の重点とする。

本時の展開

	時	子供の活動
はじめ	3分	**集合・あいさつ** ○4人グループで整列する。 ○本時の学習の内容を知る。
準備運動	5分	**本時の運動につながる準備運動をする** ○軽快なリズムに合わせて全身を弾ませて、心と体を解き放す。 ○ペアや4人組で一緒にリズムに乗って踊ったり、変化を付けたりして楽しく踊る。
表現運動①	15分	**2人組で「○○づくり」をする** ○教師の言葉かけで、2人組で粘土になりきって即興的に踊る仕方を動きながら知る。 　→ひと流れの動きができるように言葉かけをする。 **1** ○質感の違うテーマを取り上げて、動きの違いを感じる 　→1とは異なるテーマを2つ取り上げ、大きさや曲線、組み立て方などの作る工程の違いを感じさせる。 **2**
表現運動②	15分	**2人組で作りたいものを決めて粘土づくりをする** ○2人組で「○○づくり」を題材に粘土で作りたいものをテーマとして決める。 　→テーマが決まらないペアには、「表現カード」をめくって即興的に踊ってみて、テーマのヒントとなる動きを見つけるようにする。 ○「はじめのポーズ」から各部品を作る分担をし、「完成のポーズ」まで、一流れの即興的な動きを工夫する。 **3** ○見合いながらみんなで即興的に踊る。
整理運動	2分	**手足をゆっくり動かし、体をほぐす**
まとめ	3分	**本時の学習の振り返りをする** ○一人一人ができるようになったことを振り返る。 ○友達のよい動き、よい考えを紹介する。 ○次時の学習について確認する。

7 浮く・泳ぐ運動

8 体ほぐしの運動・多様な動きをつくる運動

9 小型ハードル走

10 表現（粘土づくり）

11 ネット型ゲーム（ソフトバレーボール）

12 跳び箱運動

1 教師主導で2人組で動く言葉かけの例

「ショベルカー」づくり

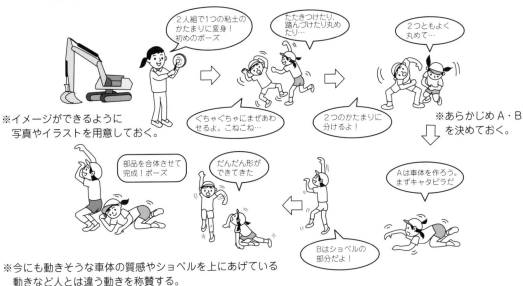

※イメージができるように
写真やイラストを用意しておく。

2人組で1つの粘土のかたまりに変身！初めのポーズ

たたきつけたり、踏んづけたり丸めたり…

2つともよく丸めて…

ぐちゃぐちゃにまぜあわせるよ。こねこね…

2つのかたまりに分けるよ！

※あらかじめA・Bを決めておく。

部品を合体させて完成！ポーズ

だんだん形ができてきた

Aは車体を作ろう。まずキャタピラだ

Bはショベルの部分だよ！

※今にも動きそうな車体の質感やショベルを上にあげている
動きなど人とは違う動きを称賛する。

2 質感の異なる2つのテーマを取り上げる例

「ソフトクリーム」づくり

●言葉かけの流れ
・粘土のかたまりを2つに分けて
・Aはクリーム　細長く伸ばすよ
・Bはコーン　三角の形に整えて
・合体させて出来上がり

※やわらかいクリームのうねりの質感とコーンの固い質感を組み合わせてできるように言葉かけする。
※体が接触しなくても立体感のあるように空間を工夫させる。

「ワニ」づくり

●言葉かけの流れ
・粘土のかたまりを2つに分けて
・Aは頭の部分　大きな口とギラギラした目
・Bは胴体から尾の部分　重々しくのっしりと
・合体させて出来上がり

※2つの部分に分けて粘土をつまんだり、丸めたり、のばしたりするなど、作業の流れを考えながら言葉かけをする。
※3つのテーマの作り方や質感の違いを感じられるようにする。

3 2人組でテーマを決めて即興的に踊る

「たこ」づくり

私は頭ね

僕は足ね

出来上がり

2人でこねたり丸めたり、
のばしたりして変化させていく

グループで
「○○づくり」

本時の目標

　グループで粘土になりきって作りたいものを即興的に踊ることができる。

評価のポイント

　グループで作りたいもの（テーマ）を決めて、ひと流れの動きで即興的に踊ることを楽しむことができたか。

週案記入例

[目標]
イメージしたことを4人組で即興的な動きにして楽しむ。

[活動]
4人組でテーマを決めて即興的にひと流れの動きで踊る。

[評価]
4人組で、即興的な動きを楽しむことができたか。

[指導上の留意点]
教師の言葉かけにより、4人組でひと流れの即興的な動きを繰り返し行うことを指導の重点とする。

本時の展開

	時	子供の活動
はじめ	3分	**集合・あいさつ** ○4人グループで整列する。 ○本時の学習の内容を知る。
準備運動	5分	**本時の運動につながる準備運動をする** ○軽快なリズムに合わせて全身を弾ませて、心と体を解き放す。 ○ペアや4人組で一緒にリズムに乗って踊ったり、変化を付けたりして楽しく踊る。
表現運動①	15分	**4人組で「○○づくり」をする** ○教師の言葉かけで、4人組で粘土になりきって即興的に踊る仕方を動きながら知る。 　→ひと流れの動きができるように言葉かけをする。**1** ○同じテーマで作り方を工夫してよりダイナミックな動きになるように即興的に踊る。 　→ダイナミックな動きにするポイントとして「スピード」「空間」「パワー」の観点で、グループ同士の見合いによって子供に気付かせて価値付ける。**2**
表現運動②	15分	**グループで作りたいものを決めて粘土づくりをする** ○4人組で「○○づくり」を題材に粘土で作りたいものをテーマとして決める。 　→テーマが決まらないグループには、イメージバスケットから選択させる。**3** ○「はじめのポーズ」から各部品を作る分担をし、「完成のポーズ」まで、ひと流れの即興的な動きを工夫する。 ○見合いながらみんなで即興的に踊る。
整理運動	2分	**手足をゆっくり動かし、体をほぐす**
まとめ	3分	**本時の学習の振り返りをする** ○一人一人ができるようになったことを振り返る。 ○友達のよい動き、よい考えを紹介する。 ○次時の学習について確認する。

7 浮く・泳ぐ運動

8 体ほぐしの運動・多様な動きをつくる運動

9 小型ハードル走

10 表現（粘土づくり）

11 ネット型ゲーム（ソフトバレーボール）

12 跳び箱運動

1 教師主導で4人組で動く言葉かけの例

「ボーリング」づくり

※前半は一人一人が粘土のかたまりになりきって、「スピード」「空間」「パワー」の視点で、変化と起伏をつけた即興的な動きになるように言葉かけをする。

※倒れたピンや跳ね上がったピンなど一人一人がイメージした粘土づくりを動きにさせる。

2 ダイナミックな動きにするためのポイント

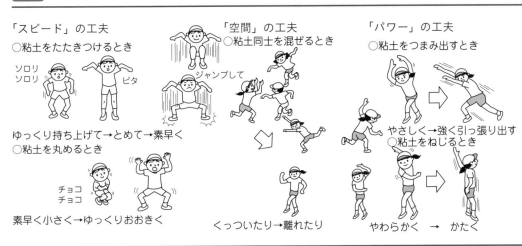

「スピード」の工夫

○粘土をたたきつけるとき

ソロリ ソロリ　　ピタ

ゆっくり持ち上げて→とめて→素早く

○粘土を丸めるとき

チョコ チョコ

素早く小さく→ゆっくりおおきく

「空間」の工夫

○粘土同士を混ぜるとき

ジャンプして

くっついたり→離れたり

「パワー」の工夫

○粘土をつまみ出すとき

やさしく→強く引っ張り出す

○粘土をねじるとき

やわらかく　→　かたく

3 イメージバスケット

グループで粘土づくりしたいものは何？

ねんどで「○○づくり」イメージバスケット

ありの行列	みかんと皮	運動会	ヘビ
新幹線	ロボット	自転車	飛行機
花とチョウ	サーフィン	カレーライス	雪合戦
桜の木	家	桃太郎	宇宙

※教師が考えたものや子供たちがイメージしたテーマを模造紙に書き出し、掲示する。

粘土で「○○づくり」作品づくり

本時の目標

グループで「はじめ」と「おわり」を考えた簡単な作品づくりができる。

評価のポイント

グループでテーマを選び、誇張したり変化をつけたりしてメリハリのある作品をつくることができたか。

週案記入例

[目標]
グループで工夫して作品づくりができる。

[活動]
変化のある場面をつなげてメリハリのあるひと流れの動きを感じを込めて踊る。

[評価]
グループで協力して、工夫した動きをもとに作品づくりができたか。

[指導上の留意点]
メリハリのあるダイナミックな動きにするための視点をもとに作品づくりができるようにする。

本時の展開

	時	子供の活動
はじめ	3分	**集合・あいさつ** ○4人グループで整列する。 ○本時の学習の内容を知る。
準備運動	5分	**本時の運動につながる準備運動をする** ○軽快なリズムに合わせて全身を弾ませて、心と体を解き放す。 ○ペアや4人組で一緒にリズムに乗って踊ったり、変化をつけたりして楽しく踊る。
表現運動①	15分	**粘土「○○づくり」をする** ○テーマを決めて、「作りはじめ」「粘土づくり」「完成」の場面を誇張したり、変化を付けたりしたメリハリのある動きを考える。 →即興的に動きながら創作するように指導する。 **1** →1分程度のBGMを編集し、ループして流すことで、作品づくりの時間的な長さや雰囲気など環境をつくる。
表現運動②	15分	**ペアグループで見合い、称賛やアドバイスし合う** ○テーマをグループ全員で言ってから「はじまりのポーズ」をつくり、最後「できあがり」でストップするまでを見せ合う。 →評価し合う視点として「スピード」「空間」「パワー」「表情」を明確にし、視点に沿った称賛やアドバイスができるようにする。 **2** ○ペアグループのよい動きやアドバイスを受けて作品づくりをする。 ○全体を半分に分けて発表し合う。
整理運動	2分	**手足をゆっくり動かし、体をほぐす**
まとめ	3分	**本時の学習の振り返りをする** ○一人一人ができるようになったことを振り返る。 ○友達のよい動き、よい考えを紹介する。 ○次時の学習について確認する。

7 浮く・泳ぐ運動

8 体ほぐしの運動・多様な動きをつくる運動

9 小型ハードル走

10 表現（粘土づくり）

11 ネット型ゲーム（ソフトバレーボール）

12 跳び箱運動

1 即興的に動きながら作品づくり

テーマ「花とチョウ」 構想

はじめ

作り始め

全員でで粘土のかたまりをほぐすように
・伸ばす
・切り離す
・丸める
・また、かためる
「空間」「スピード」を工夫する
これを強調するように繰り返す

粘土作り

一人一人が
・自分のイメージするものの形にするために粘土を丸めたり、たたいたりして、粘土をほぐす
・形をはっきりするように、部分をつまみ引っ張り出す
「パワー」「スピード」を工夫する
・だんだん形になっていく

おわり

完成

花に群がるチョウが、生き生きととび回るように
・一人一人が躍動的に
・感じを込めて
・その瞬間をイメージして
・ストップして完成！

①ポーズ ②伸ばす

④切り離す ③丸める

⑤また、固める

⑥一人一人で……

⑦形作るようにつまみ出す

⑨完成！

※約1分のBGMを編集しループで流しておく

※構想は図にしたりして活用していくが、初めから使うのではなく動きながら構想をつかみ記録していく。

2 ペアグループで見合い、称賛やアドバイスし合う

みんなで粘土を強弱付けてたたきつけているところが、強調されていてよかった

くっついたり、離れたりするときにもっと空間を使ったらどうかな？

つまみ出すときに柔らかくしたり、激しくしたりするとメリハリがつくよ

Aさんの表情が今にも花から飛び立つように感じたよ

※「スピード」「空間」「パワー」「表情」の視点で、称賛やアドバイスができるようにする。

本時案

粘土で「○○づくり」ミニ発表会

本時の目標

グループで創作した簡単な作品を発表することができる。

評価のポイント

スピードや空間など、表したい感じや様子にふさわしい動きで踊れていたか見合い、よさを伝え合うことができたか。

週案記入例

[目標]
動きのよさを捉え、伝え合うことができたか。

[活動]
創作した簡単な作品を見合い、よさを伝え合う。

[評価]
メリハリをつけた動きに対してどのような工夫ができていたのか見付けることができたか。

[指導上の留意点]
ミニ発表会を通して、それぞれの動きのよさを見付けられるように視点を明らかにしておく。

本時の展開

	時	子供の活動
はじめ	3分	**集合・あいさつ** ○4人グループで整列する。 ○本時の学習の内容を知る。
準備運動	5分	**本時の運動につながる準備運動をする** ○軽快なリズムに合わせて全身を弾ませて、心と体を解き放つ。 ○ペアや4人組で一緒にリズムに乗って踊ったり、変化を付けたりして楽しく踊る。
表現運動①	15分	**ミニ作品の発表に向けて練習する** **1** ○前の時間に作った簡単な作品を動きながらグループの仲間と確認する。 　→称賛されたところやアドバイスされたこと、ペアグループの動きのよさなどを取り入れながら即興的な動きで作品を完成できるように声掛けをする。
表現運動②	15分	**粘土で「○○づくり」ミニ発表会をする** **2** ○ミニ発表会のやり方を知る。 　→発表の順番はあらかじめ決めておく。 ○自分たちのテーマ、簡単な見どころを話してから、「初めのポーズ」から「完成のポーズ」まで、発表する。 　→表現運動は、イメージしたことを動きで表す運動であり、形態模写やジェスチャー、演劇ではないので初めに、テーマを伝えるようにする。 　→約1分間に編集したBGMを流し、表現できる環境を支援する。 ○ほかのグループの動きのよさなど感想を伝え合う。
整理運動	2分	**手足をゆっくり動かし、体をほぐす**
まとめ	3分	**本時の学習の振り返りをする** ○一人一人ができるようになったことを振り返る。 ○友達のよい動き、よい考えを紹介する。 ○単元の振り返りを行う。

1 ミニ作品に向けて練習する。

アドバイスされた「空間」を工夫改善した例

Before   after

※「空間」の使い方が狭かったことを修正し、広く、さらに高さの変化を付けた動きに改善することができた。

ペアグループのよさを取り入れて工夫改善した例

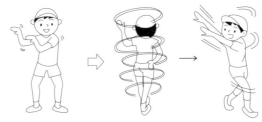

Before   after

※つまみ出す動きが柔らかいだけで単調だったところを柔らかくつまみ出したところからためを作って、体の回転を使って極限まで伸ばす動きの工夫ができた。

2 ミニ発表会をしよう

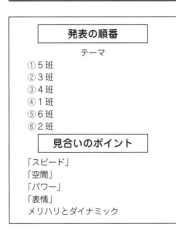

発表の順番
テーマ
①5班
②3班
③4班
④1班
⑤6班
⑥2班
見合いのポイント
「スピード」
「空間」
「パワー」
「表情」
メリハリとダイナミック

「表現（粘土づくり）」学習カード＆資料

本カードは第1時から第5時まで、単元全体を通して使用する。表現運動の「粘土づくり」において、「知識及び技能」「思考力、判断力、表現力等」「主体的に学習に取り組む態度」を振り返り、自己評価することで変容を見取るためのカードである。動きを工夫したことや友達の動きのよさやアドバイスしたことされたことを自由記述させ、単元のねらいに迫る。

収録資料活用のポイント

①使い方

　子供一人一人に板目紙を配り、「学習カード」を毎時間、重ねて貼っていく。裏には、学習資料として「表現運動の動きを高めるポイント」を貼るようにする。第1時〜3時までは①を第4、5時は②を使用する。授業前にめあてを記述し、授業後に振り返りを書くように指導する。

②留意点

　本カードは、スタートフリーかつゴールフリーの学習である表現運動の特性を考慮し、何をイメージしたのか（テーマ）それをどのような即興的な動きにしたのかを自由記述させる。また、見合う場の設定することで、友達やグループの動きのよさに気付いたことやアドバイスされたこと、したこと、また、動きを高める3つの視点をもとに自分の考えを書くことで汎用性のある力の育成を図る。

💿 学習カード 3-10-1

💿 学習カード 3-10-2

表げん運動の動きを高めるポイント

3年 　　　 組 　　　 番 　名前（　　　　　　　　　　　　）

○「ねんどづくり」でものをつくることをイメージして、「ねんど」になりきろう！

> 表げん運動は「イメージしたこと」（心）を「動きで表す」（体）運動

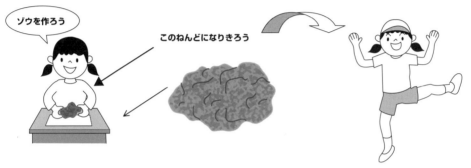

ゾウを作ろう

このねんどになりきろう

ねんどづくりをしたことを思いうかべて（イメージ）　→　動きで表す

○「テーマ」を決めよう！

テーマによって作り方やしつのちがいがあるよ。

「ショベルカー」のイメージは………［　　　　　　　　　　　　　　　　］

「ソフトクリーム」のイメージは……［　　　　　　　　　　　　　　　　］

「ワニ」のイメージは………………［　　　　　　　　　　　　　　　　］

○動きにメリハリをつけたり、ダイナミックにしたりするためのポイント！

どんな工ふうをしたらよいかな？　考えてみよう！

スピード	空間	パワー

7 浮く・泳ぐ運動

8 体ほぐしの運動・多様な動きをつくる運動

9 小型ハードル走

10 表現（粘土づくり）

11 ネット型ゲーム（ソフトバレーボール）

12 跳び箱運動

11 ネット型ゲーム（ソフトバレーボール）

6 時間

【単元計画】

1時	2・3時
【第一段階】 ソフトバレーボールの仕方を知り、ゲームを楽しむ。	
ソフトバレーボールの学習内容を知り、規則を守って、楽しくゲームをしよう。	ソフトバレーボールをより楽しく行えるように、よりよい規則を考えよう。
1　ソフトバレーボールのやり方を知ろう POINT：ソフトバレーボールの基本的な動きや規則などを理解し、ゲームを楽しむ。	**2・3　よりよい規則を考えよう** POINT：より楽しく行うために規則を工夫し、ゲームを楽しむ。
【主な学習活動】 ○単元の見通しをもつ ○あいさつ・学習内容の確認 ○準備運動・ボール慣れ・場の準備 ○試しのゲーム ○やさしいミニゲーム ○後片付け・整理運動 ○まとめ 　①今日の学習について振り返る。 　②楽しかったことなどを発表し合う。	**【主な学習活動】** ○あいさつ・学習内容の確認 ○準備運動・ボール慣れ・場の準備 ○やさしいミニゲーム ○試しのゲーム ○後片付け・整理運動 ○まとめ 　①今日の学習について振り返る。 　②規則の工夫について話し合う。

授業改善のポイント

主体的・対話的で深い学びの実践に向けて

　子供たちが、これからも主体的に学び続けることができるようにするために、次の点が授業改善のポイントとなる。

①ソフトバレーボールについての課題の解決に向けて、子供が他者との対話を通して、自己の思考を広げたり深めたりするなどの対話的な学びを促すこと。

②それらの学びの過程を通して、自己の学習課題を見付け、解決に向けて試行錯誤を重ねながら、思考を深め、よりよく解決するなどの深い学びを促すこと。

　ソフトバレーボールでは、友達と協力してゲームを楽しくする工夫や楽しいゲームを作り上げることが、子供にとって重要な課題となる。基本的なボール操作とボールを持たないときの動きを身に付け、ゲームを一層楽しめるようにすることや公正に行動する態度、特に勝敗をめぐって正しい態度や行動がとれるようにすることを、バランスよく育むことが大切である。

7	浮く・泳ぐ運動
8	体ほぐしの運動・多様な動きをつくる運動
9	小型ハードル走
10	表現（粘土づくり）
11	ネット型ゲーム（ソフトバレーボール）
12	跳び箱運動

単元の目標

○知識及び技能

・ラリーを続けたり、パスをつないだりして、ゲームを楽しく行うことができる。

○思考力、判断力、表現力等

・規則を工夫したり、簡単な作戦を選んだりするとともに、考えたことを友達に伝えることができる。

○学びに向かう力、人間性等

・運動に進んで取り組み、規則を守り仲よく運動したり、勝敗を受け入れたり、友達の考えを認めたり、場や用具の安全に気を付けたりすることができる。

4時	5・6時
【第二段階】 ソフトバレーボールの攻め方に合った作戦を考え、ゲームを楽しむ。	
ソフトバレーボールの攻め方を知り、簡単な作戦を立て、楽しくゲームをしよう。	簡単な作戦を選んだり、考えたことを友達に伝えたりして、楽しくゲームをしよう。
4　ソフトバレーボールの攻め方を知ろう POINT：攻め方を知り、攻め方に合った作戦を立て、ゲームを楽しむ。 【主な学習活動】 ○あいさつ・学習内容の確認 ○準備運動・ボール慣れ・場の準備 ○チームの時間 　①ソフトバレーボールの攻め方を知る。 　②攻め方に合った作戦を立てて、ミニゲーム。 ○ゲーム・パワーアップタイム ○後片付け・整理運動 ○まとめ 　①今日の学習について振り返る。 　②攻め方に合った作戦について話し合う	**5・6　攻め方に合った作戦を考え、ゲームしよう** POINT：簡単な作戦を選び、課題の解決のために考えたことを友達に伝え、ゲームを楽しむ。 【主な学習活動】 ○あいさつ・学習内容の確認 ○準備運動・ボール慣れ・場の準備 ○チームの時間 　①チームの作戦を選ぶ。 　②考えを友達に伝えながら、ミニゲーム。 ○ゲーム・パワーアップタイム ○後片付け・整理運動 ○まとめ（単元の振り返りを行う） 　①今日の学習について振り返る。 　②チームの作戦について話し合う。

子供への配慮の例

①運動が苦手な子供への配慮の例

・ボールを片手、両手もしくは用具を使ってはじいたり、打ち付けたりすることが苦手な子供には、飛んできたボールをキャッチして打つことを認めるなどの配慮をする。

・ボールの落下点やボールを操作しやすい位置に移動したりすることが苦手な子供には、プレイできるバウンド数を多くしたり、飛んできたボールをキャッチしてラリーを継続したりするなどの配慮をする。

②運動に意欲的でない子供への配慮の例

・学習の仕方が分からない子供には、取組の手順を掲示物で確認できるようにする。

・場や規則が難しいと感じ、意欲的に取り組めない子供には、イラスト等を用いて説明したり、易しい規則に変更したりする。

・ゲームに参加している実感がなく、楽しさを味わえない子供には、チームの人数を少なくして、役割を明確にしたり触球回数を増やせるようにしたりする。

・友達と仲良くゲームに取り組めない子供には、相手や味方同士で挨拶や握手を交わしたり、よいプレイや取組を称賛したりする。

本時案

ソフトバレーボールを みんなでやってみよう

本時の目標

ソフトバレーボールのやり方を知り、友達と共に楽しくゲームを行うことができる。

評価のポイント

ソフトバレーボールの基本的な動きやボール操作、規則などを理解する。

週案記入例

[目標]
学習内容を知り、楽しくゲームを行う。

[活動]
ソフトバレーボールのやり方を知り、試しのゲームや易しいミニゲームを行う。

[評価]
ソフトバレーボールのやり方を知り、友達と共に楽しくゲームを行うことができたか。

[指導上の留意点]
安全に運動したり、友達と協力して行ったりするためのきまりや規則を確認し、意識させる。

本時の展開

	時	子供の活動
はじめ	2分	**集合・あいさつ・学習の見通しをもつ** ○チームごとに整列する。 ○今日の学習内容を知る。 ○学習の進め方を知る。
準備運動	5分	**主運動につながるよう使う部位を中心に運動する** **1** ○指先、手首、足首、足、肩などの運動をする。 ○ボールを使っての運動をする。
試しの ゲーム	18分	**試しのゲームを行う** **2** ①試しのゲームのやり方を知る。（コート・ボール・規則など） ②試しのゲームを行う。（7分×2ゲーム） 　・ゲームに出場するのは4人（ローテーション）
ミニゲーム	13分	**ミニゲームを行う** **3** ①試しのゲームを振り返り、困ったことや課題を共有する。 ②ミニゲームのやり方を知り、振り返ったことを意識しながらミニゲームに取り組む。 　・「つなげてアタックゲーム」（攻めと守りを分けて行う）
整理運動	2分	**運動で使った部位をゆったりとほぐす** ○特に手首、足首、肩を中心に行う。
まとめ	5分	⑴ **今日の学習について振り返り、学習カードに記入する** ①楽しく運動できたか。 ②友達と仲よく運動できたか。 ③安全に運動できたか。 ⑵ **楽しかったこと、友達のよかったことを発表し合う**

7

浮く・泳ぐ運動

8

体ほぐしの運動・多様な動きをつくる運動

9

小型ハードル走

10

表現（粘土づくり）

11

ネット型ゲーム（ソフトバレーボール）

12

跳び箱運動

1 ボールを使った準備運動の例

（1人）直上パス　　　　（1人）バウンドキャッチ　　　　（ペアで）対人パス

2 試しのゲームの方法例

○コート：バドミントンコート（ネットの高さも同じ）
○ボール：ビニール製※最初はできるだけ軽いものがよい。
○チーム人数：コート内に入るのは４人（人数が多い場合はローテーション）
○ゲーム時間：１ゲーム７分間
○ゲームの始め方：サービスラインより後ろから、相手コートに投げ入れる
○得点：ボールが相手コート内に付くか、最後に相手チームが触ったボールがコート外に触れると、１点。得点ごとにローテーション
○勝敗：７分間で多く得点した方が勝ち

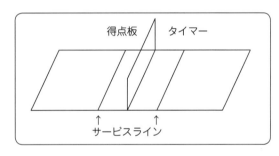

3 ミニゲームの目的

子供は、試しのゲームを通して、ソフトバレーボールという新しい運動を経験し、得点する喜びと思い通りにできない悔しさの両方を味わうだろう。そこで、攻めと守りを分離したやさしいミニゲーム「つなげてアタックゲーム」を行い、チームでボールをつなげて得点することの楽しさを味わわせたい。その際、子供に対し、試しのゲームで得た課題を意識しながら行うよう促す。

「つなげてアタックゲーム」の方法例
○コート・ボール：試しのゲームと同じ。
○チーム人数：攻める時は４人。守る時は３人。（ローテーション）
○ゲーム時間：１ゲーム５分間。（攻め…２分30秒、守り…２分30秒）
○ゲームの始め方：守る側がサービスライン後方から相手コートに投げ入れる。
○得点：ボールが守り側コート内に付くと、攻めチームに１得点が入る。
○勝敗：先攻・後攻共に行い、２分30秒間に得点した点数の多かった方が勝ち。

本時案

より楽しくゲームが
行えるように工夫しよう①

本時の目標

　ソフトバレーボールをみんなでより楽しく行うために、ゲームのやり方を工夫することができる。

評価のポイント

　ソフトバレーボールのゲームをより楽しく行えるように、試しのゲームの規則の工夫をしている。

週案記入例

[目標]
よりよい規則を選び、より楽しくゲームを行う。

[活動]
ミニゲームや試しのゲームを行う。

[評価]
よりよい規則を選び、より楽しくゲームを行うことができたか。

[指導上の留意点]
選択肢を提示するなど、規則の工夫ができるように支援する。

本時の展開

	時	子供の活動
はじめ	2分	**集合・あいさつ** ○チームごとに整列する。 ○今日の学習内容を知る。 ○学習の進め方を知る。
準備運動	5分	**主運動につながるよう使う部位を中心に運動する** ○指先、手首、足首、足、肩などの運動をする。 ○ボールを使っての運動をする。
ミニゲーム	13分	**ミニゲームを行う** ■1 ①前時の課題やパスをつなげるためのポイントを確認する。 ②ミニゲームのやり方を知り、課題を意識しながらミニゲームに取り組む。 　・サークルパスゲーム、ラリーパスゲーム
試しのゲーム	18分	**試しのゲームを行う** ①試しのゲームの規則を確認し、よりよい方法を意識する。 ②試しのゲームを行う。（7分×2ゲーム） 　・ゲームに出場するのは4人（ローテーション）
整理運動	2分	**運動で使った部位をゆったりとほぐす** ○特に手首、足首、肩を中心に行う。
まとめ	5分	**(1) 今日の学習について振り返り、学習カードに記入する** ①楽しく運動できたか。 ②友達と仲よく運動できたか。 ③安全に運動できたか。 **(2) 変更または付け足しをする規則について話し合う** ■2

1 ミニゲームの例

落とさずに何回続けられるかな

チームで協力して、ネットをはさんで何回できるかな

サークルパスゲーム　　　　　　　　　　　　　　ラリーパスゲーム

2 ゲームの規則の工夫に関する例

【はじめの規則】
①相手コートに返球する時以外はボールをキャッチしてもよい。
②ボールが相手コート内に付くか、最後に相手が触ったボールがコート外に付いたら1得点。
③自陣でパスをつなぎ、4回以内で返球する。
④ゲーム開始時（サービス）は、サービスラインより後ろから相手コートに投げ入れる。
⑤ネットに触ったり、相手コートに入ったりしてはいけない。

【工夫した規則】
①2打目だけキャッチしてもよい（1秒間）。それ以外はすべてはじく。
②床に1回付いてもよい。2回バウンドしたら相手の得点。バウンドなしで捕球・返球し、得点した時は2点。
③自陣で3回つないで返球し、得点した時は3点。
④サービスは、サービスラインより後ろから打つ。
⑤反則をした時は、相手チームに1得点が入る。

○はじめの規則
➡ねらった学習ができるように。
・ラリーが続く楽しさ（①）
・身に付けさせたい学習内容（②）
・子供の実態（③・④）
・安全面（上記の規則⑤）

○規則の工夫
➡ゲームをより楽しくするために。

※意見を出し合う際、どうしてその規則を変更（付け足し）するのかという理由を大切にする。また、ボールをつなぐことに関連した意見を認め、みんなで規則を考える。

7 浮く・泳ぐ運動

8 体ほぐしの運動・多様な動きをつくる運動

9 小型ハードル走

10 表現（粘土づくり）

11 ネット型ゲーム（ソフトバレーボール）

12 跳び箱運動

本時案

より楽しくゲームが 行えるように工夫しよう②

本時の目標

　ソフトバレーボールをみんなでより楽しく行うために、ゲームのやり方を工夫することができる。

評価のポイント

　ソフトバレーボールのゲームをより楽しく行えるように、試しのゲームのよりよい規則を選び、工夫をしている。

週案記入例

【目標】
よりよい規則を選び、より楽しくゲームを行う。

【活動】
ミニゲームや試しのゲームを行う。

【評価】
よりよい規則を選び、より楽しくゲームを行うことができたか。

【指導上の留意点】
選択肢を提示するなど、規則の工夫ができるように支援する。

本時の展開

	時	子供の活動
はじめ	2分	**集合・あいさつ** ○チームごとに整列する。 ○今日の学習内容を知る。 ○学習の進め方を知る。
準備運動	5分	**主運動につながるよう使う部位を中心に運動する** ○指先、手首、足首、足、肩などの運動をする。 ○ボールを使っての運動をする。
ミニゲーム	13分	**ミニゲームを行う　1** ①前時の課題やパスをつなげるためのポイントを確認する。 ②ミニゲームのやり方を知り、課題を意識しながらミニゲームに取り組む。 　・サークルパスゲーム、ラリーパスゲーム
試しの ゲーム	18分	**試しのゲームを行う　2** ①試しのゲームの規則を確認し、よりよい方法を意識する。 ②試しのゲームを行う。（7分×2ゲーム） 　・ゲームに出場するのは4人（ローテーション）
整理運動	2分	**運動で使った部位をゆったりとほぐす** ○特に手首、足首、肩を中心に行う。
まとめ	5分	(1)**今日の学習について振り返り、学習カードに記入する** 　①楽しく運動できたか。 　②友達と仲よく運動できたか。 　③安全に運動できたか。 (2)**変更または付け足しをする規則について話し合う**

1 パスやラリーを続けるためのポイント

○基本的なボール操作

（両手での操作を意識させるが、場合によっては片手も可とする。）

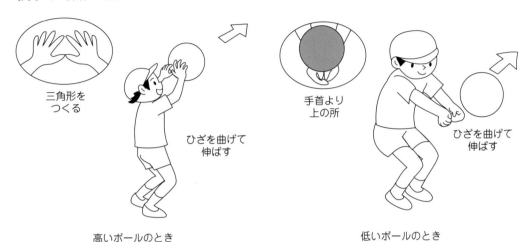

三角形を
つくる

ひざを曲げて
伸ばす

高いボールのとき

手首より
上の所

ひざを曲げて
伸ばす

低いボールのとき

○ボール操作をしていないとき

・ボールの方向にすばやく体を向ける。
・ボールの落下点やボールを操作しやすい位置にすばやく移動する。

2 掲示資料の例

○主な掲示物

・はじめの規則（工夫した規則が書き加えられるようなもの）
・技能ポイント（サービスやパスなどの仕方をイラストで提示したもの）
・対戦表（第○試合目、コート、対戦相手が分かるもの）
・いいね word 集（子供の発言や学習カードに記した文を抜粋したもの）

○１時間の学習の流れの例

```
1．あいさつ
2．学習内容の確認
3．準備運動・場の準備
4．ミニゲーム（チームの時間）
5．ゲーム①
6．パワーアップタイム
　（チームごとに行う）
7．ゲーム②・ゲーム③
8．場の片付け・整理運動
9．学習の振り返り
10．あいさつ
```

○いいね word 集の例

```
・「ナイス！」
・「ドンマイ！」
・「今の動きいいよ」
・「いいパスだよ」
・「○○さんが大声で呼んでくれたからパ
　スしやすかった」
・「○○さんと○○さんが、ボールにすば
　やく反応していてよかった」
・「○○さんがボールをとるときに低くか
　まえていたから、まねしてみたらうま
　くできた」
```

7 浮く・泳ぐ運動

8 体ほぐしの運動・多様な動きをつくる運動

9 小型ハードル走

10 表現（粘土づくり）

11 ネット型ゲーム（ソフトバレーボール）

12 跳び箱運動

本時案

チームで作戦を立てて
ゲームを楽しもう①

4/6

本時の目標

ソフトバレーボールの攻め方を知り、攻め方に合った作戦を立て、楽しくゲームをすることができる。

評価のポイント

ソフトバレーボールの攻め方を知り、それができるようにするための作戦を考える。

<table>
<tr><td colspan="2" align="center">週案記入例</td></tr>
<tr><td colspan="2">

[目標]
ソフトバレーボールの攻め方を知り、簡単な作戦を立て、楽しくゲームを行う。

[活動]
ソフトバレーボールの攻め方に合った作戦を立て、ゲームを行う。

[評価]
ソフトバレーボールの攻め方にあった作戦を立てようとしていたか。

[指導上の留意点]
ソフトバレーボールの攻め方にあった作戦が選べるように支援する。

</td></tr>
</table>

本時の展開

	時	子供の活動
はじめ	2分	**集合・あいさつ** ○チームごとに整列する。 ○今日の学習内容を知る。
準備運動	5分	**主運動につながるよう使う部位を中心に運動する** ○チームごとに使う部位の運動をする。 ○ボールを使っての運動をする。
チームの時間	10分	**ソフトバレーボールの攻め方に合った作戦を立てる** **1** ①ソフトバレーボールの攻め方を知る。 ②ソフトバレーボールの攻め方に合った作戦を立て、ミニゲームを行う。 ・ラリーパスゲーム、レシーブ＆キャッチゲーム、アタックゲーム
ゲーム（パワーアップタイム含む）	21分	**ゲームを行う（3ゲーム）** **2** ・ゲーム①（5分） ・パワーアップタイム（4分） ・ゲーム②（5分） ・ゲーム③（5分）
整理運動	2分	**運動で使った部位をゆったりとほぐす** ○特に手首、足首、肩を中心に行う。
まとめ	5分	**(1) 今日の学習について振り返り、学習カードに記入する** ①楽しく運動できたか。 ②友達と仲よく運動できたか。 ③作戦を意識して運動できたか。 **(2) 攻め方に合った作戦について話し合う**

1 ソフトバレーボールの攻め方の例

○前衛にボールを運ぶ意識を高める（主にレシーブに関する攻め方の例）

1打目のときに前衛にパスをつなげると、攻めやすくなる。

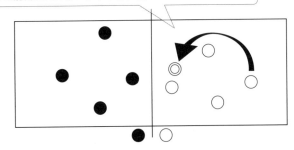

○ … 自チーム
● … 相手チーム
◎ … ボール
↰ … ボールの動き

○ネット近くから返球する意識を高める（主にトスに関する攻め方の例）

2打目のときにネット近くにパスをつなげると、返球しやすくなる。

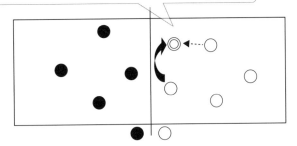

○ … 自チーム
● … 相手チーム
◎ … ボール
↰ … ボールの動き
▼ … 人の動き

○相手のいないところに返球する意識を高める（主にアタックに関する攻め方の例）

返球するとき（3打目）に相手のいないところに返球するとよい。

○ … 自チーム
● … 相手チーム
◎ … ボール
↰ … ボールの動き

2 ゲームの進め方の例

○ゲームを3回行う場合

 ゲーム①
5分間

移動

パワーアップタイム
4分間

 ゲーム②
5分間

移動

ゲーム③
5分間

※ゲーム数や時間に関しては、子供の実態やコート数などに応じて柔軟に対応する。

本時案

チームで作戦を立てて ⑤/⑥
ゲームを楽しもう②

本時の目標

ソフトバレーボールの攻め方に合った作戦を選んだり、考えたことを友達に伝えたりして、楽しくゲームをすることができる。

評価のポイント

簡単な作戦を選び、課題の解決のために考えたことを友達に伝える。

本時の展開

	時	子供の活動
はじめ	2分	**集合・あいさつ** ○チームごとに整列する。 ○今日の学習内容を知る。
準備運動	5分	**主運動につながるよう使う部位を中心に運動する** ○チームごとに使う部位の運動をする。 ○ボールを使っての運動をする。
チームの時間	10分	**チームの作戦を選び、課題の解決を意識してミニゲームを行う** ①チームの作戦を選ぶ。 **1** ②課題の解決のために考えたことを友達に伝えながらミニゲームを行う。 ・ラリーパスゲーム、レシーブ＆キャッチゲーム、アタックゲーム
ゲーム（パワーアップタイム含む）	21分	**ゲームを行う（3ゲーム） 2** ・ゲーム①（5分） ・パワーアップタイム（4分） ・ゲーム②（5分） ・ゲーム③（5分）
整理運動	2分	**運動で使った部位をゆったりとほぐす** ○特に手首、足首、肩を中心に行う。
まとめ	5分	**(1) 今日の学習について振り返り、学習カードに記入する** ①楽しく運動できたか。 **3** ②友達と仲よく運動できたか。 ③作戦を意識して運動できたか。 **(2) チームの作戦について話し合う**

7

浮く・泳ぐ運動

8

体ほぐしの運動・多様な動きをつくる運動

9

小型ハードル走

10

表現（粘土づくり）

11

ネット型ゲーム（ソフトバレーボール）

12

跳び箱運動

1 簡単な作戦の例

○はじめは、めあてに迫る作戦を先生が準備し、その中から子供が選ぶようにする。作戦の立て方について子供の理解が深まってきたら、自分たちで作戦を立てるようにする。

ひざ曲げ作戦	へそ向け作戦	にぎにぎ作戦
低いボールがきたときでもすばやく反応できるように、ひざを曲げて腰を低く落として構えよう。	どんなボールがきてもすばやく動けるように、常にボールの方におへそを向けよう。	ねらったところにパスできるように、手をにぎって構え、できるだけ両手でレシーブしよう。
呼びかけ作戦	山なり作戦	たかトス作戦
ねらったところにパスできるように、パスする人の方に体を向けて、相手の名前を呼んでパスしよう。	次の人がボールの下に入りやすいように、できるだけコートの真ん中に山なりのボールを上げよう。	アタックする人が打ちやすいように、ネットの近くに高めにトスを上げよう。

※子供の実態に合わせて柔軟に作戦例を準備し、提示する。また、子供の様子を見て、作戦を追加したり、修正したりする。

※子供の運動の様子や話合いの様子から、成功した作戦や個人の動きのポイントを押さえ、学習の振り返りやパワーアップタイムのときに、それらのよさを学級全体で共有していくことが大切である。

2 ローテーションするときの動き方の例

○１チーム５人で、４人対４人でゲームを行う場合の例

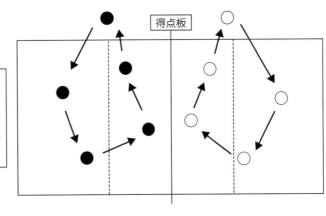

事前に動き方を決めておくとよい。
・両チームの得点ごとに１つずつずれる。
・得点したチームは、入った人がサービスを行う。
・コート外に出ている人が得点板を操作する。　　　　　　　　　　　　　　　　　など

得点板

3 チームの振り返りの例（まとめ）

○ミニゲームやゲームの結果を確認する。

○チームのめあて（作戦）はできたかどうか。その理由を話し合う。

○友達のよいプレーやよい言葉掛けは、どんなことがあったか。

○次はどういうことをめあて（作戦）にすればよいか。

※自分の考えを上手に伝えることができない子供には、必要に応じて支援する。

本時案

チームで作戦を立てて ゲームを楽しもう③

本時の目標

　ソフトバレーボールの攻め方に合った作戦を選んだり、考えたことを友達に伝えたりして、楽しくゲームをすることができる。

評価のポイント

　簡単な作戦を選んだり、課題の解決のために考えたことを友達に伝えたりして、ゲームを楽しむ。

週案記入例

[目標]
簡単な作戦を選んだり、考えたことを友達に伝えたりして、楽しくゲームを行う。

[活動]
自分の考えを友達と伝え合い、ゲームを行う。

[評価]
選んだ作戦を意識し、考えたことを友達に伝えて、ゲームを楽しんでいたか。

[指導上の留意点]
作戦を選んだり、考えたことを友達に伝えたりできるように支援する。

本時の展開

	時	子供の活動
はじめ	2分	**集合・あいさつ** ○チームごとに整列する。 ○今日の学習内容を知る。
準備運動	5分	**主運動につながるよう使う部位を中心に運動する** ○チームごとに使う部位の運動をする。 ○ボールを使っての運動をする。
チームの時間	10分	**チームの作戦を選び、学習課題の解決を意識してミニゲームを行う** 　①チームの作戦を選ぶ。 **1** 　②課題の解決のために考えたことを友達に伝えながらミニゲームを行う。 　　・ラリーパスゲーム、レシーブ＆キャッチゲーム、アタックゲーム
ゲーム（パワーアップタイム含む）	21分	**ゲームを行う（3ゲーム）** **2** 　・ゲーム①（5分） 　・パワーアップタイム（4分） 　・ゲーム②（5分） 　・ゲーム③（5分）
整理運動	2分	**運動で使った部位をゆったりとほぐす** ○特に手首、足首、肩を中心に行う。
まとめ	5分	**(1) 今日の学習について振り返り、学習カードに記入する** 　①楽しく運動できたか。 **3** 　②友達と仲よく運動できたか。 　③作戦を意識して運動できたか。 **(2) 単元を通して学んだこと、楽しかったことを話し合う**

1 ミニゲームの例

○簡単な作戦を選び、それを意識するためのミニゲームを選ぶよう促す。

レシーブ&キャッチゲーム

アタックゲーム

相手コートからサーブしたボールに対し、1打目にレシーブ、2打目にキャッチする活動。時間内に何回成功するかを得点化する。

自陣後方から投げ上げられたボールをトスし、相手コートにアタックする活動。時間内に何回成功するかを得点化する。

2 フォーメーションの例

○パスがつながりやすく、相手コートに返球しやすくなるように工夫する。

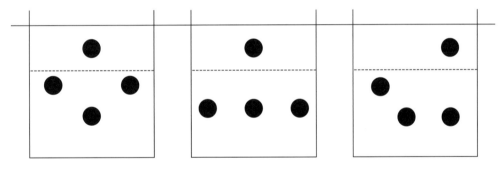

3 単元全体の学習の振り返りの例

○学習全体を振り返り、学んだことやよかったことなどを話し合う。
　（できるようになったこと、楽しかったこと、うれしかったことなど）
○先生から見て、学習全体の様子でよかったことなどを紹介する。
　（友達と考えを伝え合っていたこと、適した課題を選んでいたこと、協力して運動していたこと、個人でがんばっていたこと、子供同士では気付きにくいよさなど）

パスをつなげることを意識して、規則を工夫することができた

ボールの方へ体を向けて、すばやく動けるようになったね

7　浮く・泳ぐ運動

8　体ほぐしの運動・多様な動きをつくる運動

9　小型ハードル走

10　表現（粘土づくり）

11　ネット型ゲーム（ソフトバレーボール）

12　跳び箱運動

「ソフトバレーボール」学習カード＆資料

使用時 第1〜6時

本カードは、第1時から第6時まで、単元全体を通して使用する。学習カードは、毎時間のゲームの結果や運動に対する学びに向かう力、技能を見取るだけのものではなく、できるだけ思考・判断・表現等の変容を見取るものにしたい。また、記述欄に記入した内容から、学習の中で見付けた動きのよさやチームの課題等を見いだし、課題を修正・発展できるように配慮したい。

収録資料活用のポイント

①本カードの使い方

授業のはじめに本カードを子供たち全員に板目紙とセットで配布する。第1時から第3時は学習カード①を、第4時から第6時は学習カード②を使用する。板目の裏面には学習資料を貼り、技能の向上のために活用する。

②留意点

学習カード①は、ソフトバレーボールのはじめの規則の理解や工夫のために活用する。学習カード②は、作戦を選んだり、その作戦にした理由を確認したりすることに活用する。また、自分の考えの記述欄を設けることによって、子供は自分の考えを整理することができるので、配慮を要する子供には状況を見て個別対応する。

◎ 学習カード 3-11-1

◎ 学習カード 3-11-2

ゲーム　ネット型「ソフトバレーボール」

3年　　　組　　　番　名前（　　　　　　　　　　　　）

パスをつなげるポイント

高いボールのとき

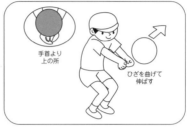

低いボールのとき

※　ボールそう作をしていないときは、ボールの方向にすばやく体を向けたり、ボールの落下点やボールをそう作しやすい
　　いちにすばやく動いたりする。

せめるときのパスのつなげ方のれい

(1) 　　　　**1打目に前の友だちにパスをつなげると、せめやすくなる。**

○ … 自チーム
● … 相手チーム
◎ … ボール
⌒ … ボールの動き

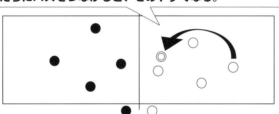

(2) 　　　　**2打目にネット近くにパスをつなげると、返球しやすくなる。**

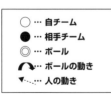

○ … 自チーム
● … 相手チーム
◎ … ボール
⌒ … ボールの動き
◄┈ … 人の動き

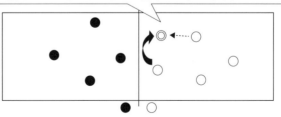

※　パスした友だちがとりやすいように、山なりのボールでつなげることを意しきする。
※　できるだけとんできたボールの正面にい動し、両手を使った方が、ねらったところにパスしやすい。

右側タブ：
7 浮く・泳ぐ運動
8 体ほぐしの運動・多様な動きをつくる運動
9 小型ハードル走
10 表現（粘土づくり）
11 ネット型ゲーム（ソフトバレーボール）
12 跳び箱運動

12 跳び箱運動

[5 時間]

【単元計画】

1 時	2 時	3 時
[第一段階] 学習の進め方を知り、取り組む技のポイントをつかむ。		
跳び箱運動の学習の進め方を知り、基本的な技に取り組む。	開脚跳びのポイントを知り、自分の課題に合った場で取り組む。	台上前転のポイントを知り、自分の課題に合った場で取り組む。
1　学習の進め方を知ろう POINT：授業を進める上での約束や、学習の進め方が理解できるようにする。	2　開脚跳びに取り組もう POINT：自分の課題に合った場で、開脚跳びに取り組むことができるようにする。	3　台上前転に取り組もう POINT：自分の課題に合った場で、台上前転に取り組むことができるようにする。
【主な学習活動】 ○単元の見通しをもつ ○集合・あいさつ ○めあての確認をする。 ○準備運動をする。 ○感覚づくりの運動に取り組む。 ○場の準備をする。 ○学習の仕方を知り今できる技を試す。 ○整理運動をする。 ○今日の学習を振り返り、次時の学習内容を知る。	【主な学習活動】 ○集合・あいさつ ○めあての確認をする。 ○準備運動をする。 ○感覚づくりの運動に取り組む。 ○場の準備をする。 ○開脚跳びのこつを見付ける。 ○自分の課題に合った場で取り組む。 ○整理運動をする。 ○今日の学習を振り返り、次時の学習内容を知る。	【主な学習活動】 ○集合・あいさつ ○めあての確認をする。 ○準備運動をする。 ○感覚づくりの運動に取り組む。 ○場の準備をする。 ○台上前転のこつを見付ける。 ○自分の課題に合った場で取り組む。 ○整理運動をする。 ○今日の学習を振り返り、次時の学習内容を知る。

授業改善のポイント

主体的・対話的で深い学びの実践に向けて

　跳び箱運動では、「助走から踏み切り」「着手」「着地」の 3 つが重要である。

①短い助走から、リズミカルに踏み切り板を両足で踏み切っているか。

②両手で跳び箱に着手して体重を支え、体を移動しているか。

③安全に衝撃を吸収して着地しているか。

　なお、自己の学習課題をもって対話から分かったことを友達に伝えることを重視した展開とする。

　これらを見合うために、 3 人組などのグループを作り、以下のような活動を通して、気付いたことを話し合いながら学習を進める。

・踏み切りの音が、「揃っているか」「大きさはどうか」のできばえを伝え合う。

・手の着く位置や着地する位置に目印を置くなどして、できばえを伝え合う。

・分かったことを言葉や連続図の絵の横に付箋を貼ったりして伝え合う。

　これらの活動の際、見る位置やポイントについて役割を決め、跳んだ直後に気付いたことを伝え合うようにする。運動する子供は、友達が教えてくれたことを次回の試技に生かすことができるよう、続けて 3 回試技を行う。

7	浮く・泳ぐ運動
8	体ほぐしの運動・多様な動きをつくる運動
9	小型ハードル走
10	表現（粘土づくり）
11	ネット型ゲーム（ソフトバレーボール）
12	跳び箱運動

単元の目標

○知識及び技能
・切り返し系や回転系の技の行い方を知るとともに、その技を身に付けることができる。

○思考力、判断力、表現力等
・自己の能力に適した課題を見付け、技ができるようになるための活動を工夫することができる。

○学びに向かう力、人間性等
・きまりを守り誰とでも仲よく運動をしたり、場や器械・器具の安全に気を付けたりすることができる。

4 時	5 時
[第二段階] **自分のめあての技について、できばえを高める。**	
開脚跳び、台上前転それぞれについて、自分の課題に合った場で取り組む。	できるようになった技がさらにリズミカルで大きな技になるように取り組む。
4　自分の課題に取り組もう POINT：安全に十分配慮し、自分の課題に合った場で技ができるようにする。	**5　できばえをさらに高めよう** POINT：できるようになった技を使って、様々な場で運動ができるようにする。
【主な学習活動】 ○集合・あいさつ ○めあての確認をする。 ○準備運動をする。 ○感覚づくりの運動に取り組む。 ○場の準備をする。 ○自分の課題に合った場で取り組む。 　（前半：開脚跳び　後半：台上前転） ○整理運動をする。 ○今日の学習を振り返り、次時の学習内容を知る。	【主な学習活動】 ○集合・あいさつ ○めあての確認をする。 ○準備運動をする。 ○感覚づくりの運動に取り組む。 ○場の準備をする。 ○自分の力に合った場で取り組む。 ○できる技を使って様々な場で楽しむ。 ○整理運動をする。 ○今日の学習と、単元を通してよかったこと、楽しかったことについて、振り返る。

子供への配慮の例

①運動が苦手な子供

　開脚跳びが苦手な子供には、マット上に跳び箱を１段置くことにより、手を着いたり、跳び越したりしやすくして、踏み切り – 着手 – 着地までの動きが身に付くようにする。

　台上前転が苦手な子供には、マットを数枚重ねた場で前転したり、マット上にテープなどで跳び箱と同じ幅にラインを引いて、真っ直ぐ前転をしたりすることにより、腰を上げて回転する動きが身に付くようにする。

②意欲的でない子供

　技への恐怖から意欲的でない子供には、落ちても痛くないようにマットを敷くなど、場を工夫する。

　技への不安感から意欲的でない子供には、低学年で学習した運動遊びの場を設定するなどの配慮をする。

　技に繰り返し取り組もうとしない子供には、着地位置に着目させたり、ゲーム化した運動遊びにグループで取り組めるようにしたりする。

　友達とうまく関わって学習することができない子供には、教師がやる気を起こす言葉かけをする。

本時案

学習の進め方を知ろう

本時の目標

跳び箱運動の学習の進め方を知り、基本的な技に取り組むことができるようにする。

評価のポイント

授業を進める上で自分にできる技と安全のきまりや約束、学習の進め方が理解できたか。

本時の展開

	時	子供の活動
はじめ	5分	**集合・あいさつ** ○今日のめあてを確認する。 ○跳び箱運動の学習の進め方と学習資料の使い方を知る。
準備運動	7分	**使う部位を中心にほぐし、主運動につながる運動を行う** ○リズム太鼓に合わせて、首、手首、足首等の運動をする。 ○感覚づくりの運動に取り組む。**1**
オリエンテーション	28分	**今できる技に取り組む** 　○場の準備をする。**2** 　○グループ学習の仕方を知る。**3** 　○跳び箱運動で取り組む技とポイントを知る。 　○今できる技を試す。
整理運動	2分	**運動で使った部位をゆったりとほぐす** ○特に手首、足首を中心に動かす。
まとめ	3分	(1)**今日の学習について振り返り、学習カードに記入する** 　○学習の進め方が理解できたか。 　○今の自分のできばえを把握することができたか。 　○安全に気を付け、協力して運動できたか。 (2)**友達のよかったことを発表し合う** (3)**次時の学習内容を知る**

7

浮く・泳ぐ運動

8

体ほぐしの運動・多様な動きをつくる運動

9

小型ハードル走

10

表現（粘土づくり）

11

ネット型ゲーム（ソフトバレーボール）

12

跳び箱運動

1 感覚づくりの運動の例

主運動につながる基礎的・基本的な動きの感覚を、身に付けられるようにする。
サーキット形式などを取り入れ、毎時間楽しみながら取り組めるようにするとよい。

ケンパー遊び　　　動物歩き　　　かえるの足打ち　　　ウサギ跳び　　　馬跳び

手のつきはなしの感覚を
つくるために重点的に

2 場の準備

○跳び箱を置く場所をあらかじめ決めておく。左右前後の間隔をどれぐらい取るか伝える。
○マットや跳び箱などを持つ人数について、指導する。
○「持ちます」「運びます」「下ろします」の声を掛け合って運ぶ。
○器具や置く場所に目印を付けて、正確な位置に置くよう指導する。
　※１段目と２段目以下に分けて運ばせる。必ず両手で持つ習慣を身に付けるようにする。
　※滑り止めマットがあると、より安全である。

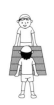   

3 グループ学習の仕方

跳び箱運動での約束
　○跳ぶ前に、同じグループの人に手を挙げて「ハイ」と言って合図をする。
　○跳び終わったら、安全を確認して（マットがずれていたら正しく直す）、手を挙げて次の順番の人に合図をする。
　○場を移動するときには、助走路やマットの上を横切らない。

グループでの見合い
　○見る場所を決めて、踏み切り、着手、着地などの観点をもって見る。跳び終わったら、必ずできばえをサインで示したり、気付いたことを伝えたりするようにする。
　○見て欲しいポイントを友達に伝え、それについてできばえやアドバイスをもらう。
　※見る場所の例
　　①踏み切り　②着手　③着地　④空中姿勢（正面から）

本時案

開脚跳びに
取り組もう

本時の目標

　開脚跳びのポイントを知り、自分の課題に
合った場で取り組み、友達とできばえを伝え合
いながら技ができるようにする。

評価のポイント

　開脚跳びのポイントを理解し、自分の課題に
合った場で取り組んでいたか。

<table>
<tr><td colspan="2">週案記入例</td></tr>
</table>

【目標】
開脚跳びのポイントを知り、自分の課題に合った場
で取り組む。

【活動】
技のポイントを知り、自分の課題に合った場で友
達と見合いながら開脚跳びを行う。

【評価】
自分の課題に合った場で取り組んでいたか。

【指導上の留意点】
自分の課題に合った場で練習できているか、進歩
の状況はどうか注意深く観察し、よりよくするポイ
ントなどを伝える。

本時の展開

	時	子供の活動
はじめ	5分	**集合・あいさつ** ○今日のめあてを確認する。 ○本時の学習の流れを確認する。
準備運動	7分	**使う部位を中心にほぐし、主運動につながる運動を行う** ○リズム太鼓に合わせて、首、手首、足首等の運動をする。 ○感覚づくりの運動に取り組む。
跳び箱運動	28分	**グループで開脚跳びに取り組む** 　①開脚跳びのポイントを知る。◀**1** 　②グループで開脚跳びに取り組み、お互いに見合いながら、よさや課題を 　　伝え合う。 　③発見したこつを発表する。◀**2** **自分の学習課題に合った場で取り組む** ○自分の課題に合った練習方法や練習の場を選んで、練習に取り組む。◀**3**
整理運動	2分	**運動で使った部位をゆったりとほぐす** ○特に手首、足首を中心に動かす。
まとめ	3分	**(1) 今日の学習について振り返り、学習カードに記入する** 　①開脚跳びの技のポイントが理解できたか。 　②自分のできばえや課題を把握することができたか。 　③安全に気を付け、協力して運動できたか。 **(2) 友達のよかったことを発表し合う** **(3) 次時の学習内容を知る**

7 浮く・泳ぐ運動

8 体ほぐしの運動・多様な動きをつくる運動

9 小型ハードル走

10 表現（粘土づくり）

11 ネット型ゲーム（ソフトバレーボール）

12 跳び箱運動

1 開脚跳びの技のポイント

①踏み切りを意識し、やや遠めから入る

②両手を前に出しながら強く両足で踏み切り、腰を高く上げる

③上体を前に投げ出すようにしてしっかりと手をつく

④前のめりになりながら両手で強くつき放す（目線は前方）

⑤目は前方を見て、ひざを曲げて安全に着地する

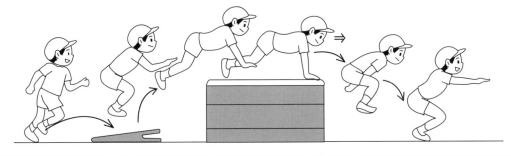

2 こつの共有

指導したポイントを基にしてグループで開脚跳びに取り組んだ際、自分が工夫した点や分からない点をお互いに伝え合う。また、各グループに次のような声を掛ける。

　上手にできた子供に対して→「どんなところに気を付けたの？」

　見ている子供に対して→「どんなところがよかった？」

　　　　　　　　　　　　「友達は、今どうしてできたのかな？」

集合した際、子供の言葉で発見したこつを発表させる。オノマトペなどを使った子供の言葉が、対話的な学習をさらに進めることへつながる。技のイラストに書き込み、体育館などへ掲示しておくと、子供が作成した教科書として、主体的な学習をさらに進めることにもなる。

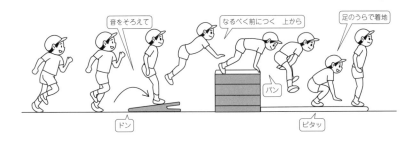

3 開脚跳びの練習の場

とび上がり・とび下り

またぎのり・またぎ下り

とび上がり・またぎ下り

本時案

台上前転に
取り組もう

本時の目標

台上前転の技のポイントを知り、自分の課題に合った場で取り組み、友達とできばえを伝え合いながら技ができるようにする。

評価のポイント

台上前転の技のポイントを理解し、自分の課題に合った場で台上前転に取り組んでいたか。

本時の展開

	時	子供の活動
はじめ	5分	**集合・あいさつ** ○今日のめあてを確認する。 ○本時の学習の流れを確認する。
準備運動	7分	**使う部位を中心にほぐし、主運動につながる運動を行う** ○リズム太鼓に合わせて、首、手首、足首等の運動をする。 ○感覚づくりの運動に取り組む。
跳び箱運動	28分	**グループで開脚跳びに取り組む** 　①台上前転の技のポイントを知る。**1** 　②グループで台上前転に取り組み、お互いに見合いながら、よさや課題を伝え合う。**2** 　③発見したこつを発表する。 **自分の学習課題に合った場で取り組む** ・自分の課題に合った練習方法や練習の場を選んで、練習に取り組む。**3**
整理運動	2分	**運動で使った部位をゆったりとほぐす** ・特に手首、足首を中心に動かす。
まとめ	3分	(1) **今日の学習について振り返り、学習カードに記入する** 　①台上前転の技のポイントが理解できたか。 　②自分のできばえや課題を把握することができたか。 　③安全に気を付け、協力して運動できたか。 (2) **友達のよかったことを発表し合う** (3) **次時の学習内容を知る**

7	浮く・泳ぐ運動
8	体ほぐしの運動・多様な動きをつくる運動
9	小型ハードル走
10	表現（粘土づくり）
11	ネット型ゲーム（ソフトバレーボール）
12	跳び箱運動

1 台上前転の技のポイント

①踏み切りからやや高く上体を起こして踏み切る　②跳び箱の手前に手をつき腰の位置を高く上げる　③腕で支持しながら頭を入れて背を丸く前転する（ひざを伸ばして回る）　④回り終わってから体を伸ばしてゆっくりとひざを曲げて着地する

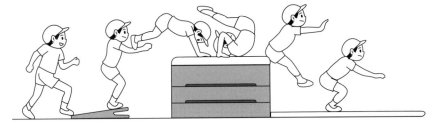

2 台上前転を行う際の補助

台上前転は、開脚跳びに比べて技への恐怖心をもつ子供が多い。そこで、跳び箱の周りにマットを敷いたり、グループの子供が手で壁を作ったりすることで、安心して試技に取り組むことができる。

教師が補助を行う際は、踏み切りの動きに合わせて腰を高く持ち上げてあげるようにするとよい。

手で壁をつくる

グループ学習での安全への配慮

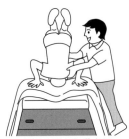

お尻の下から動きに合わせてもちあげる
教師による補助

3 台上前転の練習の場

○まっすぐ上で回りたい

マットにラインをひいて回ろう

折り曲げたマットで回ろう

重ねたマットで回ろう

○跳び箱の上で回りたい

マットを使って回ろう

○スムーズに着地したい

跳び箱の上から回ろう

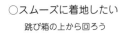

同じ高さで

自分の課題に取り組もう

本時の目標

　開脚跳び、台上前転それぞれについて、自分の課題に合った場で取り組み、身に付けることができるようにする。

評価のポイント

　安全に十分配慮し、自分の課題に合った場でそれぞれの技に取り組んでいたか。

週案記入例

[目標]
開脚跳び、台上前転それぞれについて、自分の課題に合った場で取り組む。

[活動]
自分の課題に合った場で、跳び箱運動を行う。

[評価]
自分の課題に合った場で取り組み、技が身に付いたか。

[指導上の留意点]
できばえについて常に助言をし、次につながる評価をする。

本時の展開

	時	子供の活動
はじめ	5分	**集合・あいさつ** ○今日のめあてを確認する。 ○本時の学習の流れを確認する。
準備運動	7分	**使う部位を中心にほぐし、主運動につながる運動を行う** ○リズム太鼓に合わせて、首、手首、足首等の運動をする。 ○感覚づくりの運動に取り組む。
跳び箱運動	28分	**開脚跳びについて、自分の学習課題に合った場で取り組む** ○自分の課題に合った練習方法や練習の場を選んで、練習に取り組む。 **1** ○大きな開脚跳びの技のポイントを知り、取り組む。 **2** **台上前転について、自分の学習課題に合った場で取り組む** ○自分の課題に合った練習方法や練習の場を選んで、練習に取り組む。 ○大きな台上前転の技のポイントを知り、取り組む。 **3**
整理運動	2分	**運動で使った部位をゆったりとほぐす** ○特に手首、足首を中心に動かす。
まとめ	3分	(1)**今日の学習について振り返り、学習カードに記入する** 　①自分のできばえや課題を把握することができたか。 　②友達にアドバイスをすることができたか。 　③安全に気を付け、協力して運動できたか。 (2)**友達のよかったことを発表し合う** (3)**次時の学習内容を知る**

7
浮く・泳ぐ運動

8
体ほぐしの運動・多様な動きをつくる運動

9
小型ハードル走

10
表現（粘土づくり）

11
ネット型ゲーム（ソフトバレーボール）

12
跳び箱運動

1 場の設定例

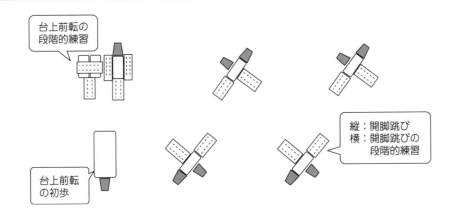

台上前転の段階的練習

台上前転の初歩

縦：開脚跳び
横：開脚跳びの段階的練習

2 大きな開脚跳びの技のポイント

両足をそろえて、ポンと音が出るように踏み切る

とび箱の前のほうに手をつく

ひざを伸ばして手を強くつき放す

顔を起こす

ひざを曲げやわらかく着地する

3 大きな台上前転の技のポイント

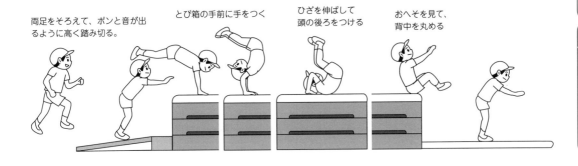

両足をそろえて、ポンと音が出るように高く踏み切る。

とび箱の手前に手をつく

ひざを伸ばして頭の後ろをつける

おへそを見て、背中を丸める

本時案

技のできばえを
さらに高めよう

本時の目標

　できるようになった技が、さらにリズミカルで大きな技になるように取り組む。

評価のポイント

　できるようになった技を使ってリズミカルに大きく跳ぶことができていたか。

週案記入例

[目標]
できるようになった技のできばえをさらに高める。

[活動]
できるようになった技を使って、様々な場で楽しむ。

[評価]
できるようになった技で楽しんだり、お互いを認め合ったりすることができたか。

[指導上の留意点]
一人一人が進歩した点を各運動の場に行き、その進歩の状況を伝える。

本時の展開

	時	子供の活動
はじめ	5分	**集合・あいさつ** ○今日のめあてを確認する。 ○本時の学習の流れを確認する。
準備運動	7分	**使う部位を中心にほぐし、主運動につながる運動を行う** ○リズム太鼓に合わせて、首、手首、足首等の運動をする。 ○感覚づくりの運動に取り組む。
跳び箱運動	28分	**自分の学習課題に合った場で取り組む** ○自分の課題に合った練習方法や練習の場を選んで、練習に取り組む。 **自分ができる技を使って、様々な場で楽しむ** ○できる技で、ホールインワン跳び箱 **1** や 　　8の字跳び **2** に取り組む。
整理運動	2分	**運動で使った部位をゆったりとほぐす** ○特に手首、足首を中心に動かす。
まとめ	3分	⑴**今日の学習について振り返り、学習カードに記入する** 　①めあてが達成できたか。 　②友達のよさを見付けることができたか。 　③安全に気を付け、協力して運動できたか。 ⑵**友達のよかったことを発表し合う** ⑶**単元を通してよかったこと、楽しかったことを話し合う** **3**

7
浮く・泳ぐ運動

8
体ほぐしの運動・多様な動きをつくる運動

9
小型ハードル走

10
表現（粘土づくり）

11
ネット型ゲーム（ソフトバレーボール）

12
跳び箱運動

1 ホールインワン跳び箱

着手から着地までに注目した、跳び箱の楽しみ方の一つである。

①自分が着地したい位置に目印（お手玉など）を置く。このとき、自分が安全に着地できそうな距離を考えてから跳ぶように伝える。

②グループの友達に、目標地点に安全に着地できたかどうか、できばえを伝えてもらう。

※切り返し系の技については、踏み切り板を跳び箱からどの程度離すかにより、さらに難易度が増す。大きな開脚跳びが十分にできる子供に対しては、声掛けするのもよい。

なるべく前につく　上から

足のうらで着地

ドン

パン

ピタッ

自分が着地したい位置に目印を置く

2 8の字跳び

跳ぶリズムの変化に注目した、跳び箱の楽しみ方の一つである。

いろいろな方向から、一人一人が様々な跳び方を行うことで、リズムが変化する面白さを味わうことができる。

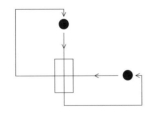

縦と横を順番に跳ぶ。踏み切り板の音を合図に、次の子供がスタートするようにすると、リズムの変化を感じやすい。ただし、安全面には十分気を付け、マットがずれたりしたら、すぐに中止して整えてから再開する。

3 子供の変容

単元を通して努力したこと、できるようになったことを発表させる。教師が努力していた子供を全体に紹介し、技を披露させるのもよい。その際は、技能面だけでなく、思考力・判断力・表現力等などについても、一人一人の学習カードや発言などからよさを見取り、紹介する。

手で壁をつくる

○○さんに手をつく場所を教えてもらったおかげで、台上前転ができるようになりました

△△さんに手をついていた所を教えてあげたら、頭の後ろが跳び箱について、回れるようになりました

「跳び箱運動」学習カード & 資料

使用時 第1〜5時

開脚跳びと台上前転のできばえを記録するカード、各自の変容を記録するカードを使用する。自己の課題をもち、個々のめあてに沿った学習が進められるように留意する。

収録資料活用のポイント

①使い方

　授業までに本カードを子供一人一人に配布する。絵本貼りをさせ、グループごとにカゴなどに入れておくとよい。第1時で学習の進め方を指導する際、カードの使い方も説明する。授業の終わりには、学習の振り返りを行うよう、指示する。

②留意点

　本カードは、子供の学習課題とできばえの変容を記録していくものであり、それは一人一人違うものである。あらかじめ個々の学習課題は異なっても、それを認め合い、できばえをきちんと見合うように指導する。また、記入するために時間を多く設けることはせず、できるだけ運動の時間を確保する。

💿 学習カード 3-12-1　　💿 学習カード 3-12-2　　💿 学習カード 3-12-3　　💿 学習カード 3-12-4

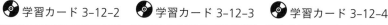

💿 学習カード 3-12-5　　💿 学習カード 3-12-6　　💿 学習カード 3-12-7

7 浮く・泳ぐ運動

8 体ほぐしの運動・多様な動きをつくる運動

9 小型ハードル走

10 表現（粘土づくり）

11 ネット型ゲーム（ソフトバレーボール）

12 跳び箱運動

とび箱運動　わざのポイント

3年　　組　　番　名前（　　　　　　　　　　　）

○開きゃくとび

1 両足をそろえて、ポンと音が出るようにふみ切ろう。

2 前の方に手をつき、うでよりかたを前に出そう。

3 手を強くつきはなし、前を見よう。

4 手を前にのばし、ふわピタと着地しよう。

○台上前転

1 両足をそろえて、ポンと音が出るように高くふみ切ろう。

2 手前に手をつき、こしを高く上げよう。

3 頭の後ろをつけよう。

4 あごを引き、せ中を丸めて、ゆっくり前転し、手をのばして着地しよう。

○友だちの様子を見るときのポイント

・見る場所を決めて、ふみ切り、着手、着地などを見てあげよう。友だちがとび終わったら、かならずできばえをサインでしめしたり、気づいたことをつたえたりするようにしよう。

・とぶ人は、見てほしいポイントを友だちにつたえ、それについて自分が工ふうしたことなどをつたえ、できばえやアドバイスを言ってもらおう。

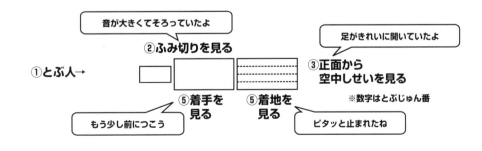

音が大きくてそろっていたよ
②ふみ切りを見る
足がきれいに開いていたよ
①とぶ人→
③正面から空中しせいを見る
⑤着手を見る
⑤着地を見る
※数字はとぶじゅん番
もう少し前につこう
ピタッと止まれたね

13 幅跳び・高跳び

6 時間

【単元計画】

1 時	2・3 時
[第一段階] いろいろな幅跳びの仕方を知り、 幅跳び運動を楽しむ。	[第二段階] 幅跳びの仕方を工夫し、運動を楽しむ。
幅跳びの学習内容を知り、いろいろな幅跳びをしながら遠くへ跳ぶのを楽しむ。	幅跳びの運動の仕方をし、遠くへ跳ぶフォームが分かり、記録を伸ばそうとする。
1　幅跳びをやってみよう POINT：自分の今のおおよその記録を知るために、今できる跳び方で記録をとってみよう。 【主な学習活動】 ○単元の見通しをもつ ○集合・あいさつ ○幅跳び 　①今の自分の記録を確かめる。 　②補助具を使って、遠くへ跳ぶためのフォームを考える。 ○運動で使った部位をほぐす。 ○まとめ 　①クラス全体で今日の学習を振り返る。 　②次時の学習内容を知る。	**2　補助具を使って遠くへ跳ぼう** POINT：補助具を使って、遠くへ跳ぶためのフォームについて考え、遠くへ跳べるようになろう。 【主な学習活動】 ○集合・あいさつ ○幅跳び 　①補助具を使って、幅跳びをしよう。 　②どんな跳び方が良いのかを考える。 　③補助具を使って、幅跳びをしよう。（2 時） 　③学習してきたことを生かし記録を測ってみよう。（3 時） ○まとめ 　①クラス全体で今日の学習を振り返る。 　②次時の学習内容を知る。

授業改善のポイント

主体的・対話的で深い学びの実践に向けて

　幅跳びや高跳びでは、「助走」「踏み切り」「着地」において以下の点が運動のポイントとなる。

①中学年では、「短い助走」であるが、助走が跳ぶ体制になるように加速しているか。

②「踏み切る場所」や「踏み切り方」が適切に行われているか。

③「着地」は安全に行われているか。

　ポイントを見合うためには、2 人組をつくって学習をする。見るポイントを決め、跳んだ直後に気付いたことを話し合う。注意することは欠点の指摘だけでなく、良かった点も伝え

るようにする。2 人組での対話的な学習が生まれることで、友達のアドバイスで運動のポイントをつかみ、練習を意欲的に取り組めるように仕向けていく。

　また、3 年生では遠くや高く跳ぶことが難しいため、ロイター板等の補助具を効果的に使用し、跳ぶ感覚を身に付けるようにする。

　さらに、学習カードに対話の中で自分自身で気付いたことを簡潔に記入し、主体的な学びになるようにする。子供自身が学びのプロセスを振り返り、技能の向上が見えるようにしていく。

13
幅跳び・高跳び

14
ゴール型ゲーム（ハンドボール）

15
ベースボール型ゲーム（ラケットベースボール）

16
多様な動きをつくる運動

17
ゴール型ゲーム（ラインサッカー）

18
表現（1日の生活）

単元の目標 ⋯⋯⋯⋯

○知識及び技能
・短い助走から調子よく踏み切って高く跳んだり、遠くへ跳んだりすることができる。

○思考力、判断力、表現力等
・自己の能力に適した課題をもち、記録を伸ばすための活動や競争の仕方をくふうすることができる。

○学びに向かう力、人間性等
・きまりを守り仲良く活動したり、場や用具の安全に気を付けたりすることができる。

4 時	5・6 時
［第一段階］ いろいろな高跳びを知り、高跳び運動を楽しむ。	［第二段階］ 高跳びの仕方を工夫し、運動を楽しむ。
高跳びの学習内容を知り、いろいろな高跳びを	高跳びの運動の仕方をし、高く跳ぶフォームが分かり、記録を伸ばそうとする。
1　高跳びをやってみよう POINT：自分の今のおおよその記録を知るために、今できる跳び方で記録をとってみよう。 【主な学習活動】 ○集合・あいさつ ○高跳び 　①今の自分の記録を確かめる。 　②補助具を使って、高く跳ぶためのフォームを考える。 ○運動で使った部位をほぐす。 ○まとめ 　①クラス全体で今日の学習を振り返る。 　②次時の学習内容を知る。	**2　補助具を使って遠くへ跳ぼう** POINT：補助具を使って、高く跳ぶためのフォームについて考え、高く跳べるようになろう。 【主な学習活動】 ○集合・あいさつ ○高跳び 　①補助具を使って、高跳びをしよう。 　②どんな跳び方が良いのかを考える。 　③補助具を使って、高跳びをしよう。（5時） 　③学習してきたことを生かし記録を測ってみよう。（6時） ○まとめ（単元の振り返りを行う） 　①クラス全体で今日の学習を振り返る。

子供への配慮の例 ⋯⋯⋯⋯

①運動が苦手な子供

　幅跳び・高跳びとともに、踏み切りが苦手な子供は、助走を3歩と短くして、きき足で踏み切りができるようにさせる。

　また、助走から踏み切りで立ち止まるような子供には、トン・トン・トーンとリズミカルな助走になるようにアドバイスをする。助走から踏み切りまでが一連の動きとなるようにする。

　さらに着地する場所が固いと、子供は安心して跳べないので、マットを置くなど、工夫をする。着地までも、意識できるようなフォームになるように指導をする。

②意欲的でない子供

　意欲的でない子供には恐怖心があるため、幅跳びの着地点は柔らかい砂場で、跳びにくくないかを確認しておく。また、砂場を事前に掘り起こして柔らかくしておく。

　高跳びの着地点もマットを置くなど工夫をする。バーやスタンドが当たりそうな恐怖心がある場合には、ゴム紐を友達が持つ等して工夫をする。

　個人の伸びを称賛しながら取り組むことが大切である。

本時案

自分の今の記録を知ろう

本時の目標
・幅跳びの学習内容を知り、おおよその記録を知るとともに、補助具を使って、遠くへ跳んだりして運動を楽しむことができるようにする。

評価のポイント
・今の自分のおおよその記録を測ることができたか。
・補助具を使って、遠くへ跳ぶことができたか。

週案記入例

[目標]
自分の力を知る。

[活動]
今の自分の記録を取る。

[評価]
補助具を使って遠くへ跳べたか。

[指導上の留意点]
自分たちで協力して計測できるように配慮する。

本時の展開

	時	子供の活動
はじめ	5分	**集合・あいさつ** ○生活班（4人〜5人）ごとに整列をする。 ○幅跳びの学習単元の内容を知る。 ○本時の学習内容を知る。
準備運動	5分	**本時の運動につながる準備運動をする** ○足や足首、肩のストレッチ運動をする。 　→伸びているところを意識して、運動できるように声を掛ける。 ○軽いランニング、ジャンプ、スキップなどの全身運動をする。
幅跳び	25分	**自分のおおよその記録を測る** **1** **2** ○跳ぶ人、測る人、わりざしをさす人を決めて、自分のおおよその記録を測る。 　→ファールはなしとして、線を引き、跳んだ場所のかかとにすぐにわりばしをさして、記録を測る。 ○補助具を使って、跳んでいる、空中での動作を楽しみながら幅跳びを行う。
整理運動	3分	**運動でつかった箇所をゆっくりとほぐす** ○足や足首、手、肩、のストレッチ運動をする。 　→伸びているところを意識して運動できるように声を掛ける。
まとめ	7分	**クラス全体で本時の学習について振り返る** ○学習カードに記録をする。 　①自分のおおまかな記録を記入する。 　②どうすればもっと遠くに跳べるようになるのかを記録する。 ○頑張っていた友達について発表し合う。 **次時の学習内容を確認する**

1 短い助走から跳んでみよう

○いろいろなとび方でとぼう

・砂場で

○砂場をよく掘りおこし、やわらかくしておく。

・マットを使って立ち幅跳び

2 記録の測り方（例）

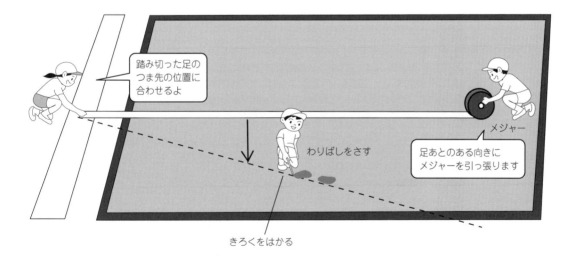

13 幅跳び・高跳び

14 ゴール型ゲーム（ハンドボール）

15 ベースボール型ゲーム（ラケットベースボール）

16 多様な動きをつくる運動

17 ゴール型ゲーム（ラインサッカー）

18 表現（1日の生活）

本時案

遠くへの跳び方を
考えよう

本時の目標

・補助具を使って、遠くへ跳ぶための、跳び方
　を考えることができるようにする。

評価のポイント

・今より遠くへ跳ぶための、跳び方が考えるこ
　とができたか。

本時の展開

	時	子供の活動
はじめ	3分	**集合・あいさつ** ○生活班（4人～5人）ごとに整列をする。 ○本時の学習内容を知る。
準備運動	5分	**本時の運動につながる準備運動をする** ○足や足首、肩のストレッチ運動をする。 　→伸びているところを意識して、運動できるように声を掛ける。 ○軽いランニング、ジャンプ、スキップなどの全身運動をする。
幅跳び	27分	**今より遠くに跳ぶための跳び方を考える** 1 ○跳ぶ人、見る人を決めて、どうすればもっと遠くへ跳べるのかを考える。 　→交代しながら行い、遠くへ跳ぶ跳び方を考える。 ○理解できたことを、全体で共有し、自分のめあてを決めて、もう一度行ってみる。 ○めあてを意識して、今より遠くへ跳ぶための跳び方を考える。
整理運動	3分	**運動でつかった箇所をゆっくりとほぐす** ○足や足首、手、肩、のストレッチ運動をする。 　→伸びているところを意識して運動できるように声を掛ける。
まとめ	7分	**クラス全体で本時の学習について振り返る** ○学習カードに記録をする。 　①遠くへ跳ぶためのコツを記入する。 　②分かったことを全体で共有する。 ○頑張っていた友達について発表し合う。 **次時の学習内容を確認する**

1 補助具を使ったはば跳び

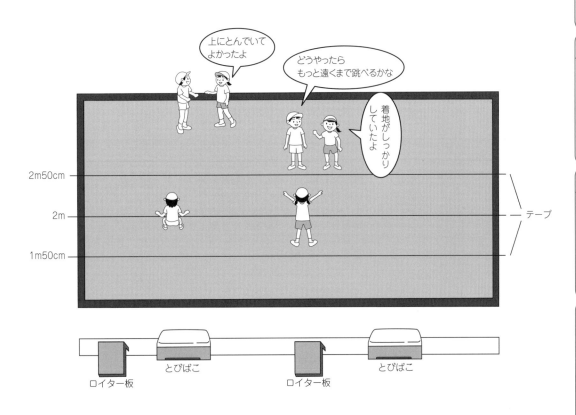

13 幅跳び・高跳び

14 ゴール型ゲーム（ハンドボール）

15 ベースボール型ゲーム（ラケットベースボール）

16 多様な動きをつくる運動

17 ゴール型ゲーム（ラインサッカー）

18 表現（1日の生活）

本時案

練習を生かし、記録を伸ばそう

本時の目標

・自分のめあてを意識して練習し、今までの記録を伸ばすことができるようにする。

評価のポイント

・意識をして今より遠くへ跳ぶための、跳び方を考え、運動することができたか。

本時の展開

	時	子供の活動
はじめ	3分	**集合・あいさつ** ○生活班（4人〜5人）ごとに整列をする。 ○本時の学習内容を知る。
準備運動	5分	**本時の運動につながる準備運動をする** ○足や足首、肩のストレッチ運動をする。 　→伸びているところを意識して、運動できるように声を掛ける。 ○軽いランニング、ジャンプ、スキップなどの全身運動をする。
幅跳び	27分	**めあてを意識して練習し、今までの記録を伸ばそう** 1 2 ○自分の学習課題を意識して、今より遠くへ跳んでみよう。 ○平場で今までの練習を生かし跳んでみよう。 ○今までの練習を生かし、記録をとってみよう。 　→ファールはなしとして、線を引き、跳んだ場所のかかとにすぐにわりばしをさして、記録を測る。
整理運動	3分	**運動でつかった箇所をゆっくりとほぐす** ○足や足首、手、肩、のストレッチ運動をする。 　→伸びているところを意識して運動できるように声を掛ける。
まとめ	7分	**クラス全体で本時の学習について振り返る** 3 ○学習カードに記録をする。 　①めあてを意識して練習してどうであったのかを記入する。 　②今日の記録を記入する。 ○頑張っていた友達について発表し合う。 **次時の学習内容を確認する**

1 運動の場を工夫する

フワッとジャンプ　　　　　　　　　　　　　　　　輪をねらってジャンプ

高く跳べて気持ちいいぞ

腕は下から上に振り上げる

今度はこの距離の輪に挑戦してみよう

踏切り板などを使って高く跳ぶ心地よさを得られるようにする。踏み切りのタイミングや、高い角度の跳び出しの感覚をつかむ。

ねらった輪の中に、膝を曲げて両足で着地する。

2 動きのポイントを押さえる

短い助走から踏切り足を決めて踏み切り、遠くへ飛ぶ

膝を柔らかく曲げて、両足で着地する

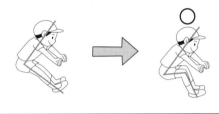

高い角度で跳びだすように

調子よく踏み切るためにイチ・ニ・イチニサン（タン・タン・タ・タ・タン）と、リズムを大切に助走する。

体が「く」の字ではなく「ん」のようになるように、かがみ込んで着地する。

3 子供たちの振り返りの様子

5歩の助走から片足で踏み切りました

友達を大きな声で、応援しました

輪をねらってジャンプするにはどうしたらいいか考えました

13 幅跳び・高跳び

14 ゴール型ゲーム（ハンドボール）

15 ベースボール型ゲーム（ラケットベースボール）

16 多様な動きをつくる運動

17 ゴール型ゲーム（ラインサッカー）

18 表現（1日の生活）

本時案

自分の今の記録を 知ろう

本時の目標

・高跳びの学習内容を知り、おおよその記録を
知るとともに、補助具を使って、高く跳んだ
りして運動を楽しむことができるようにす
る。

評価のポイント

・今の自分のおおよその記録を測ることができ
たか。
・補助具を使って、高くへ跳ぶことができた
か。

本時の展開

	時	子供の活動
はじめ	5分	**集合・あいさつ** ○生活班（4人〜5人）ごとに整列をする。 ○高跳びの学習単元の内容を知る。 ○本時の学習内容を知る。
準備運動	5分	**本時の運動につながる準備運動をする** ○足や足首、肩のストレッチ運動をする。 　→伸びているところを意識して、運動できるように声を掛ける。 ○軽いランニング、ジャンプ、スキップなどの全身運動をする。
幅跳び	25分	**自分のおおよその記録を測る** ■1 ■2 ○跳ぶ人、ゴム紐を持つ人（2人）を決めて、自分のおおよその記録を測る。 　→バーの横にゴム紐を持つ人がいて、おおよその記録を測る。 ○補助具を使って、跳んでいる、空中での動作を楽しみながら高跳びを行う。
整理運動	3分	**運動でつかった箇所をゆっくりとほぐす** ○足や足首、手、肩、のストレッチ運動をする。 　→伸びているところを意識して運動できるように声を掛ける。
まとめ	7分	**クラス全体で本時の学習について振り返る** ○学習カードに記録をする。 　①自分のおおよその記録を記入する。 　②どうすればもっと高く跳べるようになるのかを記録する。 ○頑張っていた友達について発表し合う。 **次時の学習内容を確認する**

13
幅跳び・高跳び

14
ゴール型ゲーム（ハンドボール）

15
ベースボール型ゲーム（ラケットベースボール）

16
多様な動きをつくる運動

17
ゴール型ゲーム（ラインサッカー）

18
表現（1日の生活）

1 自分の記録を測る

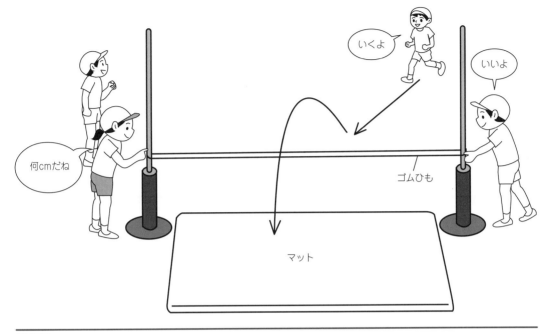

2 3歩 or 5歩の助走で跳ぶ

本時案

より高く、
跳ぶ方法を考えよう

⑤/⑥

本時の目標
・補助具を使って、高く跳ぶための、跳び方を
　考えることができるようにする。

評価のポイント
・今より高く跳ぶための、跳び方が考えること
　ができたか。

本時の展開

	時	子供の活動
はじめ	3分	**集合・あいさつ** ○生活班（4人〜5人）ごとに整列をする。 ○本時の学習内容を知る。
準備運動	5分	**本時の運動につながる準備運動をする** ○足や足首、肩のストレッチ運動をする。 　→伸びているところを意識して、運動できるように声を掛ける。 ○軽いランニング、ジャンプ、スキップなどの全身運動をする。
幅跳び	27分	**今より高く跳ぶための跳び方を考える** 🔳1 ○跳ぶ人、ゴム紐を持つ人（2人・跳び方を見る人）を決めてどうすれば 　もっと高く跳べるのかを考える。 　交代しながら行い、高く跳ぶ跳び方を考える。 ○理解できたことを、全体で共有し、自分のめあてを決めて、もう一度行っ 　てみる。 ○めあて意識して、今より高く跳ぶための跳び方を考える。
整理運動	3分	**運動でつかった箇所をゆっくりとほぐす** ○足や足首、手、肩、のストレッチ運動をする。 　→伸びているところを意識して運動できるように声を掛ける。
まとめ	7分	**クラス全体で本時の学習について振り返る** ○学習カードに記録をする。 　①高く跳ぶためのコツを記入する。 　②分かったことを全体で共有する。 ○頑張っていた友達について発表し合う。 **次時の学習内容を確認する**

13 幅跳び・高跳び

14 ゴール型ゲーム（ハンドボール）

15 ベースボール型ゲーム（ラケットベースボール）

16 多様な動きをつくる運動

17 ゴール型ゲーム（ラインサッカー）

18 表現（１日の生活）

1 様々な練習方法（例）

短い助走での高跳び

○短い助走から踏切り足を決めて踏み切り、高く跳ぶ。

【ゴムを使っての場】

2歩　3歩　1歩

【いろいろな用具を使っての場】

サン！　サン！　ニッ　ニッ　イチ　ニー　イチ

【ゴム＋簡易スタンドを使っての場】

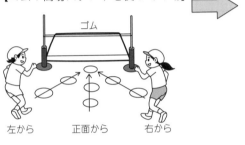

ゴム

左から　正面から　右から

場の工夫

３〜５歩程度の短い助走

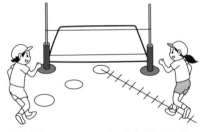

目印を置いて　スタート位置を決めて

踏み切り足を決めて

ゴム

右足で踏み切ろう

右　左　右　左　右　左

〈３歩助走の場合〉

上方に踏み切り高く跳ぶ

踏み切り足と反対の足のひざを高く引き上げる

膝を柔らかく曲げて、足から着地

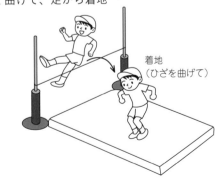

着地（ひざを曲げて）

本時案

練習を生かし、記録を伸ばそう

本時の目標
・自分のめあてを意識して練習し、今までの記録を伸ばすことができるようにする。

評価のポイント
・意識をして今より高く跳ぶための、跳び方を考え、運動することができたか。

┌─────────────────────────────┐
│ **週案記入例**
│
│ [目標]
│ 今までの記録を伸ばす。
│
│ [活動]
│ めあてを意識して跳ぶ。
│
│ [評価]
│ より高く跳ぶ方法を考え、跳ぶことができたか。
│
│ [指導上の留意点]
│ 友達と協力しながら、より高く跳べる方法について
│ 考えられるようにする。
└─────────────────────────────┘

本時の展開

	時	子供の活動
はじめ	3分	**集合・あいさつ** ○生活班（4人～5人）ごとに整列をする。 ○本時の学習内容を知る。
準備運動	5分	**本時の運動につながる準備運動をする** ○足や足首、肩のストレッチ運動をする。 　→伸びているところを意識して、運動できるように声を掛ける。 ○軽いランニング、ジャンプ、スキップなどの全身運動をする。
幅跳び	27分	**めあてを意識して練習し、今までの記録を伸ばそう** ①② ○自分のめあて意識して、今より遠くへ跳んでみよう。 ○今までの練習を生かし、記録をとってみよう。 　跳ぶ人、ゴム紐を持つ人（2人）を決めて記録をとる。 　→交代しながら行う。
整理運動	3分	**運動でつかった箇所をゆっくりとほぐす** ○足や足首、手、肩、のストレッチ運動をする。 　→伸びているところを意識して運動できるように声を掛ける。
まとめ	7分	**クラス全体で本時の学習について振り返る** ③ ○学習カードに記録をする。 　①めあてを意識して練習してどうであったのかを記入する。 　②今日の記録を記入する。 ○頑張っていた友達について発表し合う。 **単元の振り返りを行う**

13
幅跳び・高跳び

14
ゴール型ゲーム（ハンドボール）

15
ベースボール型ゲーム（ラケットベースボール）

16
多様な動きをつくる運動

17
ゴール型ゲーム（ラインサッカー）

18
表現（1日の生活）

1 記録を測る

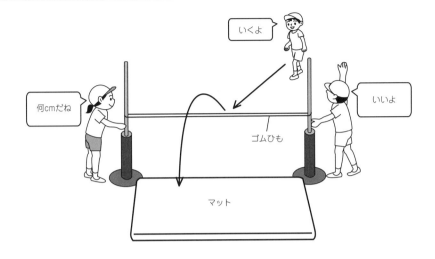

2 課題をもつことができるように動きのポイントを押さえる

3〜5歩程度の短い助走から踏み切り脚を決めて踏み切り、高く跳ぶ。

3歩助走は

5歩助走は

助走リズム、踏み切りのタイミングをつかむためにイチ・ニ・サーンと声をかけると跳びやすくなります。

膝を柔らかく曲げて、足から着地する

ケガをしないように、必ず足から着地することを徹底します

着地後にそのまま進んで、コーンにタッチさせるようにすると、足からの着地が習慣化されます。

3 子供たちの振り返りの様子

片足で踏み切って、高く跳ぶことができました。

友達と一緒に道具を準備して、安全に練習できました。

3歩の助走で上手に踏み切れるように、輪を使った場を選んで練習しました。

「幅跳び・高跳び」学習カード & 資料

本カードは、その時間の学習を振り返ったり、記録を記録したりするために使用する。記録だけでなく、記録を伸ばすために工夫や努力したこと、友達と協力してよかったことなどにも注目できるように配慮したい。

収録資料活用のポイント

①使い方

各時のおわりに振り返りとして子供たちが記入する。めあてに向けて頑張ったことや友達からもらったアドバイスなどを記入し、次時の学習へとつながるようにする。

②留意点

本カードは毎時間の自分の記録を記入するため、記録だけを気にしたり、友達と比べたりすることが考えられる。個々の記録を比べるよりも、自分がどのように工夫して記録を伸ばす努力をしたかを大切にするよう配慮する。なお、記入するために時間は少なめにし、できるだけ運動の時間を確保するように留意する。

🔘 学習カード 3-13-1

幅跳び・高跳び				
日にち（　　　）				
3年　　組　　番　名前（　　　）				
今日のめあて	自分の記録を知り、練習をしよう！			
今日をふりかえって、丸でかこみましょう！				
きまりを守って、友達と仲良く運動に取り組むことができた		☺	☺	☹
自分の記録を知り、自分に合った高さで練習ができた		☺	☺	☹
幅とび（高とび）のポイントを意識し、練習することができた		☺	☺	☹
よかった友達の名前、動き				✏
友達からもらったアドバイス、したアドバイス				✏
自分の記録		自分の記録		
cm		cm		
感想				✏

🔘 学習カード 3-13-2

幅跳び・高跳び				
日にち（　　　）				
3年　　組　　番　名前（　　　）				
今日のめあて	自分の記録を伸ばすフォームを考えよう！			
今日をふりかえって、丸でかこみましょう！				
きまりを守って、友達と仲良く運動に取り組むことができた		☺	☺	☹
友達のアドバイスを生かし、練習することができた		☺	☺	☹
幅とび（高とび）のコツを意識し、練習することができた		☺	☺	☹
よかった友達の名前、動き				✏
友達からもらったアドバイス、したアドバイス				✏
感想				✏

幅とび・高とびのポイント

3年　　　組　　　番　名前（　　　　　　　　　）

幅とびのポイント

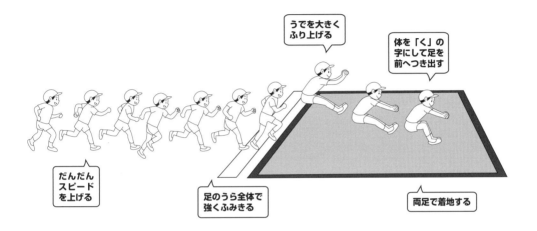

うでを大きく
ふり上げる

体を「く」の
字にして足を
前へつき出す

だんだん
スピード
を上げる

足のうら全体で
強くふみきる

両足で着地する

高とびのポイント

ふみきったら
うでを上げる

ふみきった足はむねに
引きつける

足のうら全体で
強くふみきる

ひざをやわらかくして
着地する

13
幅跳び・高跳び

14
ゴール型ゲーム
（ハンドボール）

15
ベースボール型ゲーム
（ラケットベースボール）

16
多様な動きをつくる運動

17
ゴール型ゲーム
（ラインサッカー）

18
表現（1日の生活）

14 ゴール型ゲーム（ハンドボール）

5時間

【単元計画】

1時	2時
[第一段階] ハンドボールの行い方を知り、規則を工夫してゲームを楽しむ	
ハンドボールの行い方を知り、単元の見通しをもつ	みんなが楽しむことができるように規則を工夫しながらゲームに取り組む
1　ハンドボールの行い方を知ろう POINT：試しのゲームをして、ハンドボールの行い方を知るとともに、準備運動の仕方や役割分担など、単元への見通しをもたせる。 【主な学習活動】 ○単元の見通しをもつ ○チーム編成をする ○準備、後片付けの役割分担をする ○ゲームにつながる準備運動の仕方を知る ○ゲームの行い方を知り、ゲームを行う ○ゲームを振り返る 　・ゲームの規則の確認をする。 ○2回目のゲームを行う ○まとめ 　・ゲームを振り返り、次時の確認をする	**2　みんなが楽しむことができるルールにしよう** POINT：ゲーム→振り返りの学習の流れの中で、ゲームの規則を学級全員が楽しむことができるように工夫する。 【主な学習活動】 ○場や用具の準備をする ○集合し、本時の学習内容を確認する ○ゲームにつながる準備運動を行う ○ゲーム①を行い、振り返る 　・ゲームの規則を工夫する ○ゲーム②を行う ○まとめ 　・ゲーム②を振り返り、次時の確認をする

授業改善のポイント

主体的・対話的で深い学びの実践に向けて

　ハンドボールは、チームで連携してボールを運び、シュートしたり、それを防いだりすることに楽しさがある。

　この楽しさに触れながら、「どうしたら得点が取れるのか」など、教師がゲームの様相から学習課題を投げ掛けるだけでなくチームで学習課題（作戦）を立て、ゲームを通して課題解決を図っていく。その際には、子供の気付きを大切にし、チームや学級全体でよい動きや作戦を伝え合って共有し、それらをゲームで試し、振り返っていく。この活動を繰り返し、チームや

自己の課題の解決の仕方を広げたり深めたりしていく。

　また、ゲームや作戦の話し合いなどチームでの活動がよりよくできるように、判定や勝敗を受け入れる、誰とでも仲よくゲームができる、フェアプレイを知り大切にすることなどの指導も大切にしていく。

　なお、自己の学習課題をもって、対話から分かったことを友達に伝えることを重視した展開とする。

13	幅跳び・高跳び
14	**ゴール型ゲーム（ハンドボール）**
15	ベースボール型ゲーム（ラケットベースボール）
16	多様な動きをつくる運動
17	ゴール型ゲーム（ラインサッカー）
18	表現（1日の生活）

単元の目標

○知識及び技能

・ハンドボールの行い方を知るとともに、基本的なボール操作とボールを持たないときの動きによって、ゲームをすることができる。

○思考力、判断力、表現力等

・ハンドボールの規則を工夫したり、ゴール型に応じた簡単な作戦を選んだりするとともに、考えたことを友達に伝えることができる。

○学びに向かう力、人間性等

・運動に進んで取り組み、規則を守り誰とでも仲よく運動をしたり、勝敗を受け入れたり、友達の考えを認めたり、場や用具の安全に気を付けたりすることができる。

3 時	4・5 時
[第二段階] **チームで作戦を選んだり立てたりしてゲームを楽しむ**	
規則を工夫するとともに、チームで作戦を選んだり立てたりしてゲームに取り組む	チームで作戦を選んだり立てたりしてゲームに取り組む
3　チームで作戦を立ててゲームに取り組もう POINT：学級全員が楽しめる規則の工夫をするとともに、チームで作戦を立ててゲームに取り組み、学習課題の解決を図ることができるようにする。 **【主な学習活動】** ○場や用具の準備をする ○集合し、本時の学習内容を確認する ○ゲームにつながる準備運動を行う ○ゲーム①を行い、振り返る ・学習課題解決のための振り返りをする。 ○ゲーム②を行う ○まとめ ・ゲーム②を振り返り、次時の確認をする	**4　チームで作戦を立ててゲームを楽しもう** POINT：作戦→ゲーム→振り返りの中で、ハンドボールの楽しさに触れるとともに、よりよい課題の解決を図ることができるようにする。 **【主な学習活動】** ○場や用具の準備をする ○集合し、本時の学習内容を確認する ○ゲームにつながる準備運動を行う ○ゲーム①を行い、チームごとに振り返る ○ゲーム②を行い、チームごとに振り返る ○ゲーム③を行い、チームごとに振り返る ○まとめ ・学習課題の解決ができたか単元を振り返る

子供への配慮の例

①運動が苦手な子供

　パスを出したりシュートをしたりするなど、ボール操作が苦手な子供には、ボールを保持しているときにはボールを取られない、攻める側のプレイヤーが多いゲームにするなど、状況判断が易しくなるように規則を工夫する。

　ゲーム中に立ち止まってしまうなど、ボールを持たないときの動きが苦手な子供には、ゲームにつながる準備運動の中で、パスをしたら次に動く所に目印を置いて練習するなど、動く感覚を養っていく工夫をする。

②意欲的でない子供

　場や規則が難しいために意欲的でない子供には、イラスト等を用いた掲示物を工夫したり、教師が規則を見取った様子から調整したりする。

　勝敗にこだわったり、規則を守れないために意欲的でない子供には、フェアプレイリストを掲示したり、フェアなプレイを紹介したりして、その大切さについて継続して伝える。

　友達と仲よくゲームに取り組めない子供には、ゲームの前後に円陣を組んでかけ声をかけたり、互いのよいプレイを称賛し合ったりする活動を設定していく。

本時案

ハンドボールの行い方を知ろう

本時の目標
ハンドボールの行い方を知り、単元の見通しをもつことができるようにする。

評価のポイント
ゲームの進め方を理解することができたか。

週案記入例

[目標]
ハンドボールの行い方を知り、単元の見通しをもつ。

[活動]
チーム編成、役割分担をし、試しのゲームを行う。

[評価]
ゲームの進め方を理解することができたか。

[指導上の留意点]
活動を通して、場や用具などの安全面について指導をする。

本時の展開

	時	子供の活動
はじめ	13分	**集合・あいさつをし、単元の見通しをもつ** ○単元のねらいや大切にすることを知る。 **1** ○チーム編成をする。 **2** 　・1チーム5〜6人で、6チーム編成する。 　・編成後、ゼッケンを着用する。 ○準備、後片付けする場や用具の役割分担をする **3** ○分担にしたがって、場や用具の準備をする。
準備運動	10分	**ゲームにつながる運動をする** ○運動で使う部位、特に手首、足首を中心に動かす。 ○ボール慣れを行う。　・投げ上げキャッチ　など ○パス＆ランを行う。
ゲーム	16分	**試しのゲームをする 4** ○ゲームの行い方を知る。 　・掲示資料による説明を聞く。 ○ゲームを行う。 　・2分30秒×2 **全体で振り返りをする** ○ゲームの規則で分からないところを全体で確認する。 **2回目のゲームを行う** ○2分30秒×2
整理運動	2分	**体をほぐす** ○体を伸ばしたり、使った部位をほぐしたりする。 　・体をほぐすとともに、ゲームの勝敗の結果などによる気持ちの高揚も鎮めるようにゆったりとしたリズムの中で行う。
まとめ	4分	**本時の学習のまとめをする** ○ゲームの行い方、規則で混乱していることを整理する。 ○次時の学習内容を確認する。 ○分担にしたがって、場と用具の後片付けをする。

1　単元のオリエンテーション

学級の実態に応じて、子供に身に付けさせたい内容を端的に説明する。また、3年生が行っているハンドボールの映像を見せたりするとよい。

（例）クラスのみんなが楽しむことができるハンドボールの学習をしよう。

2　チーム編成の例

子供の実態に応じて、指導者がチーム編成を行ってもよい。チーム編成の視点は、運動に意欲的に取り組めるか、チームでの活動に仲よく取り組めるか、基本的なボール操作の技能はどの程度身に付いているか　など。相互審判で学習を進めていくため、学級の人数、校庭の広さに応じて、4チーム、6チーム、8チームで編成する。3年生では1チーム3人以上が適切な人数である。

3　準備・後片付けの分担の例

○チームごとに準備・後片付けするもの：ゼッケン、ゴール（ポートボール台、カラーコーン）

○チームで分担して準備・後片付けするもの：ボール、準備運動のための場作り（フラットリング等）、コート作り（目印のマーカー等）、得点板

4　ゲームの行い方

○コート

・10m×20m程度。フリーゾーンは1.5m程度の幅。

・ゴールのサークルは直径3m程度。

・コーナー等に目印のマーカーを置く。

○ゴール

・ポートボール台の上にコーンを置く。

・ゼッケンの色と同じにすると分かりやすい。

○プレイヤー

・コート内　3人、フリーゾーン　3人

※攻める側のゾーンのみ。前後半で役割を交代する。

○ゲームの始め方

・自分たちのゴールのサークル内からパスして始める。

○得点

・サークルの外から相手コーンにボールを投げ当てたら1点。

・得点を決められたチームが、サークル内からパスしてゲームを再開する。

○主なルール

・ボールを持って歩けない。ドリブルはなし。パスのみでボールを運ぶ。

・シュートはサークルの外から。サークル内には入れない。

・相手が保持しているボールを奪ってはいけない。相手の身体に触れない。

・コートからボールが出たら、フリーゾーンのプレイヤーが再開する。

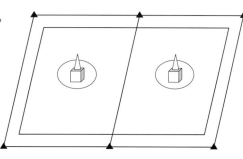

本時案

規則を工夫して ハンドボールを 行おう

本時の目標

　学級全員が楽しむことができる規則の工夫を することができるようにする。

評価のポイント

　誰もが楽しくゲームに参加できるように、規 則を選んだり考えたりして工夫することができ たか。

週案記入例

[目標]
学級全員が楽しむことができる規則の工夫をする。

[活動]
ゲーム、振り返りを繰り返し、規則の工夫について 考える。

[評価]
規則の工夫を選んだり考えたりすることができた か。

[指導上の留意点]
誰もがゲームを楽しめる視点で振り返らせ、規則 を整理する。

本時の展開

	時	子供の活動
はじめ	5分	**場や用具の準備をする** ○役割分担にしたがって、場や用具の準備をする。 **集合、あいさつをし、本時の学習内容を確認する** ○みんなが楽しめる規則の工夫をする。
準備運動	13分	**ゲームにつながる運動をする** **1** ○運動で使う部位、特に手首、足首を中心に動かす。 ○ボール慣れを行う。 ○パス＆ランを行う。
ゲーム	20分	**ゲーム①を行う** ○3分×2　前後半でゲームの役割を交代する。 **ゲームの振り返りをする** ○ゲームの行い方、規則で分からなかったこと、困ったこと、変更したいこ とを学級全体で話し合う。**2** **ゲーム②を行う** ○3分×2　前後半でゲームの役割を交代する。
整理運動	2分	**体をほぐす** ○体を伸ばしたり、使った部位をほぐしたりする。 　・体をほぐすとともに、ゲームの勝敗の結果などによる気持ちの高揚も鎮 めるようにゆったりとしたリズムの中で行う。
まとめ	5分	**本時の学習のまとめをする** ○ゲーム②の振り返りをし、ゲームの行い方や規則について確認や修正をす る。 ○次時の学習内容を確認する。 ○役割分担にしたがって、場と用具の後片付けをする。

13

幅跳び・高跳び

14

ゴール型ゲーム（ハンドボール）

15

ベースボール型ゲーム（ラケットベースボール）

16

多様な動きをつくる運動

17

ゴール型ゲーム（ラインサッカー）

18

表現（1日の生活）

1 ゲームにつながる準備運動の例

○足じゃんけん、体じゃんけん
 ・指導者対子供　・子供対子供
○ボール慣れ（1人1個ボールを持って）
 ・ボールを自分の身体の周りで回す。
  腰の周りを　顔の周りを　長座の姿勢で地面を転がしながら
 ・投げ上げキャッチ
  手をたたいてキャッチ　　1回転してキャッチ
○パス＆ラン
 ・2人で行う。パスをしたら次の目印に移動してパスを受ける。これを繰り返す。
 ・ペアを毎回交代しながら行う、チームごとに行うなどする。
 ※ボールは、つかみやすい大きさ、柔らかい素材のもの。

2 規則の工夫

次のように意図的に易しいゲームとして設定する。
○攻めているときはフリーゾーンに味方プレイヤーがいるので6対3の状況になる。
○ゴールをコート内に設定しているので、全方位からシュートをすることができる。
○フリーゾーンのプレイヤーは守る側がいないので、プレイの判断がしやすくなる。
　学級の実態から、次の視点で規則の工夫を想定し、どの子供もゲームの楽しさを味わうことができるようにする。

視点	はじめの規則 ⇒	ゲームの様子 ⇒	規則の工夫（例）
プレイヤーの人数	攻めているときは6対3の状況。前後半で役割を交代する。	シュートすることができない子供がいる。	・得点したらフリーゾーンのプレイヤーになり、順番に役割を交代していく。 ・フリーゾーンのプレイヤーもシュートすることができる。
コートの広さ	フリーゾーンは攻める側の3方向にある。	パスがよく回り、どの子供もシュートすることができるようになった。	・フリーゾーンをコートのサイドのみとする。
プレイ上の緩和や制限	ボールを持って歩けない。	パスを出すコースを見付けられない。	・フリーゾーンのプレイヤーはゾーンの中を、ボールを持って移動することができる。
ボールその他の運動用具や設備	ゴールはポートボール台上のコーン	シュートがコーンに当たらず、得点できない。	・コーンを2つに増やす。 ・コーンを倒したらボーナス得点。

本時案

ハンドボールの作戦を立てよう

本時の目標

　チームで作戦を選んだり立てたりして、ゲームに取り組むことができる。

評価のポイント

　「どうしたら得点がとれるのか」という学習課題に対して、簡単な作戦を選んだり立てたりしてゲームに取り組むことができたか。

週案記入例

[目標]
チームで作戦を立ててゲームに取り組む。

[活動]
規則の工夫をするとともに、チームで作戦を立ててゲームに取り組む。

[評価]
簡単な作戦を選んだり立てたりしてゲームに取り組めたか。

[指導上の留意点]
規則の工夫から作戦を立てて課題の解決を図る活動に指導の重点を移していく。

本時の展開

	時	子供の活動
はじめ	5分	**場や用具の準備をする** ○役割分担にしたがって、場や用具の準備をする。 **集合、あいさつをし、本時の学習内容を確認する** 1 2 ○「どうしたら得点がとれるのか」チームで作戦を立ててゲームをする。
準備運動	13分	**ゲームにつながる運動をする** ○運動で使う部位、特に手首、足首を中心に動かす。 ○ボール慣れを行う。 ○パス＆ランを行う。
ゲーム	20分	**ゲーム①を行う** ○3分×2　前後半でゲームの役割を交代する。 **ゲームの振り返りをする** ○どこでパスをもらったり、どのように動いたりしたら得点がとれたのか、学級全体で共有し、その中から次のゲームに向けて、チームで作戦を選んだり立てたりする。 **ゲーム②を行う** ○3分×2　前後半でゲームの役割を交代する。
整理運動	2分	**体をほぐす** ○体を伸ばしたり、使った部位をほぐしたりする。 　・体をほぐすとともに、ゲームの勝敗の結果などによる気持ちの高揚も鎮めるようにゆったりとしたリズムの中で行う。
まとめ	5分	**本時の学習のまとめをする** ○ゲーム②の振り返りをし、「どうしたら得点がとれたのか」学級全体でよかったところを共有する。 ○次時の学習内容を確認する。 ○役割分担にしたがって、場と用具の後片付けをする。

13 幅跳び・高跳び

14 ゴール型ゲーム（ハンドボール）

15 ベースボール型ゲーム（ラケットベースボール）

16 多様な動きをつくる運動

17 ゴール型ゲーム（ラインサッカー）

18 表現（1日の生活）

1 学習課題とチームの作戦について

学級全体に提示した学習課題に即して、チームごとに作戦を選んだり、考えたりさせる。

<table>
<tr><td align="center">**学習課題の例**</td><td align="center">**チームの作戦の例**</td></tr>
</table>

「どうしたら得点がとれるだろうか」 → ・守りのいないところにパスをしてシュートしよう。
・ゴールの反対側にパスを回してシュート

「どうしたら得点を防ぐことができるだろうか」 → ・両手を広げてゴールを守ろう。
・ボールを持っている人とゴールの間に入って守ろう。

ゲームの振り返りで、「ゴールの反対側に行ったら、当たらなかったシュートが来て、すぐにシュートができた」など、相互の考えを伝え合い、共有し、チームの作戦に役立てていく。

2 掲示資料

場や規則が難しいと感じたり、学習の仕方が分からなかったりするために、ゲームに意欲的に取り組めない子供には、掲示資料を用意して、ゲームの行い方を把握しやすいように配慮する。

掲示資料の例

1単位時間の学習の流れ

チームで作戦を立ててゲームをしよう

学習課題
　　　どうしたら得点がとれるのか
1　準備・あいさつ
2　準備運動　・ボール慣れ
　　　　　　　・パス＆ラン
3　ゲーム1　　赤｜黄｜白
　　　　　　　　青｜緑｜水

活動の場所が視覚的に分かりやすいように工夫する

4　振り返り　全体で
5　ゲーム2　　赤｜黄｜白
　　　　　　　　緑｜水｜青
6　整理運動
7　まとめ・後片付け

ゲームの行い方・規則

ハンドボール

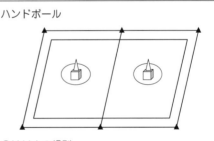

○はじめの規則
・ボールを持って歩けない。
・シュートはサークルの外から。サークル内には入れない。
・相手が持っているボールを取ってはいけない。
・相手の体にふれない。
○加えた規則
・フリーゾーンからシュートしてもよい。

※画板を2枚、図のように合わせると、簡易に掲示板を作ることができる。底部をテープ等でつなぐと、折りたたむことができる。

本時案

チームで作戦を
立てよう

本時の目標
　チームで作戦を立てて取り組み、みんなで
ゲームを楽しむことができるようにする。

評価のポイント
　パスを出したりシュートをしたりしてゲーム
をすることができたか。

本時の展開

	時	子供の活動
はじめ	4分	**場や用具の準備をする** ○役割分担にしたがって、場や用具の準備をする。 **集合、あいさつをし、本時の学習内容を確認する** ○チームで作戦を立てて、みんなでゲームを楽しむ。
準備運動	8分	**ゲームにつながる運動をする** ○運動で使う部位、特に手首、足首を中心に動かす。 ○ボール慣れを行う。 ○パス&ランを行う。
ゲーム	26分	**ゲーム①を行う** ○3分×2　前後半でゲームの役割を交代する。　**1** **ゲームの振り返りをする** ○チームごとに、作戦や協力、プレイについて振り返る。　**2** **ゲーム②を行う** ○3分×2　前後半でゲームの役割を交代する。　**3** **ゲームの振り返りをする** ○チームごとに、作戦や協力、プレイについて振り返る。 **ゲーム③を行う** ○3分×2　前後半でゲームの役割を交代する。
整理運動	2分	**体をほぐす** ○体を伸ばしたり、使った部位をほぐしたりする。 　・体をほぐすとともに、ゲームの勝敗の結果などによる気持ちの高揚も鎮 　　めるようにゆったりとしたリズムの中で行う。
まとめ	5分	**本時の学習のまとめをする** ○ゲーム③の振り返りをした後、学級全体でよかったところを共有する。 ○次時の学習内容を確認する。 ○役割分担にしたがって、場と用具の後片付けをする。

1 ゲームの進め方、マナーについて

◇ゲームは相互審判で行う。

例のように、規則を決め、互いに認め合ったり、勝敗を受け入れたりしながらゲームを進める。

・判定が難しい場合には、フリーゾーンのプレイヤーが判定する。

・シュートが決まったら、自分で得点板に点を入れに行く。

◇次のようなゲームのマナーの指導を通して、誰とでも仲よく運動に取り組む態度を育んでいく。

ゲーム前に円陣を組んでかけ声をかける。

力を合わせて
がんばるぞ！

ゲーム前後に相手チームとあいさつを交わす

ありがとう
ございました！

ゲーム後のあいさつをしたらクラスの仲間に戻るなどの趣意説明をして、マナーが身に付くようにする。

2 チームごとにゲームを振り返る

ゲームの振り返りや次のゲームに向けての動きの確認など、小さなボードを活用するなど、話し合う内容が見えるようにする。

ペンで書き込む、磁石を付けて動かすなどができるものが活用しやすいよ

シュートを打つときに、必ず反対側に入ろう

3 ゲーム中の言葉かけの例

次のことを意識して頻繁に言葉掛けをし、子供のよい動きを引き出し、広げるようにする。

○**称賛　よいプレイをほめる**

「○○さんのパスが、よいシュートにつながったね」

「よい声かけで、チームのみんなが気付いたね」

「大きく手を広げて、シュートを防いだね」　など

○**フィードバックを促す**

「今のパスはどうだった？」

「どちらに動けばパスを受けられたかな？」

○**状況判断への助言**　プレイのタイミングを把握させる

「シュート！」（シュートができることを助言する）

「○○さんにパス」「フリーゾーンを使って」

13 幅跳び・高跳び

14 ゴール型ゲーム（ハンドボール）

15 ベースボール型ゲーム（ラケットベースボール）

16 多様な動きをつくる運動

17 ゴール型ゲーム（ラインサッカー）

18 表現（1日の生活）

本時案

チームで協力して ハンドボールを 楽しもう

5/5

本時の目標

　チームで作戦を立ててゲームに取り組むとともに、友達と協力して学習に取り組むことができる。

評価のポイント

　運動に進んで取り組み、規則を守り、友達と仲よくゲームをすることができたか。

週案記入例

[目標]
チームで作戦を立ててゲームに取り組むとともに、友達と協力して学習に取り組む。

[活動]
ゲーム後にチームごとの振り返りを3回行う。単元のまとめをする。

[評価]
運動に進んで取り組み、規則を守り、友達と仲よくゲームをすることができたか。

[指導上の留意点]
単元のまとめとして、友達と仲よく、フェアなプレイができているか振り返らせる。

本時の展開

	時	子供の活動
はじめ	4分	**場や用具の準備をする** ○役割分担にしたがって、場や用具の準備をする。 **集合、あいさつをし、本時の学習内容を確認する** ○チームで作戦を立てて、みんなでゲームを楽しむ。
準備運動	8分	**ゲームにつながる運動をする** ○運動で使う部位、特に手首、足首を中心に動かす。 ○ボール慣れを行う。 ○パス＆ランを行う。
ゲーム	26分	**ゲーム①を行う** ○3分×2　前後半でゲームの役割を交代する。 **ゲームの振り返りをする** ○チームごとに、よかったところや協力して活動できているか振り返る。 **ゲーム②を行う** ○3分×2　前後半でゲームの役割を交代する。 **ゲームの振り返りをする** ○チームごとに、作戦や協力、プレイについて振り返る。 **ゲーム③を行う** ○3分×2　前後半でゲームの役割を交代する。
整理運動	2分	**体をほぐす** ○体を伸ばしたり、使った部位をほぐしたりする。 ・体をほぐすとともに、ゲームの勝敗の結果などによる気持ちの高揚も鎮めるようにゆったりとしたリズムの中で行う。
まとめ	5分	**単元全体の振り返りを行う** ○ゲーム③の振り返りをした後、学級全体でよかったところを共有する。 ○単元のまとめをし、次のゲームの単元に生かせることを確認する。 ○役割分担にしたがって、場と用具の後片付けをする。

13

幅跳び・高跳び

14

ゴール型ゲーム（ハンドボール）

15

ベースボール型ゲーム（ラケットベースボール）

16

多様な動きをつくる運動

17

ゴール型ゲーム（ラインサッカー）

18

表現（1日の生活）

1 資質・能力を身に付けた子供の姿

次のような子供の姿を想定し、単元全体を通して指導と評価を進める。

知識及び技能
- ハンドボールの行い方を知り、友達に教えている。
- 空いている味方やフリーゾーンにいる味方にパスをしている。
- ゴールに体を向けて、シュートしている。
- 守備者からはなれて、パスを受けようとしている。
- ボール保持者とゴールの間に入って守っている。

思考力・判断力・表現力等
- 自己のチームに適した規則を選んでいる。
- 振り返りの場面で、ゲーム中に困ったことや改善したいことを発言している。
- どのように動いたり、位置取りをするとシュートができるか考え、友達に伝えている。
- 学級全体で共有した攻め方や守り方を選び、作戦にしている。
- 取り組んだ作戦を振り返り、友達に伝えたり学習カードに記述したりしている。

主体的に取り組む態度
- 汗をかくほど進んでゲームに取り組んでいる。
- 笑顔で積極的に声をかける。
- 友達の判定に快く従うなど規則を守ってゲームをしている。
- 負けても、ゲームの終わりのあいさつを元気よくしている。
- 場や用具の準備や後片付けを素早く行っている。
- 友達の意見をよく聞き、動きや作戦に取り入れている。

2 ICT の活用

ゲーム中の作戦につながるよい動きをタブレットなどの ICT 機器を活用し、動画で記録しておく。その時間のまとめや次時のはじめの時間に学級全体に紹介し、自分たちの活動に取り入れていくように促す。

コート全体を俯瞰的に記録できる場合は、「どこに動いたらよいか」など、ボールを持たないときの動きについて考えさせるようにしたい。

3 フェアプレイについて知る

誰とでも仲よく活動に取り組むことができるように、フェアプレイとはどのようなことなのか、掲示資料などで理解を図り、ゲームのマナーとともに実践できるようにしていく。

＜掲示資料（例）＞

> **みんなでめざそう　フェアプレイ**
> ○規則を守ってゲームをする。
> ○判定の文句を言わない。
> ○友達の失敗を責めずに、「ドンマイ」と励ます。
> ○友達に命令しないで、「いっしょにやろう」とアドバイスする。
> ○負けたら、次に頑張る気持ちをもつ。
> ○（学級で出たものを追加していく。）

「ハンドボール」学習カード & 資料

本カードは第1時と2時、第3時から第5時まで、2段階に分けてチームカードとして活用する。チームでどのような規則の工夫を考えたり、作戦を立てたりしたか、ゲームの状況、振り返りを1時に1枚ずつ使い、変容を見取っていく。

収録資料活用のポイント

①使い方

単元前半は、ゲームの行い方や規則の工夫に重点を置く。単元後半はチームで取り組む作戦に重点を置く。コート図に図や言葉を書き込ませて使用させる。ゲーム間の振り返りにも追記できるように指示する。単元後半は、作戦カードも活用させ、選ぶことができるようにする。

②留意点

本カードはチームで使用するカードである。一人一人の振り返りの様子をカードから見取ることは難しい。罫線のみの個人カードや体育ノートを用意し、授業後に簡単に振り返りを書かせ、個々が課題解決を図ることができたか見取ることもできる。

💿 学習カード 3-14-1

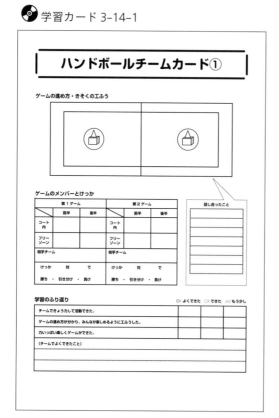

💿 学習カード 3-14-2

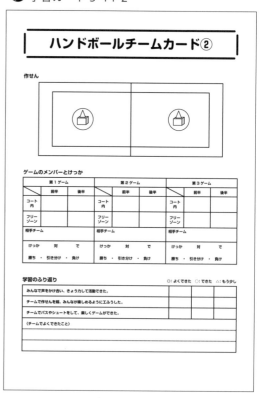

作戦カード

3年 　　　組 　　　番 　名前 （　　　　　　　　　　　　）

「どうしたらとく点がとれるのか」作せんをえらんだり、考えたりしてゲームに取り組もう。

（1）　守りのいないところに
　　　パスをしてシュートしよう。

（2）　ゴールの反対がわにパスを回してシュートしよう。

（3）　フリーゾーンを使って
　　　チャンスをつくろう。

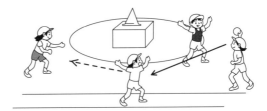

フリーゾーン

「どうしたらとく点をふせぐことができるのか」作せんをえらんだり、考えたりしてゲームに取り組もう。

（1）　両手を広げてゴールを守ろう。

（2）　ボールを持っている人とゴールの間に入って守ろう。

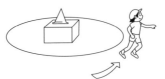

13 幅跳び・高跳び

14 ゴール型ゲーム（ハンドボール）

15 ベースボール型ゲーム（ラケットベースボール）

16 多様な動きをつくる運動

17 ゴール型ゲーム（ラインサッカー）

18 表現（1日の生活）

15 ベースボール型ゲーム（ラケットベースボール）

5 時間

【単元計画】

1 時	2 時・3 時
[第一段階] ラケットベースボールのやり方を知り、打つ、捕る、投げる運動を楽しむ	
ラケットベースボールの学習内容を知り、打つ、捕る、投げる運動を楽しめるようにする	打つ、捕る、投げる運動を楽しみながら試しのゲームをする
1　ラケットベースボールをやってみよう POINT：打つ、捕る、投げるなどのボール操作をしながら、ラケットベースボールのやり方を知る。	**2　ラケットベースボールをしよう** POINT：ボール操作の技能を高め、チームで協力しながらゲームを楽しむ
【主な学習活動】 ○単元の見通しをもつ ○集合・あいさつ ○ねらい、ルール、用具や学習カードの使い方など、学習の進め方を知る ○準備運動 ○練習ゲーム　いろいろな練習方法を知る ○試しのゲーム　始めのルールでゲームを行う ○整理運動　使った部位をほぐす ○まとめ　本時の学習を振り返り、次時の学習内容を知る	**【主な学習活動】** ○集合・あいさつ ○チームのパワーアップタイム　ゲームを楽しむために必要なボール操作等を、ゲーム形式で行う ○試しのゲーム　ゲームを行いながら、ルールの理解やより楽しむための工夫、作戦などを考える ○整理運動 ○まとめ

授業改善のポイント

主体的・対話的で深い学びの実践に向けて

○ゲームの指導で大切なこと

①集団対集団で行う

②友達と協力して、攻めたり守ったりしながら勝敗を競い合う

③ボール操作の技能と、ボールを持たないときの動きを身につけ、ゲームを楽しむことができるようにする

　常に子ども同士が関わりあいながら、自分たちにふさわしいめあてをもち、技能を高めながら学習が進められるように導く必要がある。チーム内での活発な活動や意見交換が不可欠で

あり、協力し合わなければ授業が成立しないことを子どもたちにも十分理解させたい。また、ゲームをより楽しくするためにルールや作戦工夫していくことをねらいとする領域でもある。そこで、学習課題（作戦等）を学習カード等を手がかりとして、話し合う必要性をもたせたい。

　運動経験の差が生じやすい学習であるので、配慮や工夫も必要となるが、ベースボール型ゲーム本来の特性を生かすようにしたい。

13	幅跳び・高跳び
14	ゴール型ゲーム（ハンドボール）
15	ベースボール型ゲーム（ラケットベースボール）
16	多様な動きをつくる運動
17	ゴール型ゲーム（ラインサッカー）
18	表現（1日の生活）

単元の目標

○知識及び技能
・打つ、捕る、投げるなどのボール操作と得点をとったり防いだりする動きによって、易しいゲームができるようにする。

○思考力、判断力、表現力等
・規則を工夫したり、簡単な作戦を選んだりするとともに、考えたことを友達に伝えることができるようにする。

○学びに向かう力、人間性等
・規則を守り仲よく運動したり、勝敗を受け入れたり、友達の考えを認めたり、場や用具の安全に気を付けたりすることができるようにする。

4・5時

[第二段階]
チームで作戦を選んだり立てたりしてゲームを楽しむ

勝利を目指した作戦を立て、チームで協力しながら、楽しむために工夫したゲームをする

2　作戦を立て、工夫してラケットベースボールを楽しもう
POINT：チームで協力して作戦を立て、自分たちで工夫したゲームを楽しむ

【主な学習活動】
○集合・あいさつ
○チームのパワーアップタイム　ゲームを楽しむために必要なボール操作等を、ゲーム形式で行う
○ゲーム
ルールを工夫して、リーグ戦を行う

○整理運動
○まとめ　本時と単元の学習を振り返る
　仲よく、楽しく、ゲームをすることができたか
　意見を出し合いながら自分たちのチームにふさわしい作戦を立てることができたか
　より楽しくゲームを行うための工夫をすることができたか

子供への配慮の例

①運動が苦手な子供
・ベースボール型ゲームの特性（打つ・投げる・捕る）に触れる運動に取り組む時間を、単なる反復練習ではなく、ミニゲームを通して行う。
・容易に「打つ」ことが楽しめるよう、ボールが当たる面の広いソフトテニスラケットを、また適度な重さと硬さがあり、子供が捕ったり投げたりしやすいウレタン製等のボールを使用する。

②意欲的でない子供
・チームの名前やミニゲームの名前を皆で考え、練習用のマイチームボールも皆で手作りする。
・味方が投球（トス）することで、打ちやすいボールとなるようにする。またヒットさえ打てば誰もが得点できるルールとし、全員が打席に立った後、攻守交替とする。
・難しいボール操作や、判断が無くてもベースボール型ゲームの魅力が楽しめる、子供の実態に応じたルールを工夫する。

本時案

ラケット
ベースボールを
やってみよう

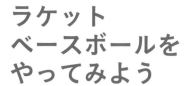

本時の目標

　打つ、捕る、投げるなどのボール操作をしながら、ラケットベースボールのやり方を知る

評価のポイント

　易しいゲームを楽しむために必要な、打つ、捕る、投げるなどの動きを身につけて、はじめのゲームを試みることができたか。

週案記入例

[目標]
易しいゲームを楽しむために今もっている力でゲームを試みるとともに必要な動きを身につける。

[活動]
いろいろな練習や試しのゲームをする。

[評価]
進んで友達と関わりながら、練習やゲームをすることができたか。

[指導上の留意点]
安全に運動するためのきまりや約束をしっかりと確認させる。

本時の展開

	時	子供の活動
はじめ	5分	**集合・あいさつ・単元の見通しをもつ** ○チームごとに整列する。 ○今日の学習内容を知る。 ○用具を確認し、使い方や準備の仕方を知る。**1**
準備運動	3分	**心と体にスイッチを入れ、必要な部位をほぐす** ○リズム太鼓や音楽に合わせて、軽快に行う。
練習ゲーム	20分	**いろいろな練習方法を知る 2** ○キャッチボール、ボール投げ、ボール集め ○バッティング ○ベースランニング
試しの ゲーム	12分	**始めのルールでゲームを行う** ○ゲームを楽しむための規則やマナーを確認する ○ラケットベースボールのやり方を知る ○チームで協力して勝敗を競う
整理運動	2分	**運動で使った部位をゆったりとほぐす** ○ゆったりと部位を伸ばし、クールダウンする
まとめ	3分	**(1)今日の学習について振り返り、学習カードに記入する** ①楽しく運動できたか。 ②友達と仲よく運動できたか。 ③安全に運動できたか。 **(2)楽しかったこと、友達のよかったことを発表し合う**

13
幅跳び・高跳び

14
ゴール型ゲーム（ハンドボール）

15
ベースボール型ゲーム（ラケットベースボール）

16
多様な動きをつくる運動

17
ゴール型ゲーム（ラインサッカー）

18
表現（1日の生活）

1 使用する用具

今もっている力でベースボール型ゲームを楽しめることができる用具を準備する。
チームごとに1セット、かご等にまとめておくと、準備・片付けがしやすい

○ソフトテニスラケット

　ボールが当たる面が広く、軽いラケットを使用
○ウレタン製カラーボール

　直径90cmぐらいのもの（投げやすく、捕りやすい。あまり飛ばない）
　※子どもの実態に合わせ、ほどよい重さ、大きさのものを選択する
○練習用マイボール

　新聞紙をボール大に丸め、ガムテープを巻いたボールをチームで作る。色ガムテープでチームカラー別にするとよい。
　マイボールは練習ゲームで毎回使用するので、大きなかごに入れて持ち運べるようにしておく。

2 いろいろな練習方法

ラケットベースボールを楽しむために必要な技能を「試しのゲーム」をしながら高める

＜運動例＞
○ボール合戦

　相手が投げたボールをキャッチしたり、素早く拾ったりして相手の陣地に投げ返す（投げる・捕る）

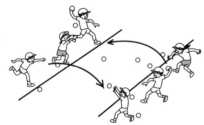

○ならんでキャッチ

　相手に向かってボールを投げたら反対側の列に素早く移く移動する。これを繰り返す（投げる・捕る）

○バッティングセンター

　遠くにボールが飛ばせるように、ラケットの面にボールを合わせ、力いっぱい打つ（打つ）

○ベースランニング競争

　セカンドとホームから同時にスタートし、ベースを回って競争する

○急いでボール集め

　打ったボールを集めて一定の場所にボールを投げる。投げられたボールをキャッチし、かごに入れる。

※ミニゲームの名前をみんなで考えたりすることで、進んでゲームに取り組むことができるようにする。

（投げる・捕る）

本時案

ラケットベースボールをしよう①

2/5

本時の目標

打つ、捕る、投げるなどのボール操作をしながら、試しのゲームをする

評価のポイント

ゲームを行いながら打つ、捕る、投げるなどの動きを身につけ、ルールの理解して試しのゲームを行うことができたか。

週案記入例

【目標】
規則を理解し、身につけた動きを活かしてゲームを行うことができる。

【活動】
いろいろな練習や試しのゲームに自分たちで取り組む。

【評価】
進んで友達と関わりながら、練習やゲームをすることができたか。

【指導上の留意点】
安全に気を付け練習やゲームをしながら、ベースボール型のゲームの仕方を理解させる。

本時の展開

	時	子供の活動
はじめ	5分	**集合・あいさつ** ○チームごとに整列する。 ○今日の学習内容を知る。 ○使う用具や安全を確認する
準備運動	3分	**心と体にスイッチを入れ、必要な部位をほぐす** ○リズム太鼓や音楽に合わせて、軽快に行う。
練習ゲーム	15分	**いろいろな練習方法で必要な動きを身に付ける　１** ○キャッチボール、ボール投げ、ボール集め ○バッティング ○ベースランニング
ゲーム	15分	**始めのルールでゲームを行う　２** ○ゲームを楽しむための規則やマナーを確認する ○ラケットベースボールを行い、チームで協力して勝敗を競う
整理運動	2分	**運動で使った部位をゆったりとほぐす** ○ゆったりと部位を伸ばし、クールダウンする
まとめ	3分	(1)**今日の学習について振り返り、学習カードに記入する** ①楽しく、安全に運動できたか。 ②友達と仲よく運動できたか。 ③より楽しくするために工夫できることはないか。 (2)**友達のよかったことや考えたことを発表し合う**

13

幅跳び・高跳び

14

ゴール型ゲーム（ハンドボール）

15

ベースボール型ゲーム（ラケットベースボール）

16

多様な動きをつくる運動

17

ゴール型ゲーム（ラインサッカー）

18

表現（1日の生活）

1 練習ゲームの工夫

○**ベースランニング競走**：早く半周した方が勝ち

○**ボール合戦ミニゲーム**：時間内に相手の陣地に多く投げ込んだ方が勝ち

○**ならんでキャッチミニゲーム**：時間内に何回キャッチボールできるか
○**バッティングセンターミニゲーム**：ホームランゾーンにたくさん飛んだ方が勝ち

○**急いでボール集め**：短時間で集められた方が勝ち

2 始めの規則（例）

今もっている力でベースボール型ゲームを楽しむことができる規則を工夫する。
○**攻撃**
・1回の攻撃で全員が打つ。打者一巡で交代
・味方がトスしたボールを打つ。
・アウトとコールされるまで進塁できる
・1塁まで行けたら1点、2塁で2点、3塁3点、ホームまで
　帰ってきたら4点。（残塁なし）

○**守備**
・打球をノーバウンドで補球したらアウト。
・内野で補球した場合、ボールを捕った子ともう一人がアウト
　ゾーンに入り、アウト！」と宣言した時点で走者はストップ。
　通過した塁までの得点となる。
・外野で捕球した場合、球を捕った場所からアウトゾーンに向け
　て返球する。アウトゾーン付近にいる子が返球を捕り、ボール
　を捕った子ともう一人がアウトゾーンに入り「アウト！」と宣言した時点で走者はストップ。通過
　した塁までの得点となる。守備側は、捕球した地点とアウトゾーンまでの距離によって何度「中継」
　を繰り返してもよい。

○ルールは子供と一緒に作っていくのが望ましい。より楽しむためのルールを一緒に話し合い、実態に応
　じて助言しながら作っていく。教師はベースボール型ゲームの特性やねらいとずれないように配慮する。

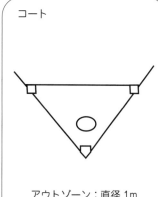

コート

アウトゾーン：直径1m
フラフープを用いてもよい

本時案

ラケットベースボールをしよう②

本時の目標

打つ、捕る、投げるなどのボール操作をしながら、ゲームをする

評価のポイント

ゲームを行いながら打つ、捕る、投げるなどの動きを身につけ、規則の理解をし、より楽しむための工夫や作戦を考えることができたか。

週案記入例

[目標]
ゲームを行いながら、より楽しめる規則や工夫を自分たちで考える。

[活動]
いろいろな練習やゲームに自分たちで取り組む。

[評価]
進んで友達と関わりながら、練習やゲームをすることができたか。

[指導上の留意点]
安全に気を付け練習やゲームをしながら、自ら工夫して楽しむことを意識させる。

本時の展開

	時	子供の活動
はじめ	5分	**集合・あいさつ** ○チームごとに整列する。 ○今日の学習内容を知る。 ○使う用具や安全を確認する
準備運動	3分	**心と体にスイッチを入れ、必要な部位をほぐす** ○リズム太鼓や音楽に合わせて、軽快に行う。
練習ゲーム	10分	**いろいろな練習方法で必要な動きを身につける** **1** ○キャッチボール、ボール投げ、ボール集め ○バッティング ○ベースランニング
ゲーム	20分	**工夫した作戦ルールでゲームを行う** ○ゲームを楽しむための新しい規則やマナーを確認する ○リーグ戦を行い、チームで協力して勝敗を競う ○より楽しくなる工夫はないか、考えながら行う
整理運動	2分	**運動で使った部位をゆったりとほぐす** ○ゆったりと部位を伸ばし、クールダウンする
まとめ	3分	**(1)今日の学習について振り返り、学習カードに記入する** ①楽しく、安全に運動できたか。 ②友達と仲よく運動できたか。 ③より楽しくするために工夫できることはないか。 **(2)友達のよかったこと、考えたことを発表し合う**

13	幅跳び・高跳び
14	ゴール型ゲーム（ハンドボール）
15	ベースボール型ゲーム（ラケットベースボール）
16	多様な動きをつくる運動
17	ゴール型ゲーム（ラインサッカー）
18	表現（1日の生活）

1 練習方法

初めてベースボール型ゲームに触れる子供も多いので、ラケットベースボールを楽しむために必要な3つの動き（投げる・捕る・打つ）に意識して運動させたい。

＜学習時に有効な声かけ＞

【投げる】

> ・ひじをあげて頭の後ろにボールをつけよう
> ・片足を一歩前に出し、身体を横向きにして投げよう
> ・相手の胸をじっと見て投げよう

【打つ】

> ・横でなく、身体の前でボールを当てよう
> ・ラケット（面）を正面に向けて、あたる瞬間までボールを見ていよう
> ・打った後もラケットはしっかり持っていよう

【捕る】

> ・おへそをボールに向けよう
> ・体の真ん中でボールを捕ろう
> ・両手でしっかりボールをつかもう
> ・体の近くで捕ろう

＜資料の提示＞

○「打つ」「捕る」「投げる」ことが苦手な児童には技能ポイントを知らせる。教師の言葉かけだけでなく、学習資料を教室に掲示し、いつでも見られようにしておく。

○3年生では導入段階として練習ミニゲームを活用し技能の向上を図るが、本来ならばゲームの中で伸ばすことが望ましい。子どもの実態や学年に応じて計画したい　練習ミニゲームはあくまでも「補助運動」とし、技能習得の部分練習、反復練習とならないよう留意する。ゲームの時間をできるだけ多くとれるようにしたい

本時案

作戦を立て、工夫をしながらゲームを楽しもう①

／5

本時の目標

　自分たちのチームにふさわしい作戦を立て、勝つために必要な工夫を自分たちで考える。

評価のポイント

　ゲームを行いながら打つ、捕る、投げるなどの動きを身につけ、より楽しむための工夫、作戦などを生かしてゲームをすることができたか。

【目標】
勝利を目指した作戦を立て、チームで協力しながら、楽しむために工夫したゲームをする

【活動】
互いに協力し、高め合いながらリーグ繊を行う。

【評価】
進んで友達と関わり、対わを進めながら練習やゲームをすることができたか。

【指導上の留意点】
安全に気を付け、作戦を生かし協力しながら勝利を目指すことを意識させる。

本時の展開

	時	子供の活動
はじめ	5分	**集合・あいさつ** ○チームごとに整列する。 ○今日の学習内容を知る。 ○使う用具や安全を確認する
準備運動	3分	**心と体にスイッチを入れ、必要な部位をほぐす** ○リズム太鼓や音楽に合わせて、軽快に行う。
練習ゲーム	10分	**作戦を意識した練習方法で必要な動きを高める** ○キャッチボール、ボール投げ、ボール集め ○バッティング ○ベースランニング
ゲーム	22分	**工夫したルールでゲームを行う** 1 ○ゲームを楽しむために工夫した規則やマナーを確認する ○リーグ戦を行い、チームで協力して勝敗を競う ○チームが勝つための工夫や作戦は何か、考えながら行う
整理運動	2分	**運動で使った部位をゆったりとほぐす** ○ゆったりと部位を伸ばし、クールダウンする
まとめ	3分	⑴**今日の学習について振り返り、学習カードに記入する** ①楽しく、安全に運動できたか。 2 ②友達と仲よく運動できたか。 ③勝利を目指した工夫や作戦はないか。 ⑵**友達のよかったこと、考えたことを発表し合う**

15　ベースボール型ゲーム（ラケットベースボール）
228

1 ラケットベースボールをより楽しむために、規則の工夫や自分のチームにふさわしい作戦を考え合う

◯ゲーム中や振り返り時に考えた規則の工夫を友だちに伝える

ファールが続くと試合が進まないなあ
いい方法はないかな？

ラケットを投げたらアウトにしよう　危ないから！

◯作戦をチームで考える

大量得点をねらうにはどうしたらいいかな？

次のゲームは打順と守備位置を変えてやってみよう！

◯適宜チームに応じた助言をし、学習のねらいや運動の特性からずれないようにする

・自分たちがよりゲーム楽しむために、規則や作戦を工夫することは、この領域の大切な学習であるので、時間をしっかり確保し、友達との交流を促したい。

2 チームプレイの大切さをしっかり指導する（学習の仕方）

たくさんゲームをしたいから素早く行動しよう　いつも走ろう！

仲間に文句を言うのは厳禁！　仲間がやる気になってくれるよう教えたり励ましたりしよう　文句よりアドバイス！

（判定でもめた時は）ゆずり合う気持ちが大事。お互いにしっかり話し合い、決まったら文句は言わないこと

◯勝敗を競うことはゲーム領域の大事な学習内容であるが、こだわりすぎるともめごとばかりが多くなり楽しさが失われる。この機会に「スポーツマンシップ」を学ばせたい

本時案

作戦を立て、
工夫をしながら
ゲームを楽しもう②

5/5

本時の目標

　自分たちのチームにふさわしい作戦を立て、勝つために必要な工夫を自分たちで考える。

評価のポイント

　ゲームを行いながら打つ、捕る、投げる、走るなどの動きを身につけ、より楽しむための規則の工夫やチームにふさわしい作戦などを生かしてゲームをすることができたか。

本時の展開

	時	子供の活動
はじめ	5分	**集合・あいさつ** ○チームごとに整列する。 ○今日の学習内容を知る。 ○使う用具や安全を確認する
準備運動	3分	**心と体にスイッチを入れ、必要な部位をほぐす** ○リズム太鼓や音楽に合わせて、軽快に行う。
練習ゲーム	10分	**作戦を意識した練習方法で必要な動きを高める** ○キャッチボール、ボール投げ、ボール集め ○バッティング ○ベースランニング
ゲーム	22分	**工夫したルールでゲームを行う** ◀1 ○ゲームを楽しむために工夫した規則やマナーを確認する ○リーグ戦を行い、チームで協力して勝敗を競う ○チームが勝つための工夫や作戦は何か、考えながら行う
整理運動	2分	**運動で使った部位をゆったりとほぐす** ○ゆったりと部位を伸ばし、クールダウンする
まとめ	3分	(1)**単元の学習振り返り、学習カードに記入する** 　①楽しく、安全に運動できたか。 　②友達と仲よく運動できたか。 　③勝利を目指した工夫や作戦はないか。 (2)**友達のよかったこと、考えたことを発表し合う**

13 幅跳び・高跳び

14 ゴール型ゲーム（ハンドボール）

15 ベースボール型ゲーム（ラケットベースボール）

16 多様な動きをつくる運動

17 ゴール型ゲーム（ラインサッカー）

18 表現（1日の生活）

1 チームにふさわしい作戦を意識し、仲間と対話しながら工夫したゲームで勝敗を競う

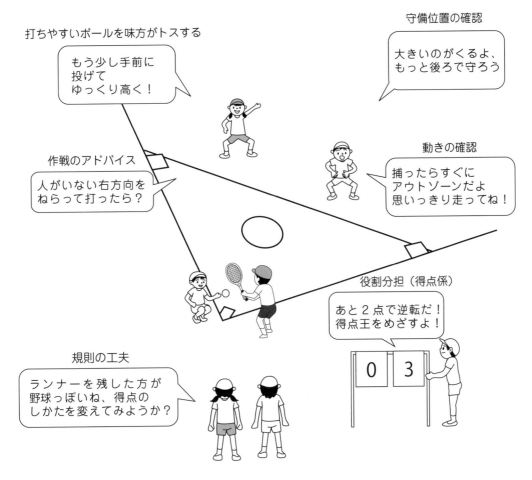

守備位置の確認
大きいのがくるよ、もっと後ろで守ろう

打ちやすいボールを味方がトスする
もう少し手前に投げてゆっくり高く！

作戦のアドバイス
人がいない右方向をねらって打ったら？

動きの確認
捕ったらすぐにアウトゾーンだよ思いっきり走ってね！

役割分担（得点係）
あと2点で逆転だ！得点王をめざすよ！

0 3

規則の工夫
ランナーを残した方が野球っぽいね、得点のしかたを変えてみようか？

○リーグ戦終了後最多得点チームを表彰するなど、勝敗の結果以外にも、意欲を喚起する要因があるとよい

（例）　最多得点チーム
　　　最少失点チーム
　　　ベストトレーニング賞（練習ゲームから）
　　　ベストアイデア賞（ルールの工夫）
　　　ベストチームワーク賞
　　　スポーツマンシップ賞など

（例）

リーグ戦表

A	B	C	
A		●	
B	○		○
C		●	

得点表

	1	2	3
A	7	4	12
B	10	9	4
C	1	8	10

「ラケットベースボール」学習カード＆資料

使用時 **第1〜5時**

本カードは単元全体を通して使用し、友達と対話しながら作戦やルールの工夫を考え、チームにふさわしいめあてをもたせることに活用する。また、試合結果や振り返りを残して、次時への意欲を喚起したり、チームの課題を考えさせたりする。「日記」は自由に記述させることにより、一人一人の興味関心や技能、考え方の変容を見取り、支援や励まし、助言を与えることに活用する。

収録資料活用のポイント

①使い方

　授業前に、休み時間や給食の時間を活用して相談し、今日の作戦を記入する。授業に持参させ、ゲーム中に今日のスコアを記入し、試合後にチームで話し合った振り返りを記入する。日記は外には持ち出さず、教室内で着替え終わった子供から記入させる。どちらも板目紙に重ねて貼りつけるとよい。

②留意点

　ポジションを考える際には、打球が飛んだ時のそれぞれの動きについて、シミュレーションさせておく。相手の得点を最小限に抑えるために、球を追いかける子供や追いかけない子供がどこに動いたらよいかを考えさせる。打順や役割分担についてもしっかり計画、確認させる。ゲーム領域では個々の子供に目が行き届きにくいので、一人一人とやり取りができる「日記」を大切に扱いたい。

📀 学習カード 3-15-1　　　　　　　　　　📀 学習カード 3-15-2

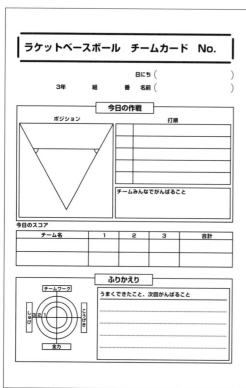

ラケットベースボール　運動のポイント

3年　　　組　　　番　名前（　　　　　　　　　　　　）

☆いつもボールから目をはなさない！
☆ひじをあげて、全身でボールを投げる！
☆体の正面でボールを捕る！

【投げる】

・ひじをあげて頭の後ろにボールをつけよう
・身体を横向きにし、投げる腕と反対の片足を一歩前に出して投げよう
・投げる場所をじっと見て投げよう

【捕る】

・おへそをボールに向けよう
・体の真ん中でボールを捕ろう
・両手でしっかりボールをつかもう
・体の近くで捕ろう

【打つ】

・横でなく、身体の前でボールを当てよう
・ラケット（面）を正面に向けて、あたる瞬間までボールを見ていよう
・打った後もラケットはしっかり持っていよう

13 幅跳び・高跳び

14 ゴール型ゲーム（ハンドボール）

15 ベースボール型ゲーム（ラケットベースボール）

16 多様な動きをつくる運動

17 ゴール型ゲーム（ラインサッカー）

18 表現（1日の生活）

16 多様な動きをつくる運動

4 時間

【単元計画】

1 時	2 時
[第一段階] 楽しく体を動かそう	[第二 いろいろやってみよう、
多様な動きをつくる運動の行い方を知り、大きなボールや棒などを使った動きを楽しむ。	多様な動きをつくる運動の行い方を知り、力試しの運動や、なわを使った動きを楽しむ。
1　体をたくさん動かして、運動を楽しもう！ POINT: できる、できないに関係なく、今もっている力で運動している姿を大切にする。 【主な学習活動】 ○単元の見通しをもつ ○音楽に乗せた準備運動で心と体のスイッチオン ○用具（大きなボール）を使った運動 　・大きなボールの上に座って、弾んだり転がったりする ○用具（棒やタオル）を使った運動 　・棒やタオルを振ったり投げたりする 　・立てた棒を相手と場所を入れ替えてつかむ ○音楽に乗せた整理運動で心と体をクールダウン ○まとめ 　・楽しかった動きや上手な友達を見付けたか。	**2　体をたくさん動かして、運動を楽しもう！** POINT: できる、できないに関係なく、今もっている力で運動している姿を大切にする。 【主な学習活動】 ○音楽に乗せた準備運動で心と体のスイッチオン ○力試しの運動 　・人や物を押す、引く、運ぶ、支える、ぶら下がる動きや、力比べをする動きに取り組む ○用具（短なわ・長なわ）を使った運動 　・短なわで前や後ろの連続片足跳びなどをする 　・長なわで連続回旋跳びなどをする ○音楽に乗せた整理運動で心と体をクールダウン ○まとめ 　・楽しかった動きや上手な友達を見付けたか。

授業改善のポイント

主体的・対話的で深い学びの実践に向けて

　誰もが楽しく運動できる授業を展開するポイントは以下の通り。

①自己の学習課題をもって取り組めるように、学習内容を理解できる工夫をする。示範、絵図、タブレットによる友達との見合いの中で、自分で決め、友達や先生のアドバイスで選べるようにする。

②子供の「やってみたい」という運動欲求を大切に、全員が楽しく体を動かす。

③まずやってみることで、子供はできるようになりたいことに気付く。説明の指示は短く。

④運動を工夫している、上手に動いているなど、価値のある学び方をしている子供を全体に紹介する。

⑤友達を見て、さらに課題解決できるように、もう一度取り組める時間を設定する。

⑥「こうやったらうまくできるよ」など、子供同士で気付いたことを伝え合う姿を引き出す。

⑦授業を通してブレずに一貫して指導することを心掛ける。

⑧常に称賛の言葉を子供に注ぐ。

13 幅跳び・高跳び

14 ゴール型ゲーム（ハンドボール）

15 ベースボール型ゲーム（ラケットベースボール）

16 多様な動きをつくる運動

17 ゴール型ゲーム（ラインサッカー）

18 表現（1日の生活）

単元の目標 ････････････････････････

〇**知識及び運動**
・運動の行い方を知るとともに、体を動かす心地よさを味わったり、基本的な動きを身に付けたりできる。

〇**思考力、判断力、表現力等**
・自己の課題を見付け、その解決のための活動を工夫するとともに、考えたことを友達に伝えることができる。

〇**学びに向かう力、人間性等**
・運動に進んで取り組み、きまりを守り誰とでも仲よく運動したり、友達の考えを認めたり、場や用具の安全に気を付けたりできる。

3 時	4 時
段階] **工夫して動こう**	
運動のポイントを見付けながら、力試しの運動や、なわを使った動きを楽しむ。	友達と気付いたことを伝え合いながら、力試しの運動や、なわを使った動きを楽しむ。
3　真似したり、選んだりして工夫して楽しもう！ POINT: できるようになりたい動きに、繰り返し取り組んだり、工夫したりしている姿を大切にする。	**4　友達と力を合わせて、できる動きを増やそう！** POINT: 友達と運動のポイントを伝え合ったり、一緒に運動したりしている姿を大切にする。
【主な学習活動】 〇音楽に乗せた準備運動で心と体のスイッチオン 〇力試しの運動 　・人や物を押す、引く、運ぶ、支える、ぶら下がる動きや、力比べをする動きに取り組む 〇用具（短なわ・長なわ）を使った運動 　・短なわで前や後ろの連続片足跳びなどをする 　・長なわで連続回旋跳びなどをする 〇音楽に乗せた整理運動で心と体をクールダウン 〇まとめ 　・どうやったらできるようになったか。	**【主な学習活動】** 〇音楽に乗せた準備運動で心と体のスイッチオン 〇力試しの運動 　・人や物を押す、引く、運ぶ、支える、ぶら下がる動きや、力比べをする動きに取り組む 〇用具（なわ）を操作しながら移動する運動 　・短なわで跳びながら、歩いたり走ったりする 　・回旋する長なわの中でボールを捕るなど 〇音楽に乗せた整理運動で心と体をクールダウン 〇まとめ 　・単元を通して友達とどんなことを教え合ってできたか。

子供への配慮の例 ････････････････

①運動が苦手な子供

　難しい動きではなく、やさしい動きからやってみるように言葉掛けする。1人で行うことが難しい場合には、教師や友達と一緒にやるように促す。

　用具に対する抵抗感がある子供には、柔らかい素材を選択させたり、新聞紙などで代用したりする。多様な動きを経験するためにも、用具は数種類を用意して、選択できるようにすることも大切である。

②意欲的でない子供

　友達の真似をしたり、できそうなことから取り組んだりしてよいことを伝える。取り組んでいること自体を称賛し、自信がもてるよう支援する。

　学級内で意欲的な子供がいるペアやグループの仲間に入れ、友達の力を借りながらできるようにする。

　音楽を使ったり、ゲーム感覚で取り組んだりできるよう、学習環境や雰囲気づくりを大切にする。無理に学習活動に参加させようとせず、個別に話し、本人の思いを尊重する。

本時案

大きなボールや棒などを使った運動を楽しもう

週案記入例

【目標】
大きなボールや棒を使った基本的な動きができたか。

【活動】
多様な動きをつくる運動に友達と仲よく楽しく取り組み、いっぱい体を動かす。

【評価】
基本的な動きを友達力いっぱい取り組めたか。

【指導上の留意点】
誰もが体を動かすことを楽しめるように留意する。運動の行い方を知り、きまりを守って運動するよう言葉掛けするとともに、自分たちで気付ける子供を育てていく。

本時の目標

多様な動きをつくる行い方を知り、大きなボールや棒などを使った運動をすることができる。

評価のポイント

大きなボールや棒などを使った運動ができたか。

本時の展開

	時	子供の活動
はじめ	15秒	**集合・あいさつ**
準備運動	5分	**音楽に乗せた準備運動で心と体のスイッチオン** ○軽快な音楽に乗せて、本時で使う体の部位をほぐす。 ○全員で声を出しながら楽しい雰囲気を作っていく。
大きなボールを使った運動	20分	**大きなボール使った運動** ○座ったり弾んだりできる、大きなボールに乗って、軽く弾んだり転がったりする。 **1** ・音楽に乗せて、自由に弾んだり転がったりする。 ・足を上げて、友達と一緒にバランスをとる。 ・ペアやグループで動きを合わせて弾んだり転がったりする。 ※よい動きを共有する時間（その後、もう一度取り組む） 　様々な弾み方や転がり方をしている子供を全体に紹介する。
棒やタオルを使った運動	13分	**棒やタオルを使った運動** ○棒やタオルを振ったり、投げたり、相手と場所を入れ替わって交換したりする。 **1** ・棒やタオルを持って体全体を使って振る。 ・棒を立てて、すばやく相手と場所を入れ替えてつかむ。 ・タオルを丸めて投げたり捕ったりする。 ※よい動きを共有する時間（その後、もう一度取り組む） 　様々な振り方などをしている子供を全体に紹介する。
整理運動	2分	**音楽に乗せた整理運動で心と体をクールダウン** ○本時で使った体の部位をゆっくりと動かしほぐす。
まとめ	5分	**(1)今日の学習について振り返り、学習カードに記入する** ○楽しかった動きはどんなことか。 ○上手な動きをしている友達を見付けたか。 ○きまりを守って、友達と仲よく運動できたか。 **(2)楽しかったこと、友達のよかったことを発表し合う**

1 多様な動きをつくる運動例

大きなボールを使った運動
大きなボールに乗って、軽く弾んだり転がったりする。友達と補助して一緒に運動する。

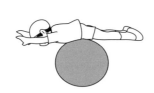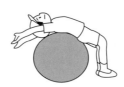

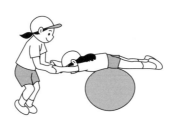

棒を使った動き
棒がない場合は、大きな紙を丸め、その中にリボンを入れて作ることができる。振ると中からリボンが出てきて楽しく自然に動きを引き出すことができる。

タオルを使った動き
タオルを振ったり、上に投げて捕ったりする。タオルの大きさや長さによって動きや難易度が変わる。

○子供の見取り方

単元序盤は「学びに向かう力」を引き出すように授業を進める。進んで運動する子供、友達と仲よく運動する子供を称賛する。もっとやりたいという意欲は、できるを目指して思考して運動することにつながる。単元中盤は「思考力、判断力、表現力」を育めるように授業を進める。「どうやったらできたの」と問い掛け、考えて運動する価値を全体に広げていく。単元終盤では「運動の質」に焦点を当て、よりできるを目指して運動に取り組めるようにする。最初から技能を求めすぎないことが大切である。

※運動ができるできないにかかわらず、その運動がもつ楽しさを十分に味わわせたい。

13 幅跳び・高跳び

14 ゴール型ゲーム（ハンドボール）

15 ベースボール型ゲーム（ラケットベースボール）

16 多様な動きをつくる運動

17 ゴール型ゲーム（ラインサッカー）

18 表現（1日の生活）

本時案

力試しの運動や、なわを使った運動を楽しもう①

本時の目標

多様な動きをつくる行い方を知り、力試しの運動や、なわを使った運動をすることができる。

評価のポイント

力試しの運動や、なわを使った運動ができたか。

> **週案記入例**
>
> **[目標]**
> 力試しの運動やなわを使った基本的な動きができたか。
>
> **[活動]**
> 多様な動きをつくる運動に友達と仲よく関わり楽しく取り組み、いっぱい体を動かす。
>
> **[評価]**
> 基本的な動きに力いっぱい取り組み、友達と仲よく運動できたか。
>
> **[指導上の留意点]**
> 誰もが体を動かすことを楽しめるように留意する。運動の行い方を知り、きまりを守って運動するよう言葉掛けするとともに、自分たちで気付ける子供を育てていく。

本時の展開

	時	子供の活動
はじめ	1分	**集合・あいさつ** **前時の振り返り（三観点）** 　前時のよい学び方を振り返り、本時につなげていく。
準備運動	5分	**音楽に乗せた準備運動で心と体のスイッチオン** 　○軽快な音楽に乗せて、本時で使う体の部位をほぐす。 　○体じゃんけん、ジャンプなど徐々に大きな動きにしていく。
力試しの運動	7分	**力試しの運動** 　○人を押す、引く動き **1** 　　重心を低くして相手を押したり、相手から押されないように踏ん張ったりする。 　○人を運ぶ、支える動き 　　おんぶで運んだり、手押し車などをして支えたりする。
なわを使った運動	25分	**短なわを使った運動 2** 　○短なわを使って跳ぶ 　　前や後ろの連続片足跳びや交差跳びなどをする。 　※よい動きを共有する時間（その後、もう一度取り組む） 　　上手な跳び方をしている子供を全体に紹介する。 **長なわを使った運動 2** 　○長なわを使って跳ぶ 　　長なわでの連続回旋跳びをする。 　※よい動きを共有する時間（その後、もう一度取り組む） 　　上手な跳び方をしている子供を全体に紹介する。
整理運動	2分	**音楽に乗せた整理運動で心と体をクールダウン** 　○本時で使った体の部位をゆっくりと動かしほぐす。
まとめ	5分	**(1)今日の学習について振り返り、学習カードに記入する** 　○楽しかった動きはどんなことか。 　○上手な動きをしている友達を見付けたか。 　○きまりを守って、友達と仲よく運動できたか。 **(2)楽しかったこと、友達のよかったことを発表し合う**

1 力試しの運動は安全面を押さえる

力試しの運動では、友達を押したり、引いたり、運んだり、支えたりする動きが含まれる。痛いことはすぐやめる、無理にやりすぎない、互いの気持ちを考えて運動できるとよい。また、手を持つと滑って抜けてしまうことがあるため、手首を持って引く動きをするなど、安全面に留意する。

2 多様な動きをつくる運動例

人を押す動き（力試し）

互いの手首を握り、重心を低くして相手を引いたり、両手を合わせて押したりする。いろいろな友達とやってみる。

支える動き（力だめし）

腕立て支持の姿勢でじゃんけんして、勝ったら負けた人の周りを回る。

短なわを使った動き

短なわで前や後ろの連続片足跳びや交差跳びなどをする。

かけ足　キック　ケンケン

チョキ　グー・パー

人を引く・運ぶ動き（力試し）

友達をおんぶで運んだり、手押し車などで支えたりする。競争ではなく、安定してできるようにする。

長なわを使った動き

8人程のグループを作って、長なわで連続回旋跳びなどを行う。跳ぶ姿勢を変えたり、方向を変えたりして多様な動きを引き出す。

跳び方を指定するのではなく、様々な跳び方を経験できるようにする。「他にどんな跳び方ができるかな？」と投げかけ、なわの操作に慣れることができるようにする。

13 幅跳び・高跳び

14 ゴール型ゲーム（ハンドボール）

15 ベースボール型ゲーム（ラケットベースボール）

16 多様な動きをつくる運動

17 ゴール型ゲーム（ラインサッカー）

18 表現（1日の生活）

本時案

力試しの運動や、なわを使った運動を楽しもう②

本時の目標

　多様な動きをつくる行い方を知り、力試しの運動や、なわを使った運動をすることができる。

評価のポイント

　力試しの運動や、なわを使った運動ができたか。

本時の展開

	時	子供の活動
はじめ	1分	**集合・あいさつ** **前時の振り返り（三観点）** 　前時のよい学び方を振り返り、本時につなげていく。
準備運動	5分	**音楽に乗せた準備運動で心と体のスイッチオン** 　○軽快な音楽に乗せて、本時で使う体の部位をほぐす。 　○流行りの曲を活用し、楽しい雰囲気を作っていく
力試しの運動	7分	**力試しの運動** 　○人を押す、引く動き　**1** 　　重心を低くして相手を押したり、相手から押されないように踏ん張ったりする。 　○人を運ぶ、支える動き 　　おんぶで運んだり、手押し車などをして支えたりする。
なわを使った運動	25分	**短なわを使った運動**　**1** 　○短なわを使って跳ぶ 　　前や後ろの連続片足跳びや交差跳びなどをする。 　※よい動きを共有する時間（その後、もう一度取り組む） 　　上手な跳び方をしている子供を全体に紹介する。 **長なわを使った運動**　**1** 　○長なわを使って跳ぶ 　　長なわでの連続回旋跳びをする。 　※よい動きを共有する時間（その後、もう一度取り組む） 　　上手な跳び方をしている子供を全体に紹介する。
整理運動	2分	**音楽に乗せた整理運動で心と体をクールダウン** 　○本時で使った体の部位をゆっくりと動かしほぐす。
まとめ	5分	**(1)今日の学習について振り返り、学習カードに記入する** 　○楽しかった動きはどんなことか。 　○上手な動きをしている友達を見付けたか。 　○きまりを守って、友達と仲よく運動できたか。 **(2)楽しかったこと、友達のよかったことを発表し合う**

1 多様な動きをつくる運動例

人を押す動き（力試し）
いろいろな姿勢で友達と押し合う。

背中合わせでやってみよう

人を引く・運ぶ動き（力試し）
バスタオル等の上に乗り、引っ張って運ぶ。

短なわを使った動き
友達と一緒にいろいろな跳び方をする。
２人で１つのなわに入って跳んだり、体の向きを変えたりして跳ぶ。

長なわを使った動き
ターナー（なわの回し手）を交代して、友達と協力して運動できるようにする。
順番に跳んで抜けたり、中で跳び続けたりする。

○多様な動きを経験させる
単元の進行に合わせ、動きに変化を付けて取り組めるように促す（短なわの跳び方を変える、速さを変える、友達と一緒に行うなど）。
友達の動きにも注目させ、真似や動きのこつを共有しながら運動できるとよい。中学年は動きの組み合わせにつなげていくため、短なわを跳びながら歩いたり走ったりするなど、多様な動きを経験できるようにする。

○よい動きを共有する時間は意図的に
よい動きを共有する時間は、三観点のいずれかに焦点を絞って取り上げる。
「主体的に運動する価値を伝えたい場合」は、何度も組む、友達と楽しく運動している姿などを紹介する。「思考しながら運動する価値を伝えたい場合」は、こつを考えている、友達と教え合っている姿などを紹介する。「運動の技能を高めたい場合」は、上手に運動している姿などを紹介する。
運動している中で、子供に必要なことを見取り、その動きを子供を紹介する形で、全体に伝えていく。運動の技能のみに偏らないように、三観点をバランスよく育んでいくことが大切である。

※長なわを跳ぶ際は周りとの間隔を十分に空けて行うなど安全に留意する。

13 幅跳び・高跳び

14 ゴール型ゲーム（ハンドボール）

15 ベースボール型ゲーム（ラケットベースボール）

16 多様な動きをつくる運動

17 ゴール型ゲーム（ラインサッカー）

18 表現（１日の生活）

本時案

動きを組み合わせて楽しもう

本時の目標

　力試しの運動や、なわを使った運動やそれらを組み合わせた動きをすることができる。

評価のポイント

　力試しの運動や、なわを操作する運動、それらを組み合わせた動きができたか。

週案記入例

[目標]
組み合わせた動きができたか。

[活動]
友達と気付いたことを伝え合いながら、基本的な動きを組み合わせた運動をする。

[評価]
友達と気付いたことを伝えながら、経験した動きを組み合わせて運動できたか。

[指導上の留意点]
工夫して運動したり、友達と伝え合って運動したりする姿を認めていく。常に子供の学びに向かう力に価値付け、学習への意欲が高まっていくような言葉掛けをする。

本時の展開

	時	子供の活動
はじめ	1分	**集合・あいさつ** **前時の振り返り（三観点）** 　前時のよい学び方を振り返り、本時につなげていく。
準備運動	5分	**音楽に乗せた準備運動で心と体のスイッチオン** 　○軽快な音楽に乗せて、本時で使う体の部位をほぐす。 　○号令ではなく屈伸など正しい動きになるよう言葉掛けする
力試しの運動	7分	**力試しの運動** ◀**1** 　①人を押す、引く動き 　　おんぶで運んだり、手押し車などをして支えたりする。 　②物にぶら下がるなどの動き 　　登り棒や肋木をしっかりと握り、一定時間ぶら下がったり、ぶら下がりながら友達とじゃんけんをしたりする。
なわを使った運動	25分	**なわを操作しながら移動する運動** ◀**1** 　③短なわで跳びながら、歩いたり走ったりする。 　※よい動きを共有する時間（その後、もう一度取り組む） 　　運動のポイントを押さえた組み合わせの動きや、動きのこつに気付いている子供や、友達と教え合って運動している子供を全体に広める。 **なわを操作しながらバランスをとる運動** ◀**1** 　④回旋している長なわを跳びながら、ボールを捕ったり投げたり、ついたりする。長なわでの連続回旋跳びをする。 　※よい動きを共有する時間（その後、もう一度取り組む） 　　上手な跳び方をしている子供を全体に紹介する。
整理運動	2分	**音楽に乗せた整理運動で心と体をクールダウン** 　○本時で使った体の部位をゆっくりと動かしほぐす。
まとめ	5分	**(1)今日の学習について振り返り、学習カードに記入する** 　○どうやったらできるようになったか。 　○友達とどんなことを教え合ってできたか。 　○工夫して運動できたことはどんなことか。 **(2)楽しかったこと、友達のよかったことを発表し合う** **(3)単元で学んだことを振り返る**

1 多様な動きをつくる運動例

人を引く動き（力試し）

たくさんの友達と交代する。
円になって一斉に引き合うのもよい。

物にぶら下がる動き（力試し）

肋木にぶら下がったり、いろいろな姿勢になって体を支えたりする。

肋木を使ってみよう

短なわを操作しながら移動する運動

短なわを跳びながら歩く、走る、ケンケン、ジャンプ進みなど、移動の仕方や跳び方を変えて行う。友達と一緒に行うのも楽しい。

後ろ跳びできた!!
かけ足できるよ!
グー・チョキ…
パー!!
ジャンケンできた!
となりに並んでせーの!
けんけんで走ったよ!
ぼくは交差跳びに挑戦だ!!

長なわを操作しながらバランスをとる運動

回旋している長なわを跳びながら、ボールを捕ったり投げたり、ついたりする。
操作が難しい子供には、止めた長なわを跳び越しながら操作したり、ボールを持ったまま回旋する長なわを跳んだりしてもよい。

○授業マネジメント

夢中になって運動する子供の姿を実現したい。
①絶え間ない称賛の言葉掛け。名前を呼んで、具体的に伝えると効果的である。
②説明は短く。子供を待たせず、やりたい、ワクワク感を重視する。
③楽しいことから始める。見れば分かる、すぐできることをやってみる。
④速くやったらお得。集合や整列などすばやくできた子供が得をするように。
⑤やらない子供を追い過ぎない。些細な変化も見逃さず認め、称賛する。

13 幅跳び・高跳び

14 ゴール型ゲーム（ハンドボール）

15 ベースボール型ゲーム（ラケットベースボール）

16 多様な動きをつくる運動

17 ゴール型ゲーム（ラインサッカー）

18 表現（1日の生活）

「多様な動きをつくる運動」学習カード＆資料

使用時 第1～4時

本カードは第1時から第4時まで、それぞれの時間に使用する。体つくり運動を通して、子供の学習状況を把握したり、変容を見取ったりできるようにする。学習のねらいとなる三観点で示し、子供の学習の積み重ねとなるようにする。カードの中で学習の価値が高いものは、学級全体に紹介し、全員で共有して学習の質を高めていきたい。

収録資料活用のポイント

①使い方

　授業のはじめに本カードを子供に配布する。書きやすくするためボードに挟んだり板目紙に貼り付けたりすると使いやすい。記述部分は、子供が何をめあてに学習するのか、また何を振り返ればよいのか分かりやすいように、学習のねらいに沿った言葉として整理する。授業後に目を通し、足りない部分は次学年の指導改善へとつなげていく。

②資料

　学習指導要領解説体育編に例示されている動きを楽しく身に付けられるような運動を資料で紹介する。体つくり運動は多くの運動例があるため、単元計画に含まれないが価値のある運動例も掲載する。

🔘 学習カード 3-16-1

🔘 学習カード 3-16-2

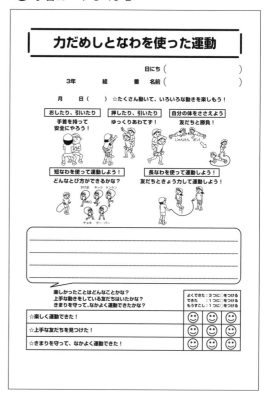

体つくり運動例

3年　　　組　　　番　名前（　　　　　　　　　）

手押し車（引く）

ひざをしっかり持つ。うでよりかたが前にくるようにささえる。あぶなくなったらそっと足を地面につけて手をはなす。

タオルやぼうで引き合う（引く）

タオルやぼうを使って引き合う。急に手をはなさないように注意する。

大根抜き（引く）

足を持って引く。引かれる方は、地面に手をついたり、友だちとうでを組んだりして引かれないようにふんばる。

みんなで力を合わせて（運ぶ）

友だちと力を合わせてはこぶ。どんなはこび方ができるかいろいろとためしてみる。

力比べ（引く）

木につかまり、引きぬかれないようにみんなで力を合わせてたえる。

たわら返し（押す・引く）

うつぶせにねている友だちをあお向けにひっくり返す。ねている子はたえる。

なわを使った運動

コースを作ってとびながら進もう！

いろいろなとび方に挑戦しよう！

８の字とび

正面かぶり・むかえとび

ブーメランとび

13 幅跳び・高跳び

14 ゴール型ゲーム（ハンドボール）

15 ベースボール型ゲーム（ラケットベースボール）

16 多様な動きをつくる運動

17 ゴール型ゲーム（ラインサッカー）

18 表現（１日の生活）

17 ゴール型ゲーム（ラインサッカー）

(6 時間)

【単元計画】

1時	2時
[第一段階] 簡単なボール操作やゲームの行い方を知り、運動を楽しむ。	
ラインサッカーの学習内容やボール操作の仕方を知り、ゲームを楽しむ。	ゲームをして気付いたことについて話し合い、ルールを工夫してゲームを楽しむ。
1　ラインサッカーの行い方を知ろう POINT：パスやシュートなど簡単なボール操作の仕方を知り、ゴールすることを楽しむ。 **【主な学習活動】** ○集合・あいさつ ○単元の見通しをもつ ○本時の運動につながる準備運動をする ○ボールを使ったいろいろな運動をする ○ゲーム 　ゲームの行い方を知る ○運動で使った部位をゆったりとほぐす ○まとめ 　①クラス全体で今日の学習について振り返る 　②次時の学習内容を知る	**2　規則を工夫して楽しもう** POINT：クラス全員が楽しめる規則を考え、工夫してゲームを楽しむ。 **【主な学習活動】** ○集合・あいさつ ○本時の運動につながる準備運動をする ○ゲーム① ○規則の工夫について話し合う ○ゲーム② 　話し合った内容をもとに規則を変えたり ○運動で使った部位をゆったりとほぐす ○まとめ 　①クラス全体で今日の学習について振り返る 　②次時の学習内容を知る

授業改善のポイント

主体的・対話的で深い学びの実践に向けて

　ラインサッカーでは、「基本的なボール操作」と「ボールを持たないときの動き」などを学習課題として取り組ませる。

①「基本的なボール操作」

・味方へボールをパスしたり、ドリブルしたりボールを止めたりすることができているか。

・蹴りたい方向へシュートすることができているか。

②「ボールを持たないときの動き」

　空いているところへ素早く動いて、パスを受けたり、シュートしたりすることができるか。

　2人組やチームでの基本的なボール操作の技能を高める時間をゲーム化して設定する。互いに声を掛け合いながら相手にやさしいパスを出したり、ボールを奪い合ったりすることで、楽しみながら基本的なボール操作を高めることができる。どのように動いたら相手ゴールの前までボールを運ぶことができるかを、ゲームの中で考えさせる。実際の動きの中で気付いたことをチーム内で思考させることで、主体的・対話的な学びにつながる。学習の終わりには学習カードを活用し、自身の学びを深められるようにする。

13	幅跳び・高跳び
14	ゴール型ゲーム（ハンドボール）
15	ベースボール型ゲーム（ラケットベースボール）
16	多様な動きをつくる運動
17	ゴール型ゲーム（ラインサッカー）
18	表現（1日の生活）

単元の目標

○**知識及び技能**
・基本的なボール操作やボールを持たないときの動きを身に付け、コート内で攻守入り交じってボールを主に足で操作し、易しいゲームをすることができる。

○**思考力、判断力、表現力等**
・簡単な作戦を選んだり、考えたことを友達に伝えたりすることができる。

○**学びに向かう力、人間性等**
・きまりを守り、仲よく運動したり、場や用具の安全に気を付けたりすることができる。

3 時	4 〜 6 時
[第二段階] **簡単な作戦を意識して、動きを工夫しながらゲームの楽しさや喜びに触れる。**	
簡単な作戦についてチームで話し合い、自分の動きを考えながら、運動を楽しむ。	チームが選んだ作戦を生かしてより多く得点することで、運動を楽しむ。
3　動き方や攻め方を工夫しよう POINT：ボールを持たないときの動きを知り、自分の役割を考えながらゲームを楽しむ。	**4・5・6　動きを工夫しながら得点しよう** POINT：教師が例示した作戦の中から選んで、チームがより多く得点できるよう、ゲームを楽しむ。
【主な学習活動】 ○集合・あいさつ ○本時の運動につながる準備運動をする ○ゲーム①（兄弟チーム） ○作戦タイム ○ゲーム②（兄弟チーム） ○運動で使った部位をゆったりとほぐす ○まとめ 　①クラス全体で今日の学習について振り返る 　②次時の学習内容を知る	**【主な学習活動】** ○集合・あいさつ ○本時の運動につながる準備運動をする ○ゲーム① ○作戦タイム ○ゲーム② ○運動で使った部位をゆったりとほぐす ○まとめ 　①クラス全体で単元の学習について振り返る 　②次時の学習内容を知る

子供への配慮の例

①運動が苦手な子供

　パスやシュートが苦手な子供には、相手コート内に「フリーエリア」を設け、ボールの保持やシュートが安心してできるように条件を易しくするなど、全員が活躍できるような規則を作る。

　体にボールが当たることへの恐怖心をもつ子供や、ボールの操作が苦手な子供への配慮として、大きなボールや柔らかいボールを用意するなど工夫する。また、誰もが楽しく運動できるよう、ゲームの規則について、皆で話し合う場を設けるようにする。

②意欲的でない子供

　ゲームのルールがわからずに意欲的でない子供には、掲示物等で確認できるようにする。場や規則が難しいと感じている子供には、文字やイラスト等を提示したり、より易しい規則に変更したりする。

　チーム編成に配慮し、皆が協力して楽しく運動に取り組めるようにする。得点した際、友達とハイタッチして喜びを共有するなど、仲間と運動することの喜びを十分に味わえるように声かけを行う。できるようになったことを積極的に認め、称賛する。

本時案

ラインサッカーの
行い方を知ろう

本時の目標

　ラインサッカーの行い方を知り、単元の見通しをもつことができるようにする。

評価のポイント

　ゲームの進め方を理解することができたか。

週案記入例

[目標]
ラインサッカーの行い方を知り、単元の見通しをもつ。

[活動]
チーム編成、役割分担をし、試しのゲームを行う。

[評価]
ゲームの進め方を理解することができたか。

[指導上の留意点]
活動を通して、場や用具などの安全面について指導をする。

本時の展開

	時	子供の活動
はじめ	13分	**集合・あいさつをし、単元の見通しをもつ** ○単元のねらいや大切にすることを知る。 ○チーム編成をする。 **1** 　・1チーム5人で、6チーム編成する。 　・編成後、ゼッケンを着用する。 ○準備、後片付けする場や用具の役割分担をする **2** ○分担にしたがって、場や用具の準備をする。
準備運動	10分	**ゲームにつながる運動をする** ○運動で使う部位、特に膝や足首を中心に動かす。 ○ボール慣れを行う。　・インサイドパスやトラップ　など ○パス＆ランを行う。
ゲーム	15分	**試しのゲームをする** **3** ○ゲームの行い方を知る。 　・掲示資料による説明を聞く。 ○ゲームを行う。 　・3分×2 **全体でゲームの振り返りをする** ○ゲームの規則で分からないところを全体で確認する。 ○2回目のゲームを行う 　・3分×2
整理運動	2分	**体をほぐす** ○体を伸ばしたり、使った部位をほぐしたりする。 　・体をほぐすとともに、ゲームの勝敗の結果などによる気持ちの高揚も鎮めるようにゆったりとしたリズムの中で行う。
まとめ	5分	**本時の学習のまとめをする** ○ゲームの行い方、規則で混乱していることを整理する。 ○次時の学習内容を確認する。 ○分担にしたがって、場と用具の後片付けをする。

17　ゴール型ゲーム（ラインサッカー）

248

13 幅跳び・高跳び

14 ゴール型ゲーム（ハンドボール）

15 ベースボール型ゲーム（ラケットベースボール）

16 多様な動きをつくる運動

17 ゴール型ゲーム（ラインサッカー）

18 表現（1日の生活）

1 チーム編成の仕方の例

子供の実態に応じて、指導者がチーム編成を行う。
○チーム編成の視点
・運動に意欲的に取り組めるか
・チームでの活動に仲よく取り組めるか
・基本的なボール操作の技能はどの程度身に付いているか　など相互審判で学習を進めていくため、学級の人数、校庭の広さに応じて、４チーム、６チーム、８チームで編成する。

2 準備・後片付けの分担の例

次の場や用具の準備・後片付けを分担する。
○チーム毎に準備・後片付けするもの
　ゼッケン、ゴール（カラーコーン、バー）
○チームで分担して準備・後片付けするもの
　ボール、準備運動のための場作り（フラットリング等）
　コート作り（目印のマーカー等）、得点板
○学級の実態と学習指導要領の資質・能力から、子供に身に付けさせたい内容をわかりやすく説明する。
（例）クラスのみんなが楽しむことができるラインサッカーの学習をしよう。
　　　チームで力を合わせて、みんなが活躍できる楽しいラインサッカーの学習にしよう。

3 ゲームの行い方

○コート
　・30m×20m 程度。
　・フリーゾーンは２ｍ四方の幅。
　・コーナー等に目印のマーカーを置く。
○ボール
　・転がりにくいよう、空気を少し抜く。
○ゴール
　・コーンとバーの三角ゴールにする。
○フリーゾーン
　・相手に邪魔されずにパスやシュートができる。
○プレイヤー
　・コート内　５人
　・フリーゾーンの中には１人のみが入れる。
　※攻める側のゾーンのみで、誰でも入れる。
　・オフェンスマンは、相手陣地の中だけで攻める。
　※オフェンスマンは、自陣で守ることができないため、常に５対４の状態で攻めることができる。
○ゲームの始め方
　・中央の×印の位置から始める。
○得点
　・三角形のコーンの間でバーの下をボールが通過したらたら１点。
　・得点を決められたチームが、中央の×印からパスしてゲームを再開する。
○はじめの規則
　・コートからボールが出たら、出た位置の外から相手ボールのキックインで再開する。

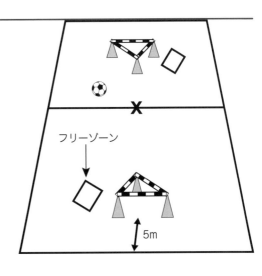

フリーゾーン

5m

本時案

ラインサッカーの 規則を工夫しよう

本時の目標

はじめの規則でゲームをして、気付いたことについて話し合い、より楽しめる規則を工夫してゲームをする。

評価のポイント

誰もが楽しくゲームに参加できるように、規則の工夫を選んだり考えたりすることができたか。

本時の展開

	時	子供の活動
はじめ	5分	**場や用具の準備をする** ○役割分担にしたがって、場や用具の準備をする。 **集合、あいさつをし、単元の見通しをもつとともに本時の学習内容を確認する** ○みんなが楽しめる規則の工夫をする。
準備運動	13分	**ゲームにつながる運動をする** ■1 ○運動で使う部位、特に膝や足首を中心に動かす。 ○ボール慣れを行う。 ○パス&ランを行う。
ゲーム	20分	**ゲーム①を行う** ○3分×2 **ゲームの振り返りをする** ○ゲームの行い方、規則で分からなかったこと、困ったこと、変更したいことを学級全体で話し合う。 ■2 **ゲーム②を行う** ○3分×2
整理運動	2分	**体をほぐす** ○体を伸ばしたり、使った部位をほぐしたりする。 ・体をほぐすとともに、ゲームの勝敗の結果などによる気持ちの高揚も鎮めるようにゆったりとしたリズムの中で行う。
まとめ	5分	**本時の学習の振り返りをする** ○ゲーム②の振り返りをし、ゲームの行い方や規則について確認や修正をする。 ○次時の学習内容を確認する。 ○役割分担にしたがって、場と用具の後片付けをする。

13

幅跳び・高跳び

14

ゴール型ゲーム（ハンドボール）

15

ベースボール型ゲーム（ラケットベースボール）

16

多様な動きをつくる運動

17

ゴール型ゲーム（ラインサッカー）

18

表現（1日の生活）

1 ゲームにつながる準備運動の例

○音楽をかけての体操
　・アップテンポのリズムの音楽をかけ、楽しく運動できる雰囲気をつくる。体全体をほぐしながら、特に運動で使う部位をほぐすよう具体的に声をかける。
○ボール慣れ（一人1個ボールを持って）
　・足裏ボールタッチ
　　左右交互に足の裏でボールをタッチする。
　・ドリブル＆ストップ
　　ドリブルしながらコート内を動き回り、指導者の合図で足裏や膝、お尻などでボールをピタッと止めるゲームを行い、楽しみながら必要な動きを身につける。
○パス＆ラン
　・チーム同士での対面パス
　　3m～5mの間隔でチームを半分に分けて並び、パスをつなぐ。
　　パスをしたら、パスした相手の方へ走る。転がってきたボールは足の内側で一度止めてから、相手にやさしくパスをする。チーム内で連続してパスが続けられるよう、記録を伸ばしていく。

　※ボールは、蹴りやすい大きさで転がりすぎないように空気を少し抜いたものを用意する。

2 規則の工夫

本単元のラインサッカーは、次のような点で意図的に易しいゲームとして設定している。
○攻めている時はオフェンスマンがいるので、常に5対4の状況になる。
○ゴールをコート内に設定しているので、全方位からシュートをすることができる。
○フリーゾーンのプレイヤーは、守る側からボールを奪われないので、安心してボールを受け、パスやシュートすることができる。
　学級の実態から、次の視点で規則の工夫を想定し、どの子供もゲームの楽しさを味わうことができるようにする。

視点	はじめの規則 ⇨	ゲームの様子 ⇨	規則等の工夫（例）
プレイヤーの人数	攻めている時は5対4	パスやシュートすることができない子供がいる	・オフェンスマンを2人に増やして、攻めている時は5対3の状況にする ※オフェンスマンはチーム内で役割を交代しながら行う
フリーゾーン	フリーゾーンは攻める側に1つある	フリーゾーンへパスする前に相手にボールを奪われてしまう	・フリーゾーンを1つから2つに増やす
プレイ上の緩和や制限	どこからでもシュートが打てる	パスをつながずにシュートする子供がいる	・相手の陣地内でのシュートのみ、得点が認められる ・チームの全員が得点できたらボーナス得点を設ける
ボールその他の運動用具や設備	ゴールはコーン3つとバー3つで、3面のどこを通過しても1点	シュートがなかなか入らず、得点できない	・ボールの空気を少し抜き、足でボール操作をし易くする ・バーを増やしてコーンを広げて得点し易くする

本時案

作戦を選んで
ゲームをしよう

本時の目標

チームで作戦を選び、規則を守ってゲームに取り組むことができる。

評価のポイント

「どうしたらより得点できるか」という学習課題に対して、簡単な作戦を選んだり考えたりしてゲームに取り組むことができたか。

本時の展開

	時	子供の活動
はじめ	5分	**場や用具の準備をする** ○役割分担にしたがって、場や用具の準備をする。 **集合、あいさつをし、本時の学習内容を確認する** **1** **2** ○「どうしたらより得点できるか」を考え、チームで作戦を選んでゲームをする。
準備運動	13分	**ゲームにつながる運動をする** ○運動で使う部位、特に膝や足首を中心に動かす。 ○ボール慣れを行う。 ○パス＆ランを行う。
ゲーム	20分	**ゲーム①を行う** ○4分×2 **ゲームの振り返りをする** ○どこでパスをもらったり、どのようにプレイしたりしたら得点がとれたのか、学級全体で共有し、その中から次のゲームに向けて、チームで作戦を選んだり立てたりする。 **ゲーム②を行う** ○4分×2
整理運動	2分	**体をほぐす** ○体を伸ばしたり、使った部位をほぐしたりする。 ・体をほぐすとともに、ゲームの勝敗の結果などによる気持ちの高揚も鎮めるようにゆったりとしたリズムの中で行う。
まとめ	5分	**本時の学習を振り返る** **3** ○ゲーム②の振り返りをし、「どうしたら得点がとれたのか」について学級全体で、よかった動きについて共有する。 ○次時の学習内容を確認する。 ○役割分担にしたがって、場と用具の後片付けをする。

13 幅跳び・高跳び

14 ゴール型ゲーム（ハンドボール）

15 ベースボール型ゲーム（ラケットベースボール）

16 多様な動きをつくる運動

17 ゴール型ゲーム（ラインサッカー）

18 表現（1日の生活）

1 学習課題とチームの作戦について

学級全体に提示した学習課題に即して、チーム毎に作戦を選ばせたり、考えさせたりしていく。

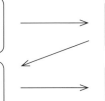

学習課題の例

「どうしたらより得点がとれるだろうか」

「ボールを持っていない人はどんな動きをしたらよいか」

チームの作戦の例

・守りのいないところにパスをしてシュートしよう。
・フリーゾーンを生かして得点しよう。

・コート内を広く使い、ボールをもらえる位置へ動こう。
・フリーの味方にパスしよう。

ゲームの振り返りでは、ゲームで見付けた動きについて子供たち相互が考えを伝え合い、思いや考えを共有し、チームの作戦に役立てていく。また、皆がより楽しく運動できるように規則の工夫についても意見を聞き、取り入れていく。

2 一単位時間の学習の流れ

【一単位時間の流れ】
1 あいさつ・用具準備
2 学習課題の確認
3 準備運動
4 ゲームにつながる運動
5 ゲーム①
6 振り返り①
7 ゲーム②
8 整理運動
9 振り返り②
10 あいさつ・片づけ

「ゲームにつながる運動」、「2回のゲーム」「2回の振り返り」を1単位時間の中で行うことで、チーム内での対話を促し、より多く得点するためにはどうしたらよいか主体的に考えられるようになる。

○作戦につながる効果的な運動
　ゲームにつながる運動に取り組み、本時の課題解決に取り組む手掛かりとなるようにする。
・ボール操作を中心とする運動
・チームの動きを中心とする運動

3 学習の振り返りと次時のめあて

学習課題（動き・作戦）を理解することができたか、意識して動くことができたかを振り返り、次時に向けて話し合いを行う。

振り返り①
・チームで学習課題（動き・作戦）について話し合う。

振り返り②
・個人の学習カードに振り返りを書く。
・学級全体で本時の課題について振り返り、次時の課題を設定する。

本時案

チームに
ふさわしい作戦を
選ぼう

本時の目標

　チームにふさわしい作戦を立てて取り組み、みんなでゲームを楽しむことができるようにする。

評価のポイント

　基本的なボール操作やボールを持たないときの動きによってゲームができたか。

週案記入例

[目標]
チームにふさわしい作戦を選んでゲームに取り組み、みんなで運動を楽しむ。

[活動]
ゲーム、チーム毎の振り返りを3回行う。

[評価]
チームにふさわしい作戦であったか。

[指導上の留意点]
課題の解決を図る中で、よいパスや動き、位置取りを称賛して、学級全体に広げる。

本時の展開

	時	子供の活動
はじめ	4分	**場や用具の準備をする** ○役割分担にしたがって、場や用具の準備をする。 **集合、あいさつをし、本時の学習内容を確認する** ○チームで作戦を立てて、みんなでゲームを楽しむ。　**1**
準備運動	8分	**ゲームにつながる運動をする** ○運動で使う部位、特に膝や足首を中心に動かす。 ○ボール慣れを行う。 ○パス＆ランを行う。
ゲーム	26分	**ゲーム①を行う** ○5分×2　前後半でゲームの役割を交代する。　**2** **ゲームの振り返りをする**　**3** ○チーム毎に、作戦や協力、プレイについて振り返る。 **ゲーム②を行う** ○5分×2　前後半でゲームの役割を交代する。 **ゲームの振り返りをする** ○チーム毎に、作戦や協力、プレイについて振り返る。
整理運動	2分	**体をほぐす** ○体を伸ばしたり、使った部位をほぐしたりする。 　・体をほぐすとともに、ゲームの勝敗の結果などによる気持ちの高揚も鎮めるようにゆったりとしたリズムの中で行う。
まとめ	5分	**本時の学習のまとめをする** ○学級全体でよかったところを共有する。 ○次時の学習内容を確認する。 ○役割分担にしたがって、場と用具の後片付けをする。

13

幅跳び・高跳び

14

ゴール型ゲーム（ハンドボール）

15

ベースボール型ゲーム（ラケットベースボール）

16

多様な動きをつくる運動

17

ゴール型ゲーム（ラインサッカー）

18

表現（1日の生活）

1 チームでの作戦の立てさせ方

○指導者は「チームにふさわしい作戦とは」をチームに問いかけ、チーム内での話し合いが意欲的に行われるようにする。

○チーム内で友達から出た言葉などをもとに「○○作戦」と名付け、簡単な作戦としてクラス全体に紹介し提示する。クラスで出た作戦をクラス全体で共有し、その中から選んでもよいものとする。

作戦例

パスアンドゴー作戦	ドリブル作戦	パスパス作戦
パスを出したらスペースへ走る。	スペースが空いていたら、ドリブルして進む。	パスをつないでゴール前にボールを運ぶ。

2 ゲームの進め方、マナー

○ゲームの始めと終わりには、チームごとに向かい合ってセンターラインに並び、キャプテンが号令をかけ、元気よくあいさつをする。

○チームで円陣を組み、勝利を目指して仲よく運動する意欲を高める。

○ゲームは相互審判で行う。

　・判定が難しい場合には、キャプテン同士で話し合って決定するよう助言する。

　・得点は得点板や色玉を用意して、視覚的に点数がわかるようにする。

○ボール操作の苦手な子も含めてだれもが楽しく運動できるよう、工夫する。

　・ボーナス得点

　　全員が得点したらボーナス得点にする。（得点した子は帽子を白から赤に変える）

　・フリーゾーンの活用

　　ボール操作の苦手な子には、安心してボール操作ができるよう、フリーゾーンを活用して攻めるよう助言する。フリーゾーンの位置や大きさは、クラスで話し合い、実態に合わせて変えていくとよい。

3 言葉かけ例

○指導者は、それぞれのチームが勝つために考えたことをチーム内で活発に伝え合えるよう助言をする。肯定的な言葉かけのシャワーをたくさん浴びせることで、指導者の言葉がチーム内にも広がっていくようにする。特に称賛する際は、チーム名や個人名を挙げ、どこがよいのかを具体的に示すようにする。

肯定的内容

「相手のいないところへ走っていてよかったよ」

「ボールを受けてからすぐにシュートできてうまかったね」

矯正的内容

「一度しっかりボールを止めてからパスを出そう」

「ゴール前が空いていたら、どんどんシュートしよう」

本時案

チームで作戦を選び、ラインサッカーを楽しもう

本時の目標

　チームにふさわしい作戦を選んで取り組み、みんなでゲームを楽しむことができるようにする。

評価のポイント

　基本的なボール操作やボールを持たないときの動きを考えてゲームができたか。

週案記入例

[目標]
チームにふさわしい作戦を選んでゲームに取り組み、みんなで運動を楽しむ。

[活動]
ゲーム、チーム毎の振り返りを行う。

[評価]
チームにふさわしい作戦であったか。

[指導上の留意点]
課題の解決を図る中で、よいパスやボールを持たないときの動き、位置取りを称賛して、学級全体に広げる。

本時の展開

	時	子供の活動
はじめ	4分	**場や用具の準備をする** ○役割分担にしたがって、場や用具の準備をする。 **集合、あいさつをし、本時の学習内容を確認する** ○チームで作戦を立てて、みんなでゲームを楽しむ。
準備運動	8分	**ゲームにつながる運動をする** ○運動で使う部位、特に膝や足首を中心に動かす。 ○ボール慣れを行う。 ○パス＆ランを行う。
ゲーム	25分	**ゲーム①を行う** ○4分×2　前後半でゲームの役割を交代する。 **チームの振り返り・作戦タイム** ◀**1** ○チームの作戦を振り返り、次のゲームに向けて作戦について話し合う。 　話し合いが早く終わったらチーム練習をする。 **ゲーム②を行う** ○4分×2　前後半でゲームの役割を交代する。 **ゲームの振り返りをする** ○チーム毎に作戦や協力、プレイについて振り返る。
整理運動	2分	**体をほぐす** ○体を伸ばしたり、使った部位をほぐしたりする。 　・体をほぐすとともに、ゲームの勝敗の結果などによる気持ちの高揚も鎮めるようにゆったりとしたリズムの中で行う。
まとめ	6分	**本時の学習の振り返りをする** ○学級全体でよかったところを共有する。 ◀**2** ○次時の学習内容を確認する。 ○役割分担にしたがって、場と用具の後片付けをする。

13

幅跳び・高跳び

14

ゴール型ゲーム（ハンドボール）

15

ベースボール型ゲーム（ラケットベースボール）

16

多様な動きをつくる運動

17

ゴール型ゲーム（ラインサッカー）

18

表現（1日の生活）

1 作戦ボードの活用（チームの話合いを活発にするための工夫）

○チームが作戦を選んだり、ゲームの中でチームがねらった動きを確かめたりするために「作戦ボード」を活用する。ゲーム前に決めておいた作戦をもとにチームで話し合いをし、前半終了後にチームの作戦を振り返るようにする。後半では必要があれば作戦を修正・変更したりして、得点できるようチームでの話し合いを行うようにする。

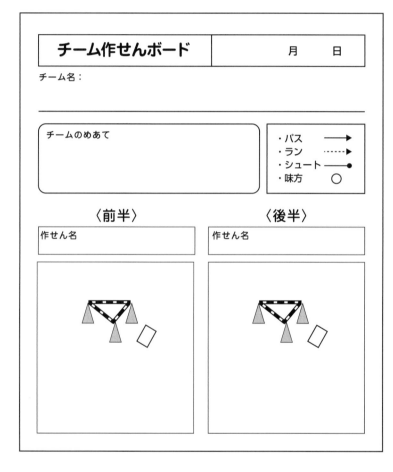

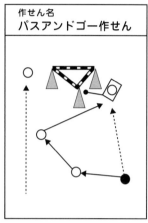

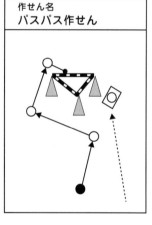

2 個人の振り返り

○毎時間の学習のまとめとして振り返りを行う。振り返りの内容は、単元の評価規準に照らし「知識・技能」「思考・判断・表現」「主体的に学習に取り組む態度」の3観点と本時の学習のめあてに対してどのように考え、運動することができたかを記述から見取るようにする。

　指導者は、個人の振り返りカードをその場で見て回り、本時の学習で特に変容のあった子供や取り上げたい子供をチェックしておく。個人の振り返り後、指導者は数名の子供を学級全体に紹介し、共有する。

本時案

チームで協力して
ラインサッカーを
楽しもう

本時の目標

　チームにふさわしい作戦を立ててゲームに取り組むとともに、友達と協力して学習に取り組むことができる。

評価のポイント

　運動に進んで取り組み、規則を守り、友達と仲よくゲームをすることができたか。

本時の展開

	時	子供の活動
はじめ	4分	**場や用具の準備をする** ○役割分担にしたがって、場や用具の準備をする。 **集合、あいさつをし、本時の学習内容を確認する** ○チームで作戦を立てて、みんなでゲームを楽しむ。
準備運動	8分	**ゲームにつながる運動をする** ○運動で使う部位、特に手首、足首を中心に動かす。 ○ボール慣れを行う。 ○パス＆ランを行う。
ゲーム	25分	**ゲーム①を行う** ○4分×2　前後半でゲームの役割を交代する。 **振り返り・作戦タイム** ○チームの作戦を振り返り、次のゲームに向けて作戦について話し合う。 　話し合いが早く終わったらチーム練習をする。 **ゲーム②を行う** ○4分×2　前後半でゲームの役割を交代する。 **ゲームの振り返りをする** ○チーム毎に作戦や協力、プレイについて振り返る。
整理運動	2分	**体をほぐす** ○体を伸ばしたり、使った部位をほぐしたりする。 　・体をほぐすとともに、ゲームの勝敗の結果などによる気持ちの高揚も鎮めるようにゆったりとしたリズムの中で行う。
まとめ	6分	**単元全体の振り返りを行う** ○ゲーム③の振り返りをした後、学級全体でよかったところを共有する。 ○単元の振り返りをし、次のゲームの単元に生かせることを確認する。 ○役割分担にしたがって、場と用具の後片付けをする。

13

幅跳び・高跳び

14

ゴール型ゲーム（ハンドボール）

15

ベースボール型ゲーム（ラケットベースボール）

16

多様な動きをつくる運動

17

ゴール型ゲーム（ラインサッカー）

18

表現（1日の生活）

1 資質・能力を身に付けた子供の姿

次のような子供の姿を想定し、単元全体を通して指導と評価を進める。

知識及び技能

- ・ラインサッカーの行い方を知り、友達に教えている。
- ・フリーの味方やフリーゾーンにいる味方にパスをしている。
- ・ゴールに体を向けて、シュートしている。
- ・味方からパスを受け易い場所に動いてボールを受けようとしている。
- ・ボール保持者とゴールの間に入って守っている。

思考力・判断力・表現力等

- ・自己のチームに適した規則を選んでいる。
- ・振り返りの場面で、ゲーム中に困ったことや改善したいことを伝えている。
- ・どのように動いたり、位置取りをしたりしたらシュートができるか考え、友達に伝えている。
- ・学級全体で共有した攻め方を選び、作戦に取り入れようとしている。
- ・取り組んだ作戦を振り返り、友達に伝えたり学習カードに記述したりしている。

主体的に取り組む態度

- ・進んでゲームに取り組んでいる。
- ・規則を守ってゲームをしている。
- ・ゲームの始めと終わりのあいさつを元気よく行っている。
- ・場や用具の準備や後片付けを進んで行っている。
- ・友達の意見を聞き、動きや作戦に取り入れている。

2 ダイヤモンドの木

毎時や単元のまとめでは、学級全体に「今日のダイヤモンドは見つけましたか」と発問し、きらりと光るプレイや行動、思いやりのある励ましの言葉などを積極的に取り上げ、称賛する。授業後、子供から出た言葉をダイヤモンド型の用紙に文章でまとめ、それを「ダイヤモンドの木」に貼っていくことで、単元を通して子供の自尊感情を高めていく。

掲示資料（例）

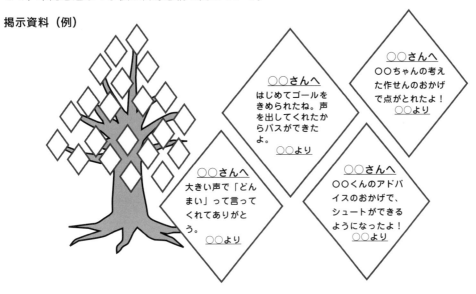

○○さんへ
はじめてゴールをきめられたね。声を出してくれたからパスができたよ。
○○より

○○さんへ
○○ちゃんの考えた作せんのおかげで点がとれたよ！
○○より

○○さんへ
大きい声で「どんまい」って言ってくれてありがとう。
○○より

○○さんへ
○○くんのアドバイスのおかげで、シュートができるようになったよ！
○○より

「ラインサッカー」学習カード & 資料

使用時 **第1～6時**

本カードは第1時から第6時の学習において使用する。第1時と第2時及び第3時から第6時に分かれている。チームカードは、第3時から第6時において使用する。学習の進め方を補説し、授業の終わりには学習の振り返りを行うように指示する。

収録資料活用のポイント

①使い方

　チームカードは、第3時が始まる前に予めチームに各1枚を板目紙とセットで配付しておく。第3時からはチームカードに対戦相手とのゲームの結果を記入する。本単元の終わりには、チームの振り返りを行い、チームカードに記入するよう指示する。

②留意点

　本カードは、めあて達成に向けて意欲的に学習するために使用する。第3時からは、自己の課題に対してめあてを立てるようにする。その達成に向けての取組の記録となる。課題のもたせ方を丁寧に行うことにより、学習の中で思考したことや、自己の新たな気付きを書き表すことにつながる。

◎ 学習カード 3-17-1

◎ 学習カード 3-17-2

◎ 学習カード 3-17-3

◎ 学習カード 3-17-4

◎ 学習資料 3-17-1

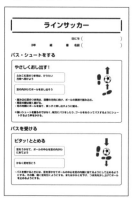

パス・シュートをする

13
幅跳び・高跳び

14
ゴール型ゲーム（ハンドボール）

15
ベースボール型ゲーム（ラケットベースボール）

16
多様な動きをつくる運動

17
ゴール型ゲーム（ラインサッカー）

18
表現（1日の生活）

3年　　　組　　　番　名前（　　　　　　　　　）

○ 自分	- - ▶ ラン
● なかま	──▶ パス
✦ 相手	

パスパス作戦

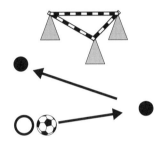

パスをつないでゴールをねらう

パスアンドゴー作戦

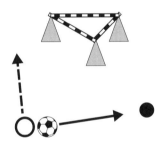

みかたにパスを出したら、走る

ランラン作戦

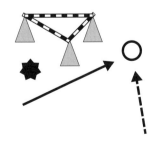

ゴールに向かってどんどん走る

18 表現（1日の生活）

5時間

【単元計画】

1時	2時
	[第一
	「1日の生活」のいろいろな様子や
表現運動のよい動きのポイントや踊りの工夫の仕方について知り、題材の特徴を捉えて即興的に踊るこ	
1 「せんたく」のテーマでおどろう POINT：洗濯物の質感が変わる様子を教師の言葉かけでイメージさせ、全身の動きで表現させる。 [主な学習活動] ○単元の見通しをもつ ○集合・あいさつ ○ウォーミングアップ（心と体ほぐし） ○教師の言葉かけで特徴のある場面を動きに表す ○イメージカードを使って2〜3人組で踊る ○グループで見せ合う ○クーリングダウン（静かなBGMでストレッチ） ○学習の振り返り	2 「そうじ」のテーマでおどろう POINT：動きの速さや高低差などメリハリをつけた動きで特徴が表れるように表現させる。 [主な学習活動] ○集合・あいさつ ○ウォーミングアップ（心と体ほぐし） ○教師の言葉かけで特徴のある場面を動きに表す ○イメージカードを使って2〜3人組で踊る ○グループで見せ合う ○クーリングダウン（静かなBGMでストレッチ） ○学習の振り返り

授業改善のポイント

主体的・対話的で深い学びの実践に向けて

知識及び技能（よい動き）のポイント

- 表したいイメージにふさわしい動きを見付ける。
- 全身を使って、大げさに表現（誇張）する。
- 動きに変化を付けてメリハリのある表現にする。
- 動きをスムーズにつなげて連続させ、気持ちも途切れずに踊る。
- 感じを込めてなりきって踊る。

踊りの工夫の観点「4つのくずし」

　題材の特徴を誇張して表現できるよう以下の点で踊りを工夫できるようにする。

- 空間のくずし：方向や場の使い方の変化
- 体のくずし：体の状態（体の軸）の変化
- リズムのくずし：リズムや速さの変化
- 人間関係のくずし：人数やグループの変化

　グループで踊りを見せ合い、振り返りでよさを伝え合うことで主体的な学びになるようにする。なお、自己の学習課題をもって、対話から分かったことを友達に伝えることを重視した展開とする。

13	幅跳び・高跳び
14	ゴール型ゲーム（ハンドボール）
15	ベースボール型ゲーム（ラケットベースボール）
16	多様な動きをつくる運動
17	ゴール型ゲーム（ラインサッカー）
18	表現（1日の生活）

単元の目標

○知識及び技能

・「1日の生活」の題材からその主な特徴を捉え、表したい感じをひと流れの動きで踊ることができる。

○思考力、判断力、表現力等

・自己の能力に適した課題をもち、題材の特徴を捉えた踊り方を工夫するとともに、友達が工夫したよいところを伝えることができる。

○学びに向かう力、人間性等

・運動に進んで取り組み、友達の動きや工夫を認めたり、場の安全に気を付けたりすることができる。

3時	4～5時
段階] 場面の特徴を捉えて即興的に踊る	[第二段階] テーマを選び、作品作りをする
とを楽しむ。	「はじめとおわり」を付けた作品作りをする
3 「スポーツ」のテーマでおどろう POINT：「ボールを投げる—捕る」など相手の動きに対応した動きが表れるように表現させる。	4・5 テーマを選んでおどろう①② POINT：表したい場面を中心に、「はじめとおわり」を付けて途切れずに表現させる。
[主な学習活動] ○集合・あいさつ ○ウォーミングアップ（心と体ほぐし） ○教師の言葉かけで特徴のある場面を動きに表す ○イメージカードを使って2～3人組で踊る ○グループで見せ合う ○クーリングダウン（静かなBGMでストレッチ） ○学習の振り返り	[主な学習活動] ○集合・あいさつ ○ウォーミングアップ（心と体ほぐし） ○「はじめとおわり」を付けた動きに表す ○第4時 グループで見せ合う 　第5時 ミニ発表会をする ○クーリングダウン（静かなBGMでストレッチ） ○単元の振り返りを行う

子供への配慮の例

①運動が苦手な子供

題材の特徴を捉えることが苦手な子供には、題材の多様な場面を絵や文字で描いたカードを活用して動きをイメージできるようにさせる。

全身を使った表現が苦手な子供には、教師や大きな動きをしている子供の近くに配置させ真似できるようにさせる。

ひと流れの動きにすることが苦手な子供には、気に入った様子を中心に、動きが急変する場面の例を教師から複数あげて言葉かけをして連続した動きで踊れるようにする。

②意欲的でない子供

意欲的でなくなってしまう原因は、恥ずかしさを感じて消極的になってしまうことである。授業の導入に心と体をほぐす易しい運動を取り入れ、子供の心身を解放してあげることが表現運動に楽しく取り組ませるためのポイントである。

運動例として、「全身じゃんけん」を教師や子供同士で行ったり、教師のリードで軽快な音楽に乗って踊る「リズムダンス」を行ったりして体を動かし、自然とほぐれるようにする。

本時案

「せんたく」の テーマでおどろう

本時の目標

洗濯物が洗われたり、干されたりする様子を イメージして全身の動きで踊ることができるよ うにする。

評価のポイント

イメージや動きを途切れずに、全身を使って 楽しんで踊ることができたか。

週案記入例

【目標】
題材の特徴をイメージして全身の動きで踊る。

【活動】
教師の言葉かけやイメージカードを使って踊り、 グループで見せ合う。

【評価】
全身を使って踊れたか。

【指導上の留意点】
安全に運動するために、友達とぶつからないよ う、間隔をとらせたり、周りを見て踊ったりするよ うに指導する。

本時の展開

	時	子供の活動
はじめ	3分	**集合・あいさつ・単元の見通しをもつ** ○今日の学習内容を知る。 ○今日の学習課題をもつ。
準備運動	7分	**ウォーミングアップ（心と体のほぐし）をする** ○体全体を使ったじゃんけん「全身じゃんけん」をする。 ○軽快な音楽に乗って教師のリードで踊る「リズムダンス」をする。 **1**
表現運動	25分	⑴ **易しい即興表現をする** **2** ○「新聞紙にな〜れ」をする 　→教師の言葉かけで新聞紙の形が変化する様子を表現する。 ⑵ **「せんたく」のテーマで踊る** **3** ○教師の言葉かけで洗濯の特徴のある場面を表現する ○イメージカードを使って2〜3人組で踊る 　→洗濯の様子を文や絵に表したカードをカルタ形式でめくって即興的に 　　動きに表現する。 ○ペアグループで気に入った場面の動きを見せ合う
整理運動	2分	**クーリングダウン（心を静め、体をゆっくりほぐす）をする** ○ペアになり、全身を伸ばしたり、揺らしたりしてほぐす。
まとめ	8分	⑴ **今日の学習について振り返り、学習カードに記入する** ○全身を使って楽しく踊ることができたか。 ○安全に気を付けて運動したか。 ○めあてに向かって運動できたか。 ⑵ **上手に踊っていた友達について発表し合う**

13 幅跳び・高跳び

14 ゴール型ゲーム（ハンドボール）

15 ベースボール型ゲーム（ラケットベースボール）

16 多様な動きをつくる運動

17 ゴール型ゲーム（ラインサッカー）

18 表現（1日の生活）

1 「リズムダンス」

○軽快なロックのリズムの音楽に乗って教師のリードで全身を弾ませたり、体をねじったり、足を交互にあげるなどのステップをしたりして踊る。

○全身を使った簡単な動きで踊ることを繰り返させ、楽しい雰囲気で運動させることで、心と身体が自然とほぐれるようにする。

（曲♪ブギーマン表現運動・ダンス CD 1 　共同テレビジョン）

2 「新聞紙にな～れ」

教師が新聞紙を提示しながら新聞紙をひらひら動かしたり、伸ばしたり、畳んだりする様子を子供に見せ、新聞紙になって即興的に表現させる。

3 「せんたく」のテーマで踊る際の言葉かけ例

次のような場面を取り上げて、子供が場面をイメージしやすいように教師が言葉かけをしながら動きづくりをする。

場面例：洋服が水につかる、水の中で洗われる、干される、畳まれる

本時案

「そうじ」の
テーマでおどろう

本時の目標

掃除する様子をイメージし、動きの速さや高低差などメリハリをつけて踊ることができるようにする。

評価のポイント

動きの速さや高低差などメリハリをつけた動きで踊ることができたか。

週案記入例

[目標]
題材の特徴をイメージしてメリハリをつけて踊る。

[活動]
教師の言葉かけやイメージカードを使って踊り、グループで見せ合う。

[評価]
メリハリをつけた動きで踊ることができたか。

[指導上の留意点]
前時で身に付けた全身を使った動きに、速さや空間の使い方の変化を教師の言葉かけで意識させ、子供の多様な動きを引き出せるようにする。

本時の展開

	時	子供の活動
はじめ	3分	**集合・あいさつ** ○今日の学習内容を知る。 ○今日の学習課題をもつ。
準備運動	7分	**ウォーミングアップ（心と体のほぐし）をする** ○体全体を使ったじゃんけん「全身じゃんけん」をする。 **1** ○軽快な音楽に乗って教師のリードで踊る「リズムダンス」をする。
表現運動	25分	**(1) 易しい即興表現をする** ○「見る！見る！」をする。 **2** 　教師が叩くタンバリンの音を色々な姿勢や体の部位で見ることで体や空間の使い方の変化を身に付けさせる。 **(2)「そうじ」のテーマで踊る 3** ○教師の言葉かけで掃除の特徴のある場面を表現する ○イメージカードを使って2〜3人組で踊る 　掃除の様子を文や絵に表したカードをカルタ形式でめくって即興的に動きに表現する。 ○ペアグループで気に入った場面の動きを見せ合う
整理運動	2分	**クーリングダウン（心を静め、体をゆっくりほぐす）をする** ○ペアになり、全身を伸ばしたり、揺らしたりしてほぐす。
まとめ	8分	**(1) 今日の学習について振り返り、学習カードに記入する** ①メリハリをつけた動きで踊れたか。 ②友達のよいところを見付けることができか。 ③めあてに向かって運動できたか。 **(2) 上手に踊っていた友達について発表し合う。**

1 「全身じゃんけん」の工夫例

○教師の口伴走「ジャンプ、ジャンプ、ジャンプジャンプジャンプ。後出しじゃんけん、じゃんけんポン。ポン！」に合わせて全身を使った後出しじゃんけんをする。子供は、「じゃんけんポン。ポン！」の「ポン！」の合図の後に出させる。リズミカルに口伴走をして、体全身を使って動かせることで楽しく運動する。

○単元を通して次のようなルールに工夫して行っていくことでより楽しくなり、心と体もほぐしやすくなる。

> ①リーダーが出したものを見て、勝つものを出す。
> ②リーダーが出したものを見て、あいこのものを出す。
> ③リーダーが出したものを見て、負けるものを出す。
> ④子供同士、2人組でペアを変えながら（勝った者同士等）行う。
> ⑤グループで出すものを決めてグループ対抗で行う。

2 「見る！見る！」

教師が叩くタンバリンの合図で、いろいろな方向を見る。

タンバリンの「シャラシャラ」と鈴が鳴っている方向へ移動して

「ポン！」と叩いた方向を見て、ポーズをして、「見る！」

ジャンプの頂点で見る。転がって、見る。色々な姿勢や頭やお尻などの体の部位でも見てみよう！

2 「そうじ」のテーマの場面と言葉かけの例

場面例―ほうきではく、ぞうきんをしぼる、窓ふきをする

大きいぞうきんを体全体でギューッとしぼるよ

移動しながらほうきではいて、ごみを集めるよ

窓をジグザクや丸く拭こう。すばやくしたり、スローにしたり速さを変えてみよう

丸く　ジグザク

移動しながら

第2時
267

13 幅跳び・高跳び
14 ゴール型ゲーム（ハンドボール）
15 ベースボール型ゲーム（ラケットベースボール）
16 多様な動きをつくる運動
17 ゴール型ゲーム（ラインサッカー）
18 表現（1日の生活）

本時案

「スポーツ」の
テーマでおどろう

本時の目標

　友達とスポーツをする様子をイメージして、相手の動きに対応した動きで踊ることができるようにする。

評価のポイント

　相手の動きに対応して、全身を使った動きやメリハリをつけた動きで踊ることができたか。

<table>
<tr><td colspan="2">週案記入例</td></tr>
<tr><td colspan="2">【目標】
題材の特徴をイメージして相手の動きに対応した動きで踊る。</td></tr>
<tr><td colspan="2">【活動】
教師の言葉かけやイメージカードを使って踊り、グループで見せ合う。</td></tr>
<tr><td colspan="2">【評価】
相手の動きに対応して踊れたか。</td></tr>
<tr><td colspan="2">【指導上の留意点】
友達と同じ動きだけでなく、反対の動きや違う動きをしている子供を取り上げて称賛し、意欲をもたせることにより、多様な動きが引き出せるようにする。</td></tr>
</table>

本時の展開

	時	子供の活動
はじめ	3分	**集合・あいさつ** ○今日の学習内容を知る。 ○今日の学習課題をもつ。
準備運動	7分	**ウォーミングアップ（心と体のほぐし）をする** ○体全体を使ったじゃんけん「全身じゃんけん」をする。 ○軽快な音楽に乗って教師のリードで踊る「リズムダンス」をする。
表現運動	25分	(1) **易しい即興表現をする** 1 ○「鏡遊び」をする 　→教師のリードや2人組で同じ動きや反対の動きをし合う。 (2) **「スポーツ」のテーマで踊る** 2 ○教師の言葉かけで洗濯の特徴のある場面を表現する ○イメージカードを使って2～3人組で踊る 3 　→スポーツの様子を文や絵に表したカードをカルタ形式でめくって即興的に動きに表現する。 ○ペアグループで気に入った場面の動きを見せ合う
整理運動	2分	**クーリングダウン（心を静め、体をゆっくりほぐす）をする** ○ペアになり、全身を伸ばしたり、揺らしたりしてほぐす。
まとめ	8分	(1) **今日の学習について振り返り、学習カードに記入する** ○相手の動きを見て対応した動きで踊ることができたか。 ○友達のよいところを見付けて伝えることができたか。 ○めあてに向かって運動できたか。 (2) **上手に踊っていた友達について発表し合う**

13

幅跳び・高跳び

14

ゴール型ゲーム（ハンドボール）

15

ベースボール型ゲーム（ラケットベースボール）

16

多様な動きをつくる運動

17

ゴール型ゲーム（ラインサッカー）

18

表現（1日の生活）

1 「鏡遊び」

○教師が様々なポーズ、ジャンプや走るなどの動きをして子供に真似をさせる。ポーズや動きを次々にテンポよく変えることで動きの幅を広げられるようにする。

○「逆さ鏡遊び」として、教師や2人組で正反対の動きを真似し合うこともさせ、対応の動きを自然に身に付けられるようにする。

2 「スポーツ」のテーマの場面例と言葉かけ例

場面例―ドッジボールでボールを投げる―捕る―よける―当たる
　　　　ボクシングでパンチ―よける―相打ち―ダウン

3 イメージカードの使い方

○体育館の中央にイメージカードを裏返しにして置いておく。

○2〜3人組で順番を決めカードを教師のリズム太鼓などの合図でめくる。

○めくったカードの場面を即興的に表現し、教師の合図でポーズをして終わる。

文と絵で場面の様子をイメージ化したもの。イメージを限定させてしまうときは文だけでもよい

本時案

テーマを選んで
おどろう①

本時の目標

　表したい場面を中心に、「はじめ」と「おわり」を付け、動き方を工夫できるようにする。

評価のポイント

　イメージや動きを途切れずに「はじめ」と「おわり」を付け、表したい感じを誇張するように動き方を工夫できたか。

本時の展開

	時	子供の活動
はじめ	3分	**集合・あいさつ** ○今日の学習内容を知る。 ○今日の学習課題をもつ。
準備運動	7分	**ウォーミングアップ（心と体のほぐし）をする** ○体全体を使ったじゃんけん「全身じゃんけん」をする。 ○軽快な音楽に乗って教師のリードで踊る「リズムダンス」をする。
表現運動	25分	(1)**これまでに行った3つのテーマを教師のリードで「はじめ」と「おわり」を付けた動きにして全員で踊る** **1** **2** ポーズをとった止まった姿勢で始め、ポーズをとって止まらせることで、はじめとおわりの感じを出させる。 (3)**グループで気に入った場面を選び、「はじめ」と「おわり」を付けて続けて踊る** (4)**出来上がった踊りを見せ合って、よかったところを伝え合う** どんな場面なのかを伝えてから、踊って見せるようにする。
整理運動	2分	**クーリングダウン（心を静め、体をゆっくりほぐす）をする** ○ペアになり、全身を伸ばしたり、揺らしたりしてほぐす。
まとめ	8分	(1)**今日の学習について振り返り、学習カードに記入する** ○「はじめとおわり」を付けた動きで踊ることができたか。 ○友達のよいところを見付けて伝えることができたか。 ○めあてを達成できたか。 (2)**上手に踊っていた友達について発表し合う**

13 幅跳び・高跳び

14 ゴール型ゲーム（ハンドボール）

15 ベースボール型ゲーム（ラケットベースボール）

16 多様な動きをつくる運動

17 ゴール型ゲーム（ラインサッカー）

18 表現（1日の生活）

1 「はじめ」と「おわり」を付けた動きの例

○せんたく　洗濯機

はじめ	表したい場面	おわり

洗濯物が洗濯機に入れられ、水につかる

水が上から流れてきて、洗濯物が水を吸い込んで沈んでいく

洗濯機が回って洗われる

回ったり、ねじれたり、他の洗濯物と絡まったりする

物干し竿に干されて風に吹かれる

ピンとしわをのばされて干され、風に吹かれゆらゆら揺れる

○そうじ　窓ふき

はじめ	表したい場面	おわり

ぞうきんを洗ってしぼる

体全体で洗い、2人組で端と端を持ってギューッと力を入れてしぼる

窓を拭く

2人組で窓の表と裏にまわってタイミングを合わせたりずらしたりして拭き合う

きれいになって喜び合う

ハイタッチや握手をして喜び合う

○スポーツ　ボクシング

はじめ	表したい場面	おわり

相手をうかがう

近づいたり、離れたりして相手の様子をうかがう

パンチの応酬

パンチを出し、よけたり、当てられたりする

相打ちで両者ダウン

パンチがお互いに当たりダウンして倒れる

2 動きの工夫の仕方（4つのくずし）

次の4つの観点でくずすことでダイナミックな表現となる。

空間（場）のくずし ・広がる　・集まる　・方向を変える （例）洗濯機で洗う 洗濯物が離れ合ったり絡まったりする	体のくずし ・ねじる　・回る　・跳ぶ　・逆さに （例）ぞうきんをしぼる ぞうきんを2人で回りながらしぼる
リズムのくずし ・速く　・ゆっくり　・ストップ （例）ボクシング 相打ちの場面をスローモーションに	人間関係のくずし ・真似し合う　・反対の動きをする （例）窓拭き 同じ方向やバラバラの方向で拭く

本時案

テーマを選んで
おどろう②

本時の目標

表したい場面の特徴を捉えた動きや工夫した動きで踊って発表し合い、よかったところを伝え合うようにする。

評価のポイント

場面の様子が表れている動きや工夫した動きを見付けて伝え合うことができたか。

本時の展開

	時	子供の活動
はじめ	3分	**集合・あいさつ** ○今日の学習内容を知る。 ○今日の学習課題をもつ。
準備運動	7分	**ウォーミングアップ（心と体のほぐし）をする** ○体全体を使ったじゃんけん「全身じゃんけん」をする。 ○軽快な音楽に乗って教師のリードで踊る「リズムダンス」をする。
表現運動	25分	(1) **前時につくった踊りをグループの友達と確かめ、踊る** よりよい動きや工夫となるために踊りながら修正できるよう教師が言葉かけして回る。 (2) **ミニ発表会の進め方を知る** ◀ **1** (3) **ミニ発表会をする** ◀ **2** どんな場面で、どんなところを見てほしいかを伝えてから、踊って見せるようにする。 (4) **ミニ発表会の感想を発表する** ◀ **3**
整理運動	2分	**クーリングダウン（心を静め、体をゆっくりほぐす）をする** ○ペアになり、全身を伸ばしたり、揺らしたりしてほぐす。
まとめ	8分	(1) **今日の学習について振り返り、学習カードに記入する** ○特徴を捉えた動きや工夫した動きで踊ることができたか。 ○友達のよいところを見付けて伝えることができたか。 ○めあてを達成できたか。 (2) **単元を通して考えたことや気づいたことを発表し合う** 楽しかったことや友達のよかったことについて発表する。

13 幅跳び・高跳び

14 ゴール型ゲーム（ハンドボール）

15 ベースボール型ゲーム（ラケットベースボール）

16 多様な動きをつくる運動

17 ゴール型ゲーム（ラインサッカー）

18 表現（1日の生活）

1 ミニ発表会の進め方例

学級の人数や実態に応じて以下の型式を選んで行う。

> ①1グループ発表ごとに感想を伝え合う。
> 　　→少人数の学級向け
> ②選んだテーマごとに区切って感想を伝え合う
> 　　→標準的な人数の学級向け
> ③全部の発表をメドレー形式で行い、最後に感想を伝え合う。
> 　　→人数の多い学級　比較的発表に慣れている学級向け

2 ミニ発表会の場の設定例

発表を行う際にBGMを流して発表の雰囲気づくりをすることで子供たちの発表意欲も増す。なお、音量は子供たちの発する声の邪魔にならない程度の音量にする。

BGMの例

「表現運動・ダンスCD1　③ステップ・トゥ・ステップ共同テレビジョン」

①1グループ発表ごと　②選んだテーマごと　　　　　　③メドレー形式

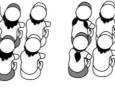

3 感想の伝え合いの観点

動きに関すること

・表したいイメージにふさわしい動きで踊っている。
・全身を使って、大げさに踊っている。
・動きに変化を付けてメリハリのある動きで踊っている。
・「はじめ」と「おわり」を付けてスムーズな動きで気持ちも途切れず踊っている。

動きの工夫に関すること

・速さを変えたり、ストップモーションを入れたりしてリズムを工夫している。
・全身を使ったり、目線や体の向きを変えたりしている。
・くっついたり離れたり、空間や場を効果的に使っている。
・1人で、数人でなど、友達と関わりながら動き方を変化させている。

「表現（１日の生活）」学習カード＆資料

使用時 **第１～５時**

本カードは第１時から第５時まで、単元全体を通して使用する。子供が題材から何をイメージし、どのように動きに表したか、授業の子供の姿では表れにくい思考力・判断力の変容を見取るためのカードである。資料は、自由に表現するという表現運動の特性である反面、分かりにくい技能のポイントをまとめたものである。教員の指導や子供が踊る際の参考となるようにしたい。

収録資料活用のポイント

①使い方

授業のはじめにまとめて本カードと板目紙をセットで配布する。板目紙の表紙の裏に資料を貼って学習カードの使い方とよい動きのポイントについて簡単に説明する。授業の終わりに、学習の振り返りとして学習カードを記入させる。

②留意点

本カードは、自己の学習の振り返りだけでなく、友達のよい動きにも注目させる目的でも使用する。教師が個々の子供のよさを認め、子供同士がよさを認め合う雰囲気づくりに留意して学習を進めていきたい。

学習カード 3-18-1

学習カード 3-18-2

表げん運動　よい動きのポイント

3年　　　　組　　　　番　名前（　　　　　　　　　　）

参考文献：学校体育実技指導資料第9集　表現運動系及びダンスの指導の手引き　P11

○表したいイメージにふさわしい動きを見つけておどる

表したいものの形やせいしつがかわっていく様子を動きにする。
たとえば、
かわいてフワッとしていたせんたく物が水にぬれて、ペシャンとつぶれていく。

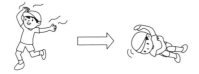

体をやわらかく動かしたフワッとした感じから体をちぢめてペシャンとへん化した様子を表そう。

○全身を使って、大げさに表げんしておどる

指の先から足の先まで意しきしてのばしたりちぢめたり、体をねじったりする。

指先や足の先までピンっとのばそう。

体のいろいろな部いを使って思い切って動かして、大げさに表げんしてみよう。

○動きにへん化をつけてメリハリのある表げんにしておどる。

大きく・小さく、速く・おそく・止まるなど、動きにさをつける。

表したいものがへん化していく様子に合わせて、動きにさをつけて表げんしてみよう。

○動きをスムーズにつなげてれんぞくさせ、気持ちも と切れずにおどる。

イメージや動きを止めずに流れるようにつづけておどる。

回る、走る、とぶなど表したいものがへん化していく様子に合わせて、れんぞくした動きで表げんしてみよう。

○感じをこめてなりきっておどる。

そのものに体も心もなりきっておどる。

体だけでなく表じょうにまでそのものになりきって表げんしてみよう。

13 幅跳び・高跳び

14 ゴール型ゲーム（ハンドボール）

15 ベースボール型ゲーム（ラケットベースボール）

16 多様な動きをつくる運動

17 ゴール型ゲーム（ラインサッカー）

18 表現（1日の生活）

19 マット運動

6 時間

【単元計画】

1 時	2 時	3 時
[第一段階] **技の行い方を知り、自分の課題をつかむ**		
運動の取り組み方を知り、自己の課題をつかみ、取り組む	前転グループの技、壁倒立・頭倒立の課題をつかみ、取り組む	後転、壁倒立・頭倒立の自己の課題に取り組む
1　運動の取り組み方を知り、前転をやってみよう POINT：運動の取り組み方や取り組む技（前転グループの技）の仕方を知り、課題をつかむ。 **[主な学習活動]** ○単元の見通しをもつ ○集合・あいさつ・めあての確認・用具の準備、準備運動 ○技につながる感覚運動 ○運動の取り組み方、取り組む技の仕方を理解する ○前転の仕方を理解し、友達と見合いながら課題をつかむ ○運動で使った部位をほぐす ○まとめ	**2　前転グループの技、壁倒立・頭倒立をやってみよう** POINT：前転グループの技に取り組む。壁倒立・頭倒立の仕方を知り、友達と見合いながら課題をつかむ。 **[主な学習活動]** ○集合・あいさつ・めあての確認・用具の準備、準備運動 ○技につながる感覚運動 ○前転グループの技に取り組み、課題を解決する ○壁倒立・頭倒立の仕方を理解し、友達と見合いながら課題をつかむ ○運動で使った部位をほぐす ○まとめ	**3　後転、壁倒立・頭倒立をやってみよう** POINT：横転グループの技の仕方を知り、友達と見合いながら課題をつかむ。壁倒立・頭倒立に取り組む **[主な学習活動]** ○集合・あいさつ・めあての確認・用具の準備、準備運動 ○技につながる感覚運動 ○後転の仕方を理解し、友達と見合いながら課題をつかむ ○壁倒立(補助倒立・倒立ブリッジ)・頭倒立に取り組み、課題を解決する ○運動で使った部位をほぐす ○まとめ

授業改善のポイント

主体的・対話的で深い学びの実践に向けて

　マット運動において、自己の能力に適した学習課題を見付け、その課題の解決に向けて粘り強く取り組むことが主体的に学ぶ姿である。また、学習を振り返りながら、学習課題を修正することが大切である。そのためには、自分の試技を録画したり、友達にアドバイスをもらったりして、自分の技のできばえを確認し、振り返ることが必要となる。

　また、学習課題の解決に向けて、ペアやグループ活動を通して、自己の思考を広げ、深め

ることが対話的に学ぶ姿となる。そのためには、友達を励ます、称賛する、互いの動きを確認し合うなど、誰とでも仲よく運動したり、友達の取り組んでいる技をしっかりと見たりするなど、技ができるようになるための活動を工夫することである。

　学習カードや動画を活用しながら、技を身に付けたり、新しい技に挑戦する楽しさや喜びに触れ、技能を高めていくようにする。

単元の目標

○**知識及び技能**

・回転系や巧技系の基本的な技をすることができる。

○**思考力、判断力、表現力等**

・自己の能力に適した課題を見付け、技ができるようになるための活動を工夫するとともに、考えたことを友達に伝えることができる。

○**学びに向かう力、人間性等**

・運動に進んで取り組み、きまりを守り誰とでも仲よく運動したり、友達の考えを認めたり、場や器械・器具の安全に気を付けたりすることができる。

4時	5時	6時
[第二段階] **自分の力に合った課題を見付け、技に取り組む**		
後転グループの技、側方倒立回転の課題をつかみ、取り組む	後転グループの技、側方倒立回転の自己の課題に取り組む	回転系、倒立系の自分の力に合った技に取り組む
4　後転グループの技をやってみよう POINT：後転グループの技に取り組む。側方倒立回転の仕方を知り、友達と見合いながら課題をつかむ。 **[主な学習活動]** ○集合・あいさつ・めあての確認・用具の準備、準備運動 ○技につながる感覚運動 ○後転グループの技に取り組み、課題を解決する ○運動で使った部位をほぐす ○まとめ	**5　側方倒立回転をやってみよう** POINT：後転グループ・側方倒立回転の技に取り組む。 **[主な学習活動]** ○集合・あいさつ・めあての確認・用具の準備、準備運動 ○技につながる感覚運動 ○側方倒立回転に取り組み、課題を解決する ○運動で使った部位をほぐす ○まとめ	**6　回転系、倒立系の自分の力に合った技に取り組もう** POINT：自分の力に合った回転系・倒立系の技に取り組む。 **[主な学習活動]** ○集合・あいさつ・めあての確認・用具の準備、準備運動 ○技につながる感覚運動 ○自分の力に合った回転系・倒立系の技に、友達と見合いながら取り組む ○運動で使った部位をほぐす ○まとめ（単元の振り返りを行う）

子供への配慮の例

①運動が苦手な子供

・回転系の技が苦手な子供には、ゆりかごなどの体を揺らす運動遊びや、かえるの逆立ちなどの体を支える運動遊びに取り組んだり、傾斜を利用して回転に勢いをつけて転がりしやすくしたりするなどの配慮をする。

・倒立系の技が苦手な子供には、壁登り逆立ちや背支持倒立などの逆さまで体を支える運動遊びに取り組んだり、ブリッジなどの体を反らす運動遊びに取り組んだりするなどの配慮をする。

②意欲的でない子供

・技への不安感があるために意欲的でない子供には、低学年で学習した運動遊びに取り組む場を設定するなどの配慮をする。

・技に繰り返し取り組もうとしない子供には、目印を置くなどして自己評価をできるようにする、ゲーム化した運動遊びにグループで取り組めるようにするなどの配慮をする。

・友達とうまく関わることができない子供には、目印を置いたり、回数を数えたりする役割ができるようにするなどの配慮をする。

本時案

マット運動の
学習の進め方を
知ろう

本時の目標

　運動の取り組み方を知り、前転の自己の課題をつかみ、取り組むことができるようにする。

評価のポイント

　きまりを守り誰とでも仲よく、マットの安全に気を付けて、前転に進んで取り組んでいる。

週案記入例

[目標]
学習のきまりを守って、前転の練習をする。

[活動]
運動の取り組み方を知り、前転の自己の課題をつかみ、取り組む。

[評価]
前転の課題を見つける。マットの安全に気を付けて、運動に取り組むことができたか。

[指導上の留意点]
マットや試技の開始前の安全を確かめることが大切であることを教える。

本時の展開

	時	子供の活動
はじめ	10分	(1) 集合・あいさつ・単元の見通しをもつ (2) 運動の取り組み方、取り組む技の仕方を理解する 　○今日の学習内容を知る。 　○マット運動の学習の進め方を知る。 　○取り組む技の名称・仕方を知る。（動画・学習資料） (3) マットの準備を安全に行う **1**
準備運動	10分	(1) 準備運動をする **2** 　○首、手首等の運動をする。 (2) 技につながる運動をする **2** 　○くま歩き、馬歩き、ゆりかご、かえるの足うち、背支持倒立などの運動をする。
マット運動 基本的な 回転技	20分	(1) 前転の仕方を理解し、友達と見合いながら学習課題をつかむ **3** 　○前転の仕方について理解する。特に、支持の仕方を確実に身に付けさせる 　○安全に気を付けて前転に取り組み、学習課題をつかむ (2) マットを片付ける
整理運動	2分	運動で使った部位をゆったりとほぐす 　○首や手首などマット運動で使った部位を中心に動かす 　○心を落ち着かせる
まとめ	3分	今日の学習について振り返り、学習カードに記入し、発表する 　①友達と協力して楽しむことができたか 　②工夫して運動したり、友達と伝え合ったりすることができたか 　③取り組んだ技ができた

1 安全面の配慮

○マットは、複数で持ち手を持って、持ち上げて運び、の持ち手をしまって敷くなど安全面に配慮する。

○前の順番の人の試技が終わった後、アイコンタクトして、「ハイ」と言ってからスタートするよう指導する。

○マットの上から試技を始め、マットの上で試技が終わるように指導する。

○友達の試技を見るときや補助をするときの場所を指導する。

2 準備運動　技につながる運動感覚

運動感覚例

（支持感覚）手をしっかり着き、腕を曲げず、頭より腰の位置を高くし、体を支える。
くま歩き、馬歩き、アザラシ など

（回転感覚）体を丸め、後頭部→肩→背中→腰の順でマットに接触する。
ゆりかご、大きなゆりかご など

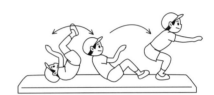

（逆さ感覚）頭より腰の位置を高くし、あごをだし、逆さになる。
かえるの足打ち、足じゃんけん など

（締め感覚）身体の軸をつくるために、体を締める
背支持倒立、くも歩き など

3 前転のポイント

○視点を 3 点に絞り、見るポイントを明確にする

○友達に見てもらったり、タブレット PC の追いかけ再生機能等を使ったりして、
　自分の課題を明確にする。

こしを上げる

体を丸める

手を前に出して、
しゃがみ立ちになる

本時案

前転グループの技、壁倒立をやってみよう

本時の目標

前転グループの技、壁倒立・頭倒立の課題をつかみ、取り組む。

評価のポイント

技ができるようになるための活動を工夫するとともに、考えたことを友達に伝えることができる。

週案記入例

[目標]
前転の技のポイントを理解し、できるようにする。

[活動]
前転グループの技、壁倒立・頭倒立の仕方を理解し、自己の課題をつかみ、解決に向けて取り組む。

[評価]
友達と伝え合いながら、前転のポイントを理解し、進んで取り組み、できる。

[指導上の留意点]
前転が全員できるように友達と伝え合うように促す。

本時の展開

	時	子供の活動
はじめ	3分	**(1) 集合・あいさつ** **(2) 今日の学習内容を知り、めあてを確認する。** **(3) マットの準備を安全に行う**
準備運動	7分	**(1) 準備運動をする** ○首、手首等の運動をする。 **(2) 技につながる運動感覚を身に付ける** ○くま歩き、馬歩き、ゆりかご、かえるの足うち、背支持倒立などの運動をする。
マット運動（1）基本的な回転技	15分	**(1) 前転グループの技の仕方を理解し、取り組む** ○前転グループの技の仕方について理解する ○安全に気を付けて前転グループの技に取り組む
マット運動（2）基本的な倒立技	15分	**(1) 壁倒立・頭倒立の仕方を理解し、友達と見合いながら学習課題をつかむ** ○壁倒立・頭倒立の仕方について理解する ○安全に気を付けて前転に取り組み、学習課題をつかむ **(2) マットを片付ける**
整理運動	2分	**運動で使った部位をゆったりとほぐす** ○首や手首などマット運動で使った部位を中心に動かす ○心を落ち着かせる
まとめ	3分	**今日の学習について振り返り、学習カードに記入し、発表する** ①友達と協力して楽しむことができたか ②工夫して運動したり、友達と伝え合ったりすることができたか ③取り組んだ技ができたか

1 前転グループの技のポイント

開脚前転

手を遠くに着き、足で強くける

足とむねをはなす

足を開き、両手でマットを押して開きゃく立ちになる

※技ができるようになったり、発展技につなげたりするために
　○手押し車からの前転　○ジャイアントウォークからの前転　○連続した前転
　※手を遠くに着く。足で強くける → 足とむねをはなす → 素早くかかとをおしりに引き寄せる

2 前転グループのつまずき例と解決の手立て

技	つまずき	手立て（練習方法㋫・場㋡・声かけ㋙）
前転	体が丸まらない	㋫ゆりかごをする。
	起き上がれない	㋫大きなゆりかごをする ㋫素早くかかとを引き寄せよう ㋙後ろに倒れないように手を前に出そう
開脚前転	勢いがない	㋫かえるの足打ちをして腰を高く上げるようにする ㋫足を伸ばした大きなゆりかごをする ㋙ぎりぎりまで足を開かないようにしよう
	起き上がれない	㋙大きく前転をして勢いをつけよう ㋡段差を利用して起き上がりやすくする ㋡重ねマットを使う

3 壁倒立・補助倒立のポイント

うでを伸ばして振り下ろす

手で体を支え、足を高く振り上げる

体をまっすぐに伸ばす

目線を持って行く場所に目印☆をつけ、目印を見てあごを出すようにする

かたはば

・壁登り逆立ち

本時案

後転を
やってみよう

本時の目標

後転の課題に取り組む。

評価のポイント

友達と伝え合いながら、後転に進んで取り組み、できる。

週案記入例

[目標]
後転の技のポイントを理解し、できるようにする。

[活動]
後転の仕方を理解し、自己の課題をつかみ、解決に向けて取り組む。

[評価]
技ができるようになるための活動を工夫するとともに、気付いたことを友達に伝えることができる。

[指導上の留意点]
後転が全員できるように友達と伝え合うように促す。

本時の展開

	時	子供の活動
はじめ	3分	(1) 集合・あいさつ (2) 今日の学習内容を知り、めあてを確認する (3) マットの準備を安全に行う
準備運動	7分	(1) 準備運動をする 　○首、手首等の運動をする。 (2) 技につながる運動をする 　○くま歩き、馬歩き、ゆりかご、かえるの足うち、背支持倒立などの運動をする。
マット運動 基本的な 回転技	15分	(1) 後転の仕方を理解し、友達と見合いながら学習課題をつかむ 　○後転の仕方について理解する 　○安全に気を付けて前転に取り組み、学習課題をつかむ
マット運動 基本的な 回転技	15分	(1) 後転グループの技の仕方を理解し、取り組む 　○後転グループの技の仕方について理解する 　○安全に気を付けて後転グループの技に取り組む
整理運動	2分	運動で使った部位をゆったりとほぐす 　○首や手首などマット運動で使った部位を中心に動かす 　○心を落ち着かせる
まとめ	3分	今日の学習について振り返り、学習カードに記入し、発表する 　①友達と協力して楽しむことができたか 　②工夫して運動したり、友達と伝え合ったりすることができたか 　③取り組んだ技ができたか

1 後転のポイント

| 両手と頭で三角形を作る 遠くにおしりをつく | 手と頭で体をささえ 足を上げる | 体をまっすぐに伸ばす |

2 後転のつまずき例と解決の手立て

技	つまずき	手立て＜練習方法・場・声かけ＞
後転	回転の勢いがない	遠くにおしりを着く ㋙マットより1足半離れ、そこからマットに向けておしりを着くようにする ㋙紅白玉を置き、目印とする。 ㋙壁を強く蹴り、床を滑ることにより、床を蹴って遠くにお尻を着くことを意識させる
	体が丸まらない	体を丸め、足をひきよせる。 ㋙ゆりかごをする。
	しゃがみ立ちになれない	両手でマットを押してしゃがみ立ちになる ㋙傾斜を使い、頭を越して足を着き、マットを押す ㋭坂道マット ㋩足が頭の上を通り越すようにしよう。

本時案

後転グループの技
をやってみよう

本時の目標

後転グループの技の自己の課題をつかむ。

評価のポイント

課題をつかんだり、技ができたりするように
なるための活動を工夫するとともに、考えたこ
とを友達に伝えることができる。

本時の展開

	時	子供の活動
はじめ	3分	(1) 集合・あいさつ (2) 今日の学習内容を知り、学習課題を確認する (3) マットの準備を安全に行う
準備運動	7分	(1) 準備運動をする 　○首、手首等の運動をする。 (2) 技につながる運動をする 　○くま歩き、馬歩き、ゆりかご、かえるの足うち、背支持倒立などの運動をする。
整理運動	2分	運動で使った部位をゆったりとほぐす 　○首や手首などマット運動で使った部位を中心に動かす 　○心を落ち着かせる
まとめ	3分	今日の学習について振り返り、学習カードに記入し、発表する 　①友達と協力して楽しむことができたか 　②工夫して運動したり、友達と伝え合ったりすることができたか 　③取り組んだ技ができたか

1 後転グループの技のポイント

開脚後転

> 遠くにおしりを着く

> 体を丸め、勢いをつける

> 両手でマットを押し、
> 開脚立ちになる

伸膝後転

> ひざを伸ばしたまま
> 遠くにおしりを着く

> 体を丸め、いきおい
> をつける

> 両手でマットを押して足を
> 頭の近くに着く

2 後転グループのつまずき例と解決の手立て

技	つまずき	手立て（練習方法㋭・場㊐・声かけ㋖）
開脚後転	開脚立ちになれない	足を開いて、両手でマットを押して開脚立ちをする ㋭段差を利用してマットを押し、起き上がりやすくする ㊐細マットを置いて、開きゃく立ちになる ㋖両手でマットを押して立とう
伸膝後転	立てない	足を着く位置が遠い ㋖、一気にマットを押して、手に近いところに足を着こう ㊐坂道マット　　　　　　　㊐重ねマット

本時案

側方倒立回転を
やってみよう

本時の目標

側方倒立回転の自己の課題に取り組む。

評価のポイント

技ができるようになるための活動を工夫するとともに、考えたことを友達に伝えることができる。

> **週案記入例**
>
> **[目標]**
> 側方倒立回転のポイントを理解し、できるようにする。
>
> **[活動]**
> 側方倒立回転の仕方を理解し、自己の課題をつかみ、解決に向けて取り組む。
>
> **[評価]**
> 友達と伝え合いながら、後転グループの技、側方倒立回転に進んで取り組み、できる。
>
> **[指導上の留意点]**
> 後転、側方倒立回転が全員できるように友達と伝え合うように促す。

本時の展開

	時	子供の活動
はじめ	3分	(1) 集合・あいさつ (2) 今日の学習内容を知り、学習課題を確認する (3) マットの準備を安全に行う
準備運動	7分	(1) 準備運動をする ○首、手首等の運動をする。 (2) 技につながる運動をする ○くま歩き、馬歩き、ゆりかご、かえるの足うち、背支持倒立などの運動をする。
マット運動 （2） 基本的な 倒立技	15分	(1) 壁倒立（補助倒立）・頭倒立・倒立ブリッジの仕方を理解し、取り組む ○取り組む技の仕方について理解する ○安全に気を付けて技に取り組む (2) マットを片付ける
マット運動 基本的な 倒立技	15分	(1) 側方倒立回転の仕方を理解し、取り組む ○側方倒立回転の仕方について理解する ○安全に気を付けて側方倒立回転に取り組む (2) マットを片付ける
整理運動	2分	運動で使った部位をゆったりとほぐす ○首や手首などマット運動で使った部位を中心に動かす ○心を落ち着かせる
まとめ	3分	今日の学習について振り返り、学習カードに記入し、発表する ①友達と協力して楽しむことができたか ②工夫して運動したり、友達と伝え合ったりすることができたか ③取り組んだ技ができたか

1　頭倒立のポイント

体を丸め、いきおいを
つける

両手でマットを
おす

遠くにおしりを着く

2　壁倒立・補助倒立・頭倒立のつまずき例と解決の手立て

技	つまずき	手立て＜練習方法・場・声かけ＞
壁倒立	あごを引いてしまう	㋕目線を持って行く場所に目印をつけ、目印を見てあごを出すようにする
	足が上がらない	㋕両手を上げてから、かえるの足打ちをする ㋕振り上げ足を持ってもらう ㋖腰を高く上げよう
	壁に足が着かない	㋕跳び箱1段に乗り、地面に手を着き、そこから壁倒立をする ㋤跳び箱1段を置く ㋕足が頭の上を通り越すようにしよう。
補助倒立	足を振り上げる勢いが強すぎる	㋕腕の振りあげをゆっくりしてみよう。
	静止できない 一直線にならない	㋕ふり上げ足をのばして ゴムひもにさわる。 ㋖つま先を天井に突きさすようにしてみよう。
頭倒立	支えることができない	㋕おでこをつけたかえるの逆立ちをする ㋕補助をしてもらい、足を抱え込んだ頭倒立をする ㋖三点（手・頭）を意識してバランスをとろう

本時案

倒立系の
自分の力に合った
技に取り組もう

本時の目標

回転系、倒立系の自分の力に合った技に取り組む

評価のポイント

自分の力に合った技に取り組み、友達の発表を見て考えたことを友達に伝えることができる。

週案記入例

[目標]
回転系、倒立系の自分の力に合った技ができる

[活動]
回転系、倒立系の自分の力に合った技に取り組む

[評価]
友達と伝え合いながら、回転系、倒立系の自分の力に合った技に進んで取り組み、できる。

[指導上の留意点]
技のポイントを理解し、友達の発表を見て考えたことを伝えられるようにする。

本時の展開

	時	子供の活動
はじめ	3分	(1) 集合・あいさつ (2) 今日の学習内容を知り、学習課題を確認する (3) マットの準備を安全に行う
準備運動	7分	(1) **準備運動をする** 　○首、手首等の運動をする。 (2) **技につながる運動をする** 　○くま歩き、馬歩き、ゆりかご、かえるの足うち、背支持倒立などの運動をする。
マット運動 （1） 基本的な 回転技	15分	(1) **自分の力に合った回転系の技の仕方を理解し、取り組む** 　○安全に気を付けて回転系の技に取り組む (2) **自分の力に合った回転系の技をグループ内で発表する**
マット運動 （2） 基本的な 倒立技	15分	(1) **自分の力に合った倒立系の技の仕方を理解し、取り組む** 　○安全に気を付けて倒立系の技に取り組む (2) **自分の力に合った倒立系の技をグループ内で発表する** (2) **マットを片付ける**
整理運動	2分	**運動で使った部位をゆったりとほぐす** 　○首や手首などマット運動で使った部位を中心に動かす 　○心を落ち着かせる
まとめ	3分	**今日の学習について振り返り、学習カードに記入し、発表する** 　①友達と協力して楽しむことができたか 　②工夫して運動したり、友達と伝え合ったりすることができたか 　③取り組んだ技ができたか

1 側方倒立回転の技のポイント

うでを伸ばして
振り下ろす

手・肩・腰を
まっすぐにする

片手ずつ遠くに着く

2 側方倒立回転のつまずき例と解決の手立て

技	つまずき	手立て＜練習方法・場・声かけ＞
後転	手と足の着きが
できていない	㋭足手手足足で着けるようにマットにビニールテープを引き、その上に着くようにする。その後に着いた場所に手型・足型を置く。 ㋜ビニールテープの上に手足がのるようにしよう
	腰が伸びていない	㋭ゴムひもを持ってもらい、それに足がふれるようにする（高さは少しずつ上げる） ㋜ゴムひもに当たるように、腰と膝を伸ばそう

3 発表会のポイント

○発表は、これまでに技に取り組んでいたグループか一緒に取り組んでいない人を集めたグループか実態に合わせて検討し、5、6人のグループで行わせる。

○今まで取り組んできた技の中から自分の力に合った技を選んで発表させる。

○発表をした子供の動きのよさを見つけて発表させる。

○発表会が終わった後に、再度自分の力に合った技に取り組む時間を作る。

「マット運動」学習カード & 資料

使用時 **第1〜6時**

学習カードは単元を通して使用し、学習内容やめあて、振り返りがすべてできるようにする。

収録資料活用のポイント

①使い方
・学習課題ができるように、チェックする。
・友達と伝え合ったり、動画を見たりして気付いた自分の学習課題やこつを記入できるようにする。

②留意点
・子供同士の伝え合いが活発になるように、技のポイントは3つに絞る。
・振り返りは、資質・能力の観点を◎○△で自己評価し、友達のよかったところや自分が上手くいったこと、改善することを記述するようにする。
・もう少しでできる技や、よりうまくできるようになりたい技のポイントをめあてとして記入し、振り返る。

📀 学習カード 3-19-1

マット運動学習カード　3年

日にち（　　　　　　　　　）

3年　　　組　　　番　名前（　　　　　　　　　）

		1	2	3	4	5	6
学習活動		わざにつながる動きを身に付けよう					
		・くま歩き、馬歩き　・ゆりかご、大きなゆりかご　・かえるの足うち、足じゃんけん　・せ支持とう立、くも歩き　・手おし車から前転がり、連続した前転がり　・ゆりかごからの後ろ転がり、連続した後ろ転がり　・連続川とび　　など					
	〈運動の取り組み方〉運動の取り組み方や取り組むわざの仕方を知ろう		基本的な回転わざに取り組もう				
		〈前転〉	〈後転〉遠くにおしりを着こう	〈後転〉体を丸め、足をひきよせよう	〈後転〉〈めあて〉	取り組む回転けいのわざ（　　　　　　）〈めあて〉
	〈前転〉〈めあて〉手を前に出して、しゃがみ立ちになろう		基本的なとう立わざに取り組もう				
		〈かべとう立〉まっすぐにふり上げたうでをふり下ろそう	〈　　　　　　〉〈めあて〉	〈そく方とう立回転〉〈めあて〉まっすぐにふり上げたうでをふり下ろそう	〈そく方とう立回転〉手・かた・こしをまっすぐにする	取り組むとう立けいのわざ（　　　　　　）〈めあて〉
ふり返り ◎ ○ △		友達と協力して楽しむことができた	友達と協力して楽しむことができた	友達と協力して楽しむことができた	友達と協力して楽しむことができた	友達と協力して楽しむことができた	友達と協力して楽しむことができた
		工夫して運動したり、友達と伝え合ったりすることができた	工夫して運動したり、友達と伝え合ったりすることができた	工夫して運動したり、友達と伝え合ったりすることができた	工夫して運動したり、友達と伝え合ったりすることができた	工夫して運動したり、友達と伝え合ったりすることができた	工夫して運動したり、友達と伝え合ったりすることができた
		取り組んだ技ができた	取り組んだ技ができた	取り組んだ技ができた	取り組んだ技ができた	取り組んだ技ができた	取り組んだ技ができた

マット運動のポイント

3年　　　　組　　　　番　名前（　　　　　　　　　　　　　　　）

前転

- □こしを上げる
- □体を丸める
- □手を前に出してしゃがみ立ちになる

自分で見つけた課題・こつ
（　　　　　　　　　　　　　　　　）

開きゃく前転

- □手を遠くに着き、足で強くける
- □足とむねをはなす
- □足を開き、両手でマットを押して開きゃく立ちになる

自分で見つけた課題・こつ
（　　　　　　　　　　　　　　　　）

後転

- □遠くにおしりをつく
- □体を丸め、いきおいをつける
- □両手でマットをおす

自分で見つけた課題・こつ
（　　　　　　　　　　　　　　　　）

開きゃく後転

- □遠くにおしりをつく
- □体を丸め、いきおいをつける
- □両手でマットを押し、開きゃく立ちになる

自分で見つけた課題・こつ
（　　　　　　　　　　　　　　　　）

かべとう立

- □まっすぐふり上げたうでをふり下ろす
- □手で体をささえ足を高くふり上げる
- □体をのばす

自分で見つけた課題・こつ
（　　　　　　　　　　　　　　　　）

そくほうとう立回転

- □うでを伸ばしてふり下ろす
- □手・かた・こしをまっすぐにする
- □かた手ずつ遠くにつく

自分で見つけた課題・こつ
（　　　　　　　　　　　　　　　　）

20 ゴール型ゲーム（タグラグビー）

6 時間

【単元計画】

1 時	2 〜 3 時
[第一段階] 易しいゲームの行い方を知り、規則を工夫して楽しむ。	
学習の進め方やはじめの規則を知り、今もっている力でゲームを楽しむ。	学級全員が楽しめるように規則を工夫してゲームを楽しむ。
1　はじめの規則を知りゲームを楽しもう POINT：説明する時間を短くし、ゲームを行う時間を確保する。 [主な学習活動] ○単元の見通しをもつ ○集合、あいさつ ○準備運動 ○ゲームにつながる運動 ○ゲーム① ○振り返り① ○ゲーム② ○整理運動 ○振り返り②	**2・3　学級全員が楽しめる規則を工夫してゲームを楽しもう** POINT：学級全員が楽しめる規則の工夫の視点を示す。 [主な学習活動] ○集合、あいさつ ○準備運動 ○ゲームにつながる運動 ○ゲーム① ○振り返り① ○ゲーム② ○整理運動 ○振り返り②

授業改善のポイント

主体的・対話的で深い学びの実践に向けて

　子供が学習内容を身に付けるには、学習課題を明確にし、課題解決に主体的・対話的に取り組むことが大切である。

　はじめの規則を知り、ゲームを行い、このゲームは何が楽しいのか考えることで、規則を工夫するときにゲームが特性から外れないよう指導する。

　このゲームは、自分の陣地を前進させて得点を競い合うことが楽しいという特性をもっている。ゲームの規則を工夫するときに、学級全員が楽しくできるかどうかを考えることを視点とする。

　また、規則の工夫は全体で共有できるように掲示資料を工夫する。さらに、作戦を選んだり、友達のよい動きを考えることが第2の視点とする。そのためには対話（話し合い）から分かったことを友達に伝える時間を大切にし、互いに自己肯定感を高める。

　子供から出てきたことも含め、簡単な作戦例を示すことで、簡単な作戦を選んでゲームを楽しむことができるようにする。

　作戦についてチームで振り返りを行うときに、作戦はどうだったか（結果）、それはどうしてそうなったのか（原因）、次の作戦はどうするか（改善）を考えることができるようにする。

○知識及び技能
・運動の楽しさや喜びに触れ、その行い方を知るとともに、基本的なボール操作とボールを持たないときの動きによって、陣地を取り合って得点ゾーンに走り込むなどの易しいゲームをすることができる。

○思考力、判断力、表現力等
・規則を工夫したり、簡単な作戦を選んだりするとともに、考えたことを友達に伝えることができる。

○学びに向かう力、人間性等
・進んで取り組み、規則を守り、仲よく、勝敗を受け入れ、友達の考えを認め、安全に運動できる。

4 時	5 〜 6 時
[第二段階] ゲームの型に応じた簡単な作戦を選んで楽しむ。	
ゲームの型に応じた簡単な作戦を知り、ゲームを楽しむ。	ゲームの型に応じた簡単な作戦を選んで、ゲームを楽しむ。
4　簡単な作戦を知りゲームを楽しもう POINT：勝つための簡単な作戦例を示す。 [主な学習活動] ○集合、あいさつ ○準備運動 ○ゲームにつながる運動 ○ゲーム① ○振り返り① ○ゲーム② ○整理運動 ○振り返り②	5・6　簡単な作戦を選び、ゲームを楽しもう POINT：負けが込んでいるチームを中心に支援、指導を行う。 [主な学習活動] ○集合、あいさつ ○準備運動 ○ゲームにつながる運動 ○ゲーム① ○振り返り① ○ゲーム② ○整理運動 ○本時と単元の振り返り②

①運動が苦手な子供

パスをしたり、パスを受けたりすることが苦手な子供には、洗濯ネットに新聞紙を詰めたものをボールとし、ボール操作をしやすくする。

また、フリーゾーンを設け、ボールを保持する条件を易しくする。

ボール保持者と自分の間に守る者がいない空間に移動することが苦手な子供には、守る者の位置を見るように助言する。

状況判断をしやすくするために、ボール、味方、空いているところをよく見ることを苦手な子供の側で言葉掛けする。

②意欲的でない子供

運動が苦手で意欲的でない子供には運動の取組の手順を掲示物で確認できるようにする。文字やイラスト等を用いて場や規則を説明したり、より易しい規則に変更したりする。

よい動きの友達やチームを観察したり、掲示物などの具体物を用いてよい動きを説明したりする。

友達との関わりが苦手で意欲的でない子供には、フェアプレイの大切さについて継続して伝えていく。チームの人数を少なくして、役割を明確にしたり、触球回数を増やしたりする。

本時案

タグラグビーを
はじめよう

本時の目標

はじめの規則を知り、ゲームを楽しむことができるようにする。

評価のポイント

学級全員が楽しめているか、学級全員が楽しめる規則を考えているかを評価する。

週案記入例

[目標]
はじめの規則を知り、ゲームを楽しむことができるようにする。

[活動]
学習の進め方やはじめの規則を知り、今もっている力でゲームを楽しむ。

[評価]
進んでゲームに取り組むことができたか。

[指導上の留意点]
学級全員が楽しめる学習にすることを指導する。

本時の展開

	時	子供の活動
集合・あいさつ	3分	単元の目標や流れを説明する チームごとに並んで集合し、元気よく挨拶をする ○今日の学習課題、学習の進め方、はじめの規則を知る。 **1**
準備運動、ゲームにつながる運動	8分	走ったり、ボール操作に慣れたりしながら意欲を高める ○主に使う部位を中心に、ストレッチでほぐしていく。 ○タグラグビーのボールを使いながら、走ったり、ターンしたり、パスをしたりする。
ゲーム①	11分	ゲーム①をする **2** ○始めと終わりのあいさつの仕方を知る。 ○ゲーム①をする。
振り返り①	5分	学級全体で学習を振り返る **3** ○このゲームの楽しいところを考える。 ○学級全員が楽しめる規則を考える。
ゲーム②	11分	ゲーム②をする ○ゲーム②をする。
整理運動	2分	運動で使った部位をゆったりとほぐす ○心と体を落ち着かせる。
振り返り②	5分	(1)今日の学習について振り返り、学習カードに記入する (2)学級全員が楽しめる規則について、学級全体で学習を振り返る

1 はじめの規則（例）

○ボールを抱えて走ったり、パス（横か後方のみ）したりして進み、ボールを持ってゴールライン を越えたら1点。

○1チームは5人前後。

○試合時間は、前後半4分ずつ。前後半でコートチェンジ。

○ゲームはコートの中央から始める。

○タグを取られたら、止まってその場から後方か横の味方にパスする。

○ボールを持ったままサイドラインから出ると、相手ボールとなる。

○守備側は、ボールより後方で、攻撃側のボール保持者のタグを取ることのみで守る。

○タグを取ったら、その場でタグを頭上に掲げ、「タグ！」と大きな声で合図する。相手がボールを パスした後にタグを手渡しで返す。

○タグを取ったチームは、全員ボールより自陣ゴールライン側に戻らなければならない。

サイドライン 30m

ゴールライン20ｍ

2 ゲームの進め方

○キャプテンがじゃんけんをし、勝った方が場所かボールを選ぶ。

○先攻のキャプテンが「今から（自分のチーム名）対（相手のチーム名）の試合を始めます」と言う。全員で「はい」と言う。先攻のキャプテンが「よろしくお願いします」と言う。全員で「よろしくお願いします」と言う。

○お互いに握手をする。

○円陣を組んで、作戦を確認し、肩を組んで元気よく声を掛ける。

○全部のチームの円陣が終わり、開始の準備ができたら、教師の笛の合図でゲームを開始する。

○ゲームが終わったら整列し、後攻のキャプテンが「（勝ったチームの得点）対（負けたチームの得点）で（勝ったチーム）の勝ちです」と言う。全員で「はい」と言う。後攻のキャプテンが「ありがとうございました」と言う。全員で「ありがとうございました」と言う。

○お互いに握手をする。

3 振り返り

○このゲームの楽しさは自分の陣地を前進させて得点を競い合うことに楽しさがあることを全体で 共有する。そのため、ボールを前にパスする規則に変更できないことを伝える。

本時案

タグラグビーを
楽しもう

本時の目標

　学級全員が楽しめる規則を考えることができるようにする。

評価のポイント

　学級全員が楽しめているか、学級全員が楽しめる規則を考えているかを評価する。

週案記入例

[目標]
学級全員が楽しめる規則を考えることができるようにする。

[活動]
学級全員が楽しめる規則を考え、ゲームを楽しむ。

[評価]
学級全員が楽しめる規則を考えることができたか。

[指導上の留意点]
ナイス、ドンマイ、ハイタッチや、相手がいるから勝敗を競い合うことを楽しめることを指導する。

本時の展開

	時	子供の活動
集合・あいさつ	3分	**チームごとに並んで集合し、元気よく挨拶をする** ○今日の学習課題、学習の進め方、規則、対戦相手を確認する。
準備運動、ゲームにつながる運動	8分	**走ったり、ボール操作に慣れたりしながら意欲を高める** ○主に使う部位を中心に、ストレッチでほぐしていく。 ○タグラグビーのボールを使いながら、走ったり、ターンしたり、手渡しパスをしたりする。**1**
ゲーム①	11分	**ゲーム①をする** **2** ○始めと終わりに元気よくあいさつをする。 ○ゲーム①をする。
振り返り①	5分	**学級全体で学習を振り返る** ○学級全員が楽しめる規則を考える。
ゲーム②	11分	**ゲーム②をする** ○ゲーム②をする。
整理運動	2分	**運動で使った部位をゆったりとほぐす** ○心と体を落ち着かせる。
振り返り②	5分	(1) **今日の学習について振り返り、学習カードに記入する** (2) **学級全員が楽しめる規則について、学級全体で学習を振り返る**

1 ゲームにつながる運動（例）

円陣パス

○円形に並び、隣にパスをする。

○パスは、ボールを両手で持ち、体の右前（左前）から左前（右前）にスイングしてパスを出す。

○相手のお腹をめがけてパス。

○キャッチは、ボールを腕と胸で包むようにする。

○一方だけでなく、左右両方回りでやってみる。

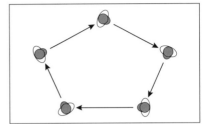

追跡ランニング

○チームの1人がボールを持って、方向を変えたり速度を変えたりしながら走る。

○他の人は、ボールを持った人の斜め後方から付いていく。

○20秒たったら次の人にパスし、その人に付いていく。

○はじめはゆっくりと。次第に速く走るようにする。

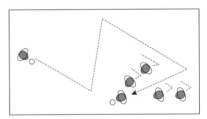

タグ取り

○ハーフコートの中で5対5でタグを取り合う。

○始めに5人が取り、他の5人は逃げる。

○2本取られるまで逃げる。

○30秒たったら攻守交代する。

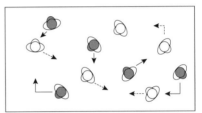

ラン・アンド・パス

○5人で行う。

○ハーフコートで1人がボールを持って逃げる。

○他の4人はボールを持っている人のタグを取ろうとする。

○タグを取られそうになったら、できるだけ遠くにいる人にパスする。

○パスを受けた人は、今度は、自分が逃げる。

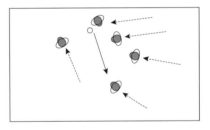

2 ゲーム①の留意点

○できるだけチームの人数を少なくして、一人一人がボールに触れる機会を保障する。コートは広くとる。

○走る力が高い子だけでなく、全員がボールに触れ、楽しめるゲームを目指す。

○互いのよさを見付け称賛できるようにする。

○友達への声掛けに留意し、全員が失敗などを気にせずにできるようにする。

○困ったことは、話し合って解決できることを意識付ける。

○単元名、学習課題、はじめの規則、工夫した規則、対戦相手、コート、勝敗表は、学習資料として日常的に掲示し、子供たちが主体的に活動できるようにする。

本時案

タグラグビーを
より楽しもう

本時の目標

　学級全員がより楽しめる規則を考えることができるようにする。

評価のポイント

　学級全員が楽しめているか、学級全員が楽しめる規則を考えているかを評価する。

週案記入例

[目標]
学級全員が楽しめる規則を考えることができるようにする。

[活動]
学級全員が楽しめる規則を考え、ゲームを楽しむ。

[評価]
学級全員が楽しめる規則を考えることができたか。

[指導上の留意点]
学級全員が楽しめる規則の工夫の視点を示す。

本時の展開

	時	子供の活動
集合・あいさつ	3分	**チームごとに並んで集合し、元気よく挨拶をする** ○今日の学習課題、学習の進め方、規則、対戦相手、コートを確認する。
準備運動、ゲームにつながる運動	8分	**走ったり、ボール操作に慣れたりしながら意欲を高める** ○主に使う部位を中心に、ストレッチでほぐしていく。 ○タグラグビーのボールを使いながら、走ったり、ターンしたり、パスをしたりする。
ゲーム①	11分	**ゲーム①をする** 1 ○始めと終わりに元気よくあいさつをする。 ○ゲーム①をする。
振り返り①	5分	**学級全体で学習を振り返る** ○学級全員が楽しめる規則を考える。 2
ゲーム②	11分	**ゲーム②をする** ○ゲーム②をする。
整理運動	2分	**運動で使った部位をゆったりとほぐす** ○心と体を落ち着かせる。
振り返り②	5分	(1) **今日の学習について振り返り、学習カードに記入する** 3 (2) **学級全員が楽しめる規則について、学級全体で学習を振り返る**

1 ゲーム①

○ゲームは実態に応じて、1時間に3分ハーフで3試合行ってもよい。
○ボールは、軟らかいタグラグビーボールやスポンジボールを使うとよい。
○学級全員が楽しめているか、全体を見ながら、一人一人に言葉を掛ける。

2 規則の工夫（例）

学級全員が楽しめる規則を考え、自分たちのゲームを作り上げる。
○同じ人ばかり得点してつまらない。
　→初めて得点した人は2点とする。
○タグを取られた人がすぐにパスを出さないからゲームが止まってつまらない。
　→タグを取られた人は3秒以内にパスをする。
○ボールを持っている人がサイドラインを踏んでも続けていた。
　→サイドラインを踏んでしまったら、相手チームのパスで再開する。
　　ラインを踏んだ踏んでないでもめたときは、じゃんけんをする。
○コートが狭くてすぐタグを取られてしまう。
　→コートを広くする。
○取ったタグを投げ返す子がいた。
　→取ったタグは、優しく手渡しで返す。

3 友達のよさ（例）

友達のよさについても振り返り、よさを紹介したり、掲示したりして全体で共有する。
学びに向かう力、人間性等
○常に声を掛け合い、助け合い、励まし合い、教え合っていた。
○元気にあいさつしていた。
○素早く集合していた。
○勝敗を素直に受け入れていた。
○負けてふてくされたり、味方や相手の文句を言ったりしていなかった。
○進んで準備、片付けをしていた。
○友達の考えを認めていた。
思考力、判断力、表現力等
○学級全員が楽しめる規則をよく考え、友達に分かりやすく伝えていた。
○作戦をよく考え、友達に分かりやすく伝えていた。
知識及び技能
○規則がよく分かっていた。
○相手をかわすことが上手にできていた。
○全員が得点できるようにパスしていた。
○ボールを持っている味方の近くでパスをもらえるようにしていた。
○相手のタグを取ることができた。

本時案

タグラグビーを
工夫して楽しもう

本時の目標

ゲームで勝つための作戦を知ることができる
ようにする。

評価のポイント

ゲームで勝つための作戦について考えている
か評価する。

本時の展開

	時	子供の活動
集合・あい さつ	3 分	**チームごとに並んで集合し、元気よく挨拶をする** ○今日の学習課題、学習の進め方、規則、対戦相手、コートを確認する。
準備運動、 ゲームに つながる 運動	8 分	**走ったり、ボール操作に慣れたりしながら意欲を高める** ○主に使う部位を中心に、ストレッチでほぐしていく。 ○タグラグビーのボールを使いながら、走ったり、ターンしたり、パスを したりする。◀**1**
ゲーム①	11 分	**ゲーム①をする** ○始めと終わりに元気よくあいさつをする。 ○ゲーム①をする。
振り返り①	5 分	**学級全体で学習を振り返る** ○ゲームで勝つための作戦を考える。◀**2**
ゲーム②	11 分	**ゲーム②をする** ○ゲーム②をする。
整理運動	2 分	**運動で使った部位をゆったりとほぐす** ○心と体を落ち着かせる。
振り返り②	5 分	(1)今日の学習について振り返り、学習カードに記入する (2)ゲームで勝つための作戦について、学級全体で学習を振り返る

1 ゲームにつながる運動（例）

1列でのパス

○1列になってゆっくり走りながら横に
パスをつないでいく。

○慣れてきたらスピードを上げる。

○ボールを腕と胸で包むようにキャッチ
し、落とさないようにする。

○パスは両手で、体の前からやや後ろ目
に向け、体をひねるようにして出す。

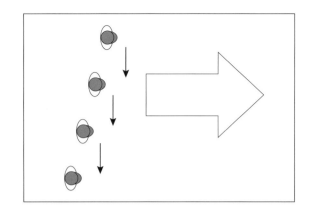

1対1

○2m程度の幅の中で、サイドステップ
を踏んで、相手をかわす動きをする。

○できるだけスピードを落とさず素早く
方向を変える。

○守備も、相手の動きに付いていきタグ
を取る。

○わざとスピードを落とし、相手もス
ピードが落ちたところでダッシュして
かわす抜き方もある。

○始めから、右左にコースを変えながら
相手をかわしていく抜き方もある。

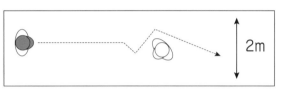

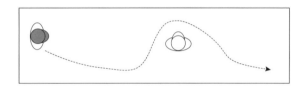

2 作戦の工夫（例）

態度的な作戦（「声を掛け合おう」「失敗しても励まそう」など）ではなく、第5時からは、動きについての作戦を立てられるよう、働きかけていくことが大切である。態度的なことは第1～4時までに身に付くように指導する。作戦の例としては、次のようなことが考えられる。

○味方の動きに付いていき、横でパスを受けられるようにする。

○ボールを持ったら、まずダッシュする。

○ジグザグに走って相手をかわす。

○相手の走りに、あきらめずに付いていって守る。

○誰が誰をマークするか決めて守る。

○タグを取られたら、体を後ろに向けてパスをする。

○パスをもらえる位置に動く。

○パスをするふりをしてそのまま走る。

○動いている方向と反対にパスをする。

本時案

タグラグビーの作戦を工夫して楽しもう

本時の目標
　ゲームで勝つための作戦を考え、工夫することができるようにする。

評価のポイント
　ゲームで勝つための作戦を考え、工夫することができるようにする。

週案記入例

【目標】
ゲームで勝つための作戦を考え、工夫することができるようにする。

【活動】
ゲームで勝つための作戦を考え、工夫してゲームを楽しむ。

【評価】
ゲームで勝つための作戦を考え、工夫することができたか。

【指導上の留意点】
作戦がどうだったか、なぜそうなったのか、次の作戦はどうするか考えることができるようにする。

本時の展開

	時	子供の活動
集合・あいさつ	3分	**チームごとに並んで集合し、元気よく挨拶をする** ○今日の学習課題、学習の進め方、規則、対戦相手、コートを確認する。
準備運動、ゲームにつながる運動	8分	**走ったり、ボール操作に慣れたりしながら意欲を高める** ○主に使う部位を中心に、ストレッチでほぐしていく。 ○タグラグビーのボールを使いながら、走ったり、ターンしたり、パスをしたりする。◀**1**
ゲーム①	11分	**ゲーム①をする** ○始めと終わりに元気よくあいさつをする。 ○ゲーム①をする。
振り返り①	5分	**チームで学習を振り返る** ○ゲームで勝つための作戦を考える。◀**2**
ゲーム②	11分	**ゲーム②をする** ○ゲーム②をする。
整理運動	2分	**運動で使った部位をゆったりとほぐす** ○心と体を落ち着かせる。
振り返り②	5分	⑴今日の学習について振り返り、学習カードに記入する ⑵ゲームで勝つための作戦について、チームで学習を振り返る

1 ゲームにつながる運動（例）

2対1

○3m 程度の幅の中で、相手をかわす。

○タグを取られそうになったら、味方にパスをする。

○味方にパスを出すふりをして、守備がつられたら、自分で走り抜けてもよい。

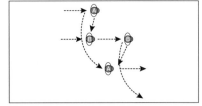

クロスしてのパス

○Aがボールを持って走り、Bが併走していく。

○AはBにパスした後、Bの後ろから反対側に走り込む。

○Bは、走り込んできたAにパスし、Aの反対側へ走り込み、またパスを受ける。

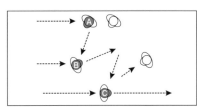

3対2

○3人が攻め、2人が守る。

○1人がマークされにくくなるので、そこから突破できるように相手を引き付ける動きや素早いパスを行う。

（例）BはAからパスを受けた後、わざとAに近い方向に走り、相手守備を引き付ける。そこへCが入りパスを受ける。

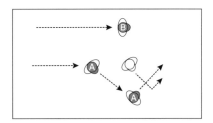

2 作戦の工夫（例）

ジグザグ走・フォロー作戦

○Aはボールを持って走る。

○相手との距離がまだ少しあるうちに進路を変える。

○相手が対応し、進路を変えたところを見計らって、さらに反対側に進路を変えて走り抜ける。

○味方は、Aが相手を振り切れないときに備えて、Aのやや後方に位置しパスを受けられるようにする。

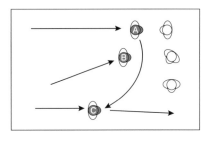

クロス作戦

○Aがボールを持って走り、Bは途中まで併走する。

○Aはやや B側へ進路を変える。

○Bはその動きに合わせAの背後に回り込む。

○Aは、真横近くでBにタイミングよくパスを出す。

○Bはスピードを落とさずに走り抜ける。

飛ばしパス作戦

○Aはボールを持って走り、相手を引き付ける。

○BはややAに近付くように走り、パスを受ける体勢で、声を掛ける。

○AはBの頭よりやや高めにパスをする。

○Bはパスを取るふりをする。

○Cはパスを受けスピードを付けて攻める。

本時案

タグラグビーの作戦をさらに工夫して楽しもう

6/6

本時の目標

ゲームで勝つための作戦を考え、工夫することができるようにする。

評価のポイント

ゲームで勝つための作戦について考え、工夫しているか評価する。

本時の展開

	時	子供の活動
集合・あいさつ	3分	**チームごとに並んで集合し、元気よく挨拶をする** ○今日の学習課題、学習の進め方、規則、対戦相手、コートを確認する。
準備運動、ゲームにつながる運動	8分	**走ったり、ボール操作に慣れたりしながら意欲を高める** ○主に使う部位を中心に、ストレッチでほぐしていく。 ○タグラグビーのボールを使いながら、走ったり、ターンしたり、パスをしたりする。
ゲーム①	11分	**ゲーム①をする** ○始めと終わりに元気よくあいさつをする。 ○ゲーム①をする。
振り返り①	5分	**チームで学習を振り返る** ○ゲームで勝つための作戦を考える。**1**
ゲーム②	11分	**ゲーム②をする** ○ゲーム②をする。
整理運動	2分	**運動で使った部位をゆったりとほぐす** ○心と体を落ち着かせる。
振り返り②	5分	(1)今日の学習について振り返り、学習カードに記入する (2)ゲームで勝つための作戦について、チームで学習を振り返る (3)単元の振り返りを行う。

1 作戦の工夫（例）

サイドからのパス作戦

○Aは、Dからやや後方の位置でパスを受け、サイドライン近くまで斜めに走り込む。この動きにより、守備全体をサイドに寄せる。

○B、C、Dは、Aの動きに合わせ、サイドから斜めの隊形を作る。

○BはAからパスを受け、前進する。

○守備に隙があれば、自分で突破する。難しいときはCにパスする。

○C、DもBと同様に攻める。

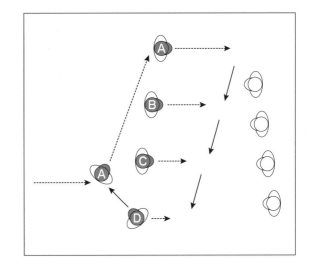

ダブルクロス作戦

○Aがボールを持って走り、BとCは併走していく。

○Aはスピードを緩め、B（C）へパスするふりをする。

○Aは、C（B）へ素早くパスをする。

○BとCはどちらもパスを受ける前に声を掛け、守備側に的を絞らせないようにする。

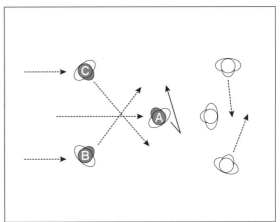

スイッチ作戦

○Aはボールを持って走り、B側寄りに進路を変える。

○相手を引き付けたところで、AはBにパスをする。

○Bはパスを受け、前進するふりをしてから、Cにすぐパスをする。

○Cは、Aが進路を変えてできたスペースに、走り込んでパスを受けられるように、Aの後ろを回り、準備しておく。

○パスを受けスピードを上げて攻める。

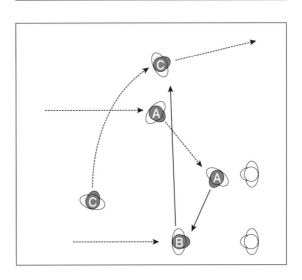

DVD 収録資料

「タグラグビー」学習カード & 資料

使用時 第1～6時

本カードは第1時から第6時まで、単元全体を通して使用する。タグラグビーを基にした易しいゲームにおける学習内容の変容を見取るカードである。自己評価することで、学習内容を身に付けることができるようにする。また、学級全員が楽しめる規則を工夫したり、ゲームに勝つための作戦を工夫したりして、集団対集団で勝敗を競い合う楽しさを味わえるようにする。

収録資料活用のポイント

①使い方

　授業のはじめに本カードを子供一人一人に画用紙とセットで配布する。画用紙を半分に折り左側に学習資料を貼る。また、右側に学習カードを貼り重ねていく。授業の終わりに、学習カードに記入する時間を取り、学習を振り返ることができるようにする。

②留意点

　本カードには書く項目を設けているが、書けない子供には教師が直接聞いて考え、伝えることができるようにする。思考力、判断力、表現力等を見取ることを重点とする。記入するために時間を多く設けることはせず、できるだけ運動の時間を保障したい。友達のよさにも目を向けさせることで、よりよい関わり合いを育み、タグラグビーの楽しさと学習内容がバランスよく身に付くようにする。

学習カード 3-20-1   学習カード 3-20-2   学習カード 3-20-3   学習カード 3-20-4

タグラグビー　運動のポイント

3年　　　組　　　番　名前（　　　　　　　　　）

○カットイン

ボールを持った人がサイドラインに追いつめられたときに、
急にサイドラインと反対に走る向きをかえること。

○スワーブ

カットインとはぎゃくに、急に走る向きをサイドラインの
方にかえること。

○チェンジオブペース

走っている速さを変えることで相手をかわす動き方。

○ダミーパス

パスをするふりをして、パスをしないまま走りぬけること。

編著者・執筆者一覧

[編集代表]

藤﨑　　敬（ふじさき・けい）　　　　　元東京都小学校体育研究会会長
　　　　　　　　　　　　　　　　　　　NPO 法人　健康・体育活性化センター理事長
菅原　健次（すがわら・けんじ）　　　　日本学校体育研究連合会事務局長

[執筆者] ＊執筆順、所属は令和 2 年 3 月 1 日現在

　　　　　　　　　　　　　　　　　　　　　　[執筆箇所]

藤﨑　　敬　　（前出）　　　　　　　　　　　はじめに、第 1 学年年間指導計画
菅原　健次　　（前出）　　　　　　　　　　　第 1 学年における指導のポイント、単元 9
岩田　純一　　墨田区立業平小学校指導教諭　　単元 1、8、16
江藤　勝久　　元江戸川区立東葛西小学校校長　単元 2
大田　夏美　　品川区立伊藤学園主幹教諭　　　単元 3
内木　　勉　　練馬区立大泉北小学校校長　　　単元 4
難波　誠二　　杉並区立済美小学校校長　　　　単元 5
村瀬　智美　　品川区立源氏前小学校養護教諭　単元 6
吉田　行宏　　江戸川区立西葛西小学校主任教諭　単元 7
山下　裕司　　鷹南学園三鷹市立東台小学校校長　単元 10
鈴木　茂之　　江戸川区立第四葛西小学校主幹教諭　単元 11
吉川　則久　　青梅市立第五小学校主幹教諭　　単元 12
鈴木　進也　　東大和市立第十小学校主幹教諭　単元 13
小野塚　良朋　江戸川区立下鎌田西小学校校長　単元 15
市川　洋一　　東村山市立八坂小学校主任教諭　単元 17
田島　誠一　　大島町立つばき小学校主任教諭　単元 18
寺内　周平　　葛飾区立新小岩学園松上小学校主幹教諭　単元 19
堀内　大介　　荒川区立尾久西小学校主幹教諭　単元 20

『イラストで見る全単元・全時間の授業のすべて　体育　小学校 3 年』付録 DVD について

- 各フォルダーには、以下のファイルが収録されています。
  ① 板書の書き方の基礎が分かる動画（出演：成家雅史先生）
  ② 授業で使える短冊類（PDF ファイル）
  ③ 児童用の学習カード・資料
  ④ 付録イラストデータ（Png ファイル）
- DVD に収録されているファイルは、本文中では DVD のアイコンで示しています。
- これらのファイルは、必ず授業で使わなければならないものではありません。あくまで見本として、授業づくりの一助としてご使用ください。また、付録イラストデータは本書と対応はしていませんので、あらかじめご了承ください。

【使用上の注意点】
- この DVD はパソコン専用です。破損のおそれがあるため、DVD プレイヤーでは使用しないでください。
- ディスクを持つときは、再生盤面に触れないようにし、傷や汚れ等を付けないようにしてください。
- 使用後は、直射日光が当たる場所等、高温・多湿になる場所を避けて保管してください。
- PDF ファイルを開くためには、Adobe Acrobat もしくは Adobe Reader がパソコンにインストールされている必要があります。
- PDF ファイルを拡大して使用すると、文字やイラスト等が不鮮明になったり、線にゆがみやギザギザが出たりする場合があります。あらかじめご了承ください。

【動作環境　Windows】
- 〔CPU〕Intel® Celeron® プロセッサ360J1. 40GHz 以上推奨
- 〔空メモリ〕256MB 以上（512MB 以上推奨）
- 〔ディスプレイ〕解像度640×480、256色以上の表示が可能なこと
- 〔OS〕Microsoft Windows10以降
- 〔ドライブ〕DVD ドライブ

【動作環境　Macintosh】
- 〔CPU〕Power PC G4 1.33GHz 以上推奨
- 〔空メモリ〕256MB 以上（512MB 以上推奨）
- 〔ディスプレイ〕解像度640×480、256色以上の表示が可能なこと
- 〔OS〕Mac OS 10.12（Sierra）以降
- 〔ドライブ〕DVD コンボ

【著作権について】
- DVD に収録されているファイルは、著作権法によって守られています。
- 著作権法での例外規定を除き、無断で複製することは法律で禁じられています。
- DVD に収録されているファイルは、営利目的であるか否かにかかわらず、第三者への譲渡、貸与、販売、頒布、インターネット上での公開等を禁じます。
- ただし、購入者が学校での授業において、必要枚数を子供に配付する場合は、この限りではありません。ご使用の際、クレジットの表示や個別の使用許諾申請、使用料のお支払い等の必要はありません。

【免責事項】
- この DVD の使用によって生じた損害、障害、被害、その他いかなる事態についても弊社は一切の責任を負いかねます。

【お問い合わせについて】
- この DVD に関するお問い合わせは、次のメールアドレスでのみ受け付けます。　tyk@toyokan.co.jp
- この DVD の破損や紛失に関わるサポートは行っておりません。
- パソコンやアプリケーションソフトの操作方法については、各製造元にお問い合わせください。

イラストで見る　全単元・全時間の授業のすべて

体育 小学校 3 年
〜令和 2 年度全面実施学習指導要領対応〜

2020（令和 2 ）年 3 月 1 日　初版第 1 刷発行
2024（令和 6 ）年 6 月21日　初版第 5 刷発行

編 著 者：藤﨑　敬・菅原　健次
発 行 者：錦織　圭之介
発 行 所：株式会社東洋館出版社
　　　　　〒101-0054　東京都千代田区神田錦町 2 丁目 9 番 1 号
　　　　　　　　　　　　　　　コンフォール安田ビル 2 階
　　　　　代　　表　電話 03-6778-4343　FAX 03-5281-8091
　　　　　営 業 部　電話 03-6778-7278　FAX 03-5281-8092
　　　　　振　　替　00180-7-96823
　　　　　U　R　L　https://www.toyokan.co.jp

印刷・製本：藤原印刷株式会社

装丁デザイン：小口　翔平＋岩永　香穂（tobufune）
本文デザイン：藤原印刷株式会社
イラスト：大羽　りゑ（株式会社イオック）
DVD 制作：秋山　広光（ビジュアルツールコンサルティング）
　　　　　　株式会社オセロ／原　恵美子

ISBN978-4-491-04005-9　　　　　　　　　　Printed in Japan